KB179219

벤저민 그레이엄의

증권분석

Security Analysis : A Summary of Benjamin Graham and David Dodd's original work

일러두기
이 책은 벤저민 그레이엄의 『증권분석』의 방대한 분량을 쉽고 빠르게 이해할 수 있도록 요약하였습니다. 『증권분석』을 함께 비교해서 읽으면 벤저민 그레이엄의 투자 철학과 투자 원칙을 이해하기 쉽습니다.

가치투자의 교과서 『증권분석』 핵심 요약판

벤저민 그레이엄의

증권분석

벤저민 그레이엄 지음 | **스티그 브로더슨 · 프레스턴 피시** 요약 | **김인정** 옮김

SECURITY
A Summary of Benjamin Graham and David Dodd's original work
ANALYSIS

여러 해 전『증권분석』을 처음 읽었다. 아니, 읽으려고 노력했다는 편이 옳겠다. 이 책이 투자에 최고의 조언을 가득 담고 있다는 사실은 익히 알았지만, 책 속의 정보를 이해하기는 결코 쉽지 않았다. 여러 투자자와 이야기를 나눈 끝에 모두들 우리와 마찬가지로 고전했다는 사실을 알게 되었다.

어려울지는 몰라도 일단 책에서 제시한 용어와 중요한 전략을 제대로 이해하면 그 가치는 무한할 것이다. 그것이 바로 우리가 요약 안내서를 펴낸 이유이다. 우리는 투자의 세계에서『증권분석』이라는 놀라운 책에 좀 더 쉽게 접근할 수 있기를 바란다.

무엇보다 이 요약 안내서는 결코 원서를 대체하지 않는다고 강조하고 싶다. 원서와 우리의 안내서를 각 장별로 병행하여 읽기를 권한다. 두 책을 꼼꼼하게 비교해 읽다 보면 우리가 무례를 무릅쓰고 원문의 매우 긴 사례 연구와 중요한 결과를 짧게 요약했음을 알게 될 것이다. 해당 주제의 중요성이나 원저자의 권위를 부정하려는 것이 아니다. 독자의 시간을 절약하고, 독자의 투자전략에 가장 중요하다고 판단되는 영역에 우선적으로 초점을 맞추기 위해서다.

마지막으로, 이 안내서를 통해 『증권분석』의 어려운 암호를 풀 수 있기를 진심으로 바란다. 요약서에서 이해하기 어려운 주제나 용어가 있다면 버핏북스닷컴Buffettsbooks.com에서 제공하는 보통주, 우선주, 채권의 기초에 관한 무료 동영상 강의를 참고할 수 있다. 웹사이트의 이용자 게시판에 어떤 주제든 질문을 올려 도움을 받을 수도 있다. 이 게시판은 우리가 주로 머물며 소중한 독자들과 잠재적인 저가 매수 기회를 논의하는 공간이다.

프레스턴 & 스티그
BuffettsBooks.com

벤저민 그레이엄과 데이비드 도드가 공저한 『증권분석』은 1934년 초판이 출간된 이후 가치투자의 교과서이자, 필독서로 자리매김했다. 그러나 방대한 분량 자체만으로도 위압적인 데다, 그레이엄이 내재가치 산출 방법과 안전마진 개념, 투자와 투기의 차이, 각종 증권의 특징, 투자 대상 선별 기준, 가치평가 및 분석에 필요한 지표 등을 설명하며 제시한 수많은 사례를 꼼꼼히 살피다 보면 원서를 빠르게 읽어나가기가 결코 쉽지 않다. 원서를 읽었다기보다 읽으려는 '시도'를 여러 차례 했다는, 이 책 『벤저민 그레이엄의 증권분석』 요약판 저자의 고백에 공감하는 이유이다.

『증권분석』은 반복해 읽어야만 진가를 알 수 있다는 말이 있다. 저자는 그레이엄의 원서에 좀 더 쉽게 접근하는 데 이 요약서가 매개 역할을 하기를 바란다. 원서를 반복하여 읽고 이해하려는 독자라면 저자가 제안하듯 원서와 요약서를 병행하여 읽는 것이 좋은 선택이 될 것이다. 특히 『증권분석』에서 다룬 정보나 회계 방법 중에서 더 이상 통용되지 않는 부분은 저자가 따로 설명을 덧붙였다. 그러므로 독자로서는 80여 년 전 처음 출판된 『증권분석』의 정보가 현재 어디까지 유효한지 고민하는 수고를 덜 수 있다. 그러나 이러한 부가 설명도 매우 제한적이어서 그레이엄이 제시한 개념과 원칙, 기법 대부분이 현재 가치투자 철학에도 부합함을 방증한다. 원서에서 특정 정보를 찾으려고 할 때도 요약서를 활용해 해당 정보에 더욱 빠르게 접근할 수 있다.

처음 『증권분석』이 발간된 이후, 내재가치가 뛰어난 기업을 발굴하고 저평가된 기업을 매수하는 가치투자 원칙에 대한 담론은 계속되고 있다. 새롭게 알아야 할 정보도 그만큼 많아졌다. 그럼에도 불구하고 『증권분석』을 다시 읽는 것은 여전히 의미가 있다. 그레이엄이 제시한 투자 개념과 투자 원칙, 저가주 발굴 기법이 시사하는 점은 현재까지도 유효하기 때문이다. 그 『증권분석』의 핵심만을 이해하기 쉽게 간추려 정리한 것이 『벤저민 그레이엄의 증권분석』이다. 저자는 마지막 장의 〈『증권분석』을 관통하는 주제〉에서 그레이엄이 강조한 원칙을 다시 한 번 정리하였다. 한편 번역 과정에서 부록으로 〈용어 정리〉를 첨부해 『증권분석』에 등장한 핵심 용어에 해당하는 영문 단어를 함께 확인할 수 있도록 했다.

김인정

차례

part 5. 손익 항목 분석 : 보통주 가치평가에서 이익 요소

part 6. 재무상태표 분석 : 자산가치의 의의

part 7. 증권분석의 기타 측면 : 가격과 가치의 괴리

조사와 분석기법

SECURITY

A Summary of Benjamin Graham and David Dodd's original work

ANALYSIS

Chapter 01

증권분석의 범위와 한계 : 내재가치 개념

요약

『증권분석』의 핵심 기반이 되는 1장을 들어가며 곧바로 내재가치Intrinsic value에 관한 논의를 시작한다. 내재가치의 개념을 자세히 정의하지는 않지만, 수많은 변수가 내재가치를 결정한다는 사실을 간접적으로 제시한다. 내재가치 산출의 핵심은 장부가치Book value와 이익 창출능력Earnings power이 맞물려 반영된다는 데 있다. 그레이엄은 주식시장을 단기적으로 예측하고 판단하는 것은 불가능하다는 의견을 제시한 후 이에 관해 논의한다.

그레이엄은 우연적 요소가 증가할수록 분석도 가치를 잃는다고 주장한다. 이는 매우 중요한 개념이다. 전문적으로 표현했지만, 쉽게 말하면 '안정적이지 않은 사업을 분석하는 것은 결국 가치 없는 분석'이라는 주장이다. 그레이엄은 증권분석이란 사실을 찾아내 적용하고, 알려지지 않은 것들을 밝혀내는 행위라고 기술하며 이 장을 마무리한다. 이 분석 행위를 안정적인 기업에 적용함으로써 규정하기 쉽지 않은 내재가치를 파악하고, 투자 자본을 보호하는 데 도움을 받을 수 있을 것이다.

개요

서두 | '분석'이라는 용어는 사실을 과학적이고 체계적으로 연구해 논리적인 결론을 이끌어내는 것이다. 하지만 투자는 엄밀한 의미에서 정밀과학이 아니며, 개인의 능력과 운도 성공의 일부 요소이다. 증권분석은 역사적으로 꾸준히 발전해오다 1927년 '새 시대New era'의 도래와 함께 힘을 잃었다. 그리고 1929년 시장의 붕괴가 이어졌다. 시장의 붕괴를 초래했고, 막아내지도 못했다는 이유로 분석가들의 명성에는 금이 갔다.

분석의 세 가지 기능 | 분석의 기능을 다음 세 가지 범주로 나누어 살펴본다.

- 설명Descriptive
- 선별Selective
- 비판Critical

설명 기능

중요한 요소를 모두 수집하고 이해하기 쉽게 제시한다. 설명의 역할은 다음과 같다.

- 증권의 강점과 약점을 밝힌다.
- 유사한 증권과 비교한다.
- 미래 실적에 영향을 미칠 요소를 평가한다.

설명 기능은 투자자뿐만 아니라 투기적 거래자에게도 유용하다.

선별 기능

증권에 대한 매수, 매도, 보유 여부를 결정함으로써 구체적인 판단을 제시한다.

1) **분석적 판단 사례** | 그레이엄은 저가와 고가에 거래되는 채권 및 보통주 사례 몇 가지를 제시한다. 가격 차이는 사업으로 돈을 벌고, 투자자에게 대가를 지급하는 회사의 능력에 기인했다. 그레이엄은 돈을 버는 회사의 능력에 따라 증권의 시장가격이 달라지는 것과 마찬가지로 투자의 내재가치도 달라진다고 설명한다. 비교분석Analytical comparison은 그레이엄의 내재가치 논의의 틀을 형성하는 기법이다.

2) **내재가치 vs. 가격** | 먼저 내재가치는 규정하기 어려운 개념이라는 인식을 정립한다. 내재가치는 추정치에 불과하며, 확고하게 고정된 가치가 아님을 반드시 기억해야 한다. 분석가는 다음 요소를 토대로 증권에 내재된 가치를 추정한다. 이 의견은 가치평가의 근거가 된다.

① 자산

② 이익

③ 배당

④ 뚜렷한 전망

『증권분석』 출판 이전에는 많은 사람이 기업가치와 장부가치 사이에 직접적인 연관이 있다고 믿었다. 그레이엄은 독자들에게 그러한 인식을 경계하라고 당부하며, 기업의 내재가치 결정에는 분명히 더 많은 변수가 작용한다고 주장한다.

3) **내재가치와 이익 창출능력** | 당시(『증권분석』이 처음 출판된 시기) 새롭게 등장한 가치평가 수단인 '이익 창출능력'에 관해 논의한다. 이익 창출능력이란 기업 이익의 배수로 기업가치를 가장 잘 평가할 수 있다는 개념이다. 기업의 이익 창출능력을 가늠하는 지표로 흔히 주가수익비율Price-to-Earnings Ratio, PER을 활용한다. 한편, 그레이엄은 독자들에게 이익 창출능력에만 의존해 기업가치를 평가하는 것 역시 위험하며, 현명한 분석가답지 않다고 경고한다.

4) **분석에서 내재가치의 역할** | 분석가는 정확한 내재가치를 산정하지는 않는다. 대신, 보통주나 채권 매수 시 투자 원금의 상대적인 안정성 여부를 파악하는 것이 목적이다. 그레이엄은 역사적으로 이익과 건전성에 비해 극도로 낮은 가격에 거래된 회사들의 사례를 제시한다. 정확한 내재가치를 알 수는 없어도 해당 종목들이 저평가되었음은 분명히 알 수 있다고 설명한다.

5) **내재가치 개념의 유연성** | 사업의 불확실성이 증가할수록 내재가치의 범위도 확대된다. 예를 들어 어떤 기업의 실적 변동성이 클 것으로 예상되지만 예측이 불가능하다면, 기업의 내재가치는 최소 30달러에서 최대 130달러에 이를 만큼 범위가 확대될 수 있다는 것이다. 이처럼 범위가 클 경우에는 내재가치를 예측하기가 매우 어렵다. 하지만 시장가격이 이 범위 아래로 떨어지면 실질적인 투자가치가 있다고 할 수 있다.

6) **내재가치 개념을 분명히 하는 특별한 사례** | 동일 기업이 발행한 두 종류의 채권이 있다. 채권의 표면금리는 각각 5%, 7%

이다. 외부 우려 요인으로 인해 두 채권은 시장에서 같은 가격에 거래된다. 수학적으로는 두 채권의 상환 안정성이 동일할 경우 7% 채권의 수익률이 분명히 앞서야 한다. 실제로 그렇다면 분석도 간단하겠지만, 이런 경우는 현실적으로 드물다.

7) 성공적인 분석을 저해하는 주된 요인

① 부적합하거나 부정확한 데이터

② 미래의 불확실성 : 미래 실적을 예측하기는 매우 어렵다. 과거 실적은 미래에 무엇을 기대할 것인지에 관한 대략적 기준에 불과하다. 선순위 증권Senior securities(채권, 우선주)은 미래 실적 변동에서 어느 정도 보호되지만, 보통주는 그렇지 않다. 안정성이 높은 회사는 불확실성으로 인한 위험이 덜하다.

③ 시장의 비이성적 행동 : 시장가격은 대체로 무시해도 좋다. 분석가가 시장가격에 신경을 쓰는 순간은 증권이 이례적으로 높거나 낮은 가격에 거래되고 있을 때이다. 월스트리트의 많은 사람은 시장이 주식의 가격을 효율적으로 결정한다고 믿는다. 그레이엄은 당연히 이에 동의하지 않았다.

8) **뒤늦게 조정되는 가격가치** | 특정 주식의 시장가격이 오랜 기간에 걸쳐 우호적이거나 불리하게 형성되면 분석가로서 가치평가 접근법을 도입하기가 어려울 수 있다. 애초에 추정한 가치로 주가가 돌아올 때쯤에는 다른 요소들이 초기 추정치를 변화시킬 수 있다. 이를 막기 위해 분석가는 기업의 필수 보고 항목들을 꾸준히 검토해야 한다.

9) **내재가치와 시장가격의 관계** | 시장은 많은 사람이 의견을 입력하는 투표기계와 같다. 입력된 의견은 감정과 이성에 근거

하기 때문에, 단기적으로 안정성이 낮고 예측 불가능하다. 그레이엄의 제자인 워런 버핏은 이렇게 말했다. "시장은 단기적으로 보면 투표기계지만, 장기적으로는 가치를 추종한다."

10) **분석과 투기** | 능숙한 분석으로 시장가격을 예측할 수 있으므로, 투기도 단기적으로 안전할 수 있다는 어떤 믿음도 결국 실패하게 되어 있다. 일부는 앞서 설명한 요인들 때문이고, 대부분은 분석에 포함되지 않거나 포함될 수 없는 미지의 요인들 때문이다.

11) **우연이 늘면 분석의 가치는 감소한다** | 분석에 능숙하면 유리한 점이 있겠지만, 그것이 이익을 보장하지는 않는다. 분석은 투자에 가장 적합하며, 투기에는 맞지 않는다. 분석활동을 투기의 부수적 요소로 간주할 수 있을지는 몰라도, 분석으로 투기의 지침을 제시할 수는 없다.

비판 기능

"기준에 사실을 적용하여 분석적 판단에 도달한다." 분석가는 채권과 우선주에서 적절한 보호 조항을 찾아내야 한다. 회계사의 왜곡된 해석을 경계해야 한다. 해당 투자와 관련해 경영진이 도입한 정책에 정통해야 한다. 분석은 실수를 방지하고, 재량권 남용을 바로잡고, 증권 보유자를 보호하는 방향으로 나아가야 한다.

Chapter 02

분석의 기본 요소 : 계량적·정성적 요인

요약

증권분석의 근본 요소들을 직설적인 방식으로 설명한다. 요점은 다음과 같다. 첫째, 금리가 변하면 증권의 가치도 달라진다. 둘째, 투자자가 증권에 지불하는 가격은 기대수익에 영향을 미친다. 셋째, 분석 대상 기업의 규모와 사업의 유형, 안정성을 알아야 한다.

다음으로 정성적 요인과 계량적 요인의 차이를 논의한다. 대부분 요인에는 계량적 데이터가 있지만, 본질적으로는 정성적이다. 분석가는 단순히 과거 계량적 실적만을 근거로 미래 전망에 관한 의견을 형성해서는 안 된다. 안정성의 중요성과 미래 실적 예측 결과에 미치는 영향도 강조한다. 또한 과거 실적을 많이 축적한 규모가 큰 기업일수록 자료의 예측능력도 높다고 설명한다.

개요

증권분석의 목적은 증권의 매수, 매도 혹은 보유 여부를 판단하는 체계적인 방법을 개발하는 것이다. 증권분석의 네 가지 기본 요소는 다음과 같다.

네 가지 기본 요소

사람 | 분석의 결론은 비개인적이다. 그러나 증권 선택은 나이, 재산, 세금 상태, 위험회피 성향 등에 기초한다.

시점 | 분석의 결론은 금리, 증권가격의 움직임, 전반적인 사업 전망 등의 변화에 따라 달라진다.

가격 | 보통주를 선별할 때 특히 중요한 요소이다. 전환사채Convertible bond의 경우에도 상당히 중요하다. 우량등급 채권Prime Investment bond의 경우는 상대적으로 덜 중요하다. 증권의 종류에 관계없이 가격은 늘 고려해야 할 요소이다.

증권

1) **기업의 성격과 투자 조건** | 투자 결정을 내릴 때 현명한 분석가는 증권의 종류와 가격만을 보지 않는다. 대신 기업 전체를 보고, 기업에 대한 소유권을 얻는 데 제시된 조건을 검토한다. 대개 방대한 조사와 연구가 필요한 작업이다.

2) **매력적이지 않은 투자 조건의 예** | 처음에는 매력적으로 보이는 증권도 투자 조건을 좀 더 검토하면 위험이 드러날 수 있다.

① **발행 조건** : 대규모 저당권Mortgage(혹은 대출채권)보다 후순위인 우선주 개념과 비누적적 우선주('비누적'이란 간단히 말해 해당

우선주에 배당금을 지급할 필요가 없음을 의미) 개념을 논의한다. 이 들 증권에는 채권이 가진 안정성이 없고, 배당이나 원금 지급을 청구할 권리가 없다.

② 발행증권의 지위 : 발행기업이 초과 지출Overrun 상태이거나 곤란한 상황에 처할 경우 더 많은 부채를 조달할 능력이 있는가?

③ 발행가격 : 더 높은 수익률을 제공하며 발행 주체가 동일한 우선순위 증권이 있는가? 그렇다면 수익률이 더 낮은 우선주를 보유할 이유가 없다.

| 주 | 기업의 자본구조를 형성하는 각 증권에는 파산 시 우선변제 순위가 부여된다. 즉 X기업의 채권은 보통주보다 우선순위에서 앞선다. 이는 청산이나 파산 시(진행 과정에서 회사의 자산을 모두 매각할 때) 투자한 자본을 회수하는 데 매우 중요하다. 청산 이후 남은 가치가 채권 보유자에게 원금을 겨우 지불할 수 있을 정도에 불과하다면 다른 모든 증권(보통주)은 휴지조각이 된다. 일반적으로 증권의 우선순위를 안전도 순으로 열거하면 다음과 같다.

- 은행대출
- 채권
- 우선주
- 보통주

3) 매력적인 투자 조건의 예 | 그레이엄은 표면금리 5%, 28년 만기로 발행된 '브루클린 유니언 고가철도 1순위 담보채권'을 예로 들었다. 발행 당시 만기수익률Yield to maturity은 9.85%였다. 매력적이지 않은 조건에서 살펴본 세 가지 기준을 적용하면 다음

과 같다.

① 발행 조건 : 채권을 발행한 주체는 기업이었지만, 주 계약 상대는 철도를 관리하는 뉴욕 시였다. 따라서 기업과 뉴욕 시 전체의 운영 성과가 이익을 결정했다. 이익 규모와 안정성이 생각보다 큰 증권이었다.

② 발행증권의 지위 : 회사의 이자 지급능력은 충분했다.

③ 발행가격 : 경쟁회사가 발행한 6% 표면금리 채권보다 더 높은 수익률을 낼 수 있는 가격에 발행되었다.

그레이엄은 이 기준을 활용해 당시 상황에서 유리한 증권은 무엇인지 확인하였다.

분석의 정성적 요인과 계량적 요인

투자 조건은 매력적이지 않지만 투자 대상으로서는 매력적인 기업에 투자하는 것이 나을까? 아니면 매력적인 조건에도 불구하고 투자 대상으로서 매력이 없는 기업에 투자하는 것이 나을까? 그레이엄은 전자를 지지한다. 훈련되지 않은 증권 분석가는 조건에 관계없이 신용등급이 낮은 기업은 피해야 한다. 충분히 훈련된 분석가에게는 어떤 증권도 가격 조건에 따라 매력적인 투자 대상이 될 수 있다.

정성적 요인과 계량적 요인

종목을 조사하고 분석하는 데는 무한한 시간과 노력이 소요될 수 있다. 그러므로 조사 강도는 투자한 자본 규모에 따라 달라야 한다. 예를 들어 1,000달러를 투자할 때 요구되는 집중력과 노력의 강도는 50만 달러를 투자할 때보다 약해야 한다.

1) 분석의 기법과 범위는 투자의 성격과 목적에 맞게 한다 | 분석가에게는 중요한 정보를 분석하고, 사소한 것은 무시할 줄 아는 감각이 있어야 한다. 예를 들어 특허를 보유한 기업의 경우 그 특허의 유효기간을 조사해야 할까? 답은 오직 가용시간과 투자 자금의 규모를 근거로 결정할 수 있다. 모든 상황은 각기 다르다.

2) 데이터의 가치는 업종에 따라 달라진다 | 석유와 같이 가격 변동이 큰 상품 관련 업종의 경우, 규모가 크고 오래된 기업의 통계 자료가 소규모 신생기업의 데이터보다 신뢰도가 높다. 기업은 각각 달리 검토해야 하지만, 같은 업종에는 동일한 가치평가 원칙이 적용된다.

3) 계량적 요소 vs. 정성적 요소 | 분석에서 계량적 요소는 재무상태표와 손익계산서의 수치에서 구할 수 있다. 정성적 요소는 명확성이 약하기 때문에 덜 중요하게 여겨지기도 한다.

① 사업의 성격

② 업계 내 상대적 지위

③ 물리적·지리적 특성

④ 경영진

⑤ 기업, 해당 산업 및 사업 전반의 전망

4) 정성적 요인

① 사업의 성격과 미래 전망 : 가장 중요한 요소는 사업의 성격과 경영진의 특성이다. 이례적인 환경은 좋든 나쁘든 영원히 지속되지 않으며, 예측하기도 어렵다. 이는 분석가의 위험을

증대시킨다.

② 경영진 : 경영진을 체계적으로 평가하기는 어려우며, 최선의 시험은 일정 기간의 실적이다. 실적은 이미 가격에 반영되어 추가 할증 요인이 되기 어려운데도, 훌륭한 경영진의 가치를 과대평가하는 경향이 있다.

③ 미래 이익 추세 : 과거 실적을 근거로 전망한 미래 실적은 엄격한 사실이 아니라, 개략적인 지표로 활용해야 한다. 이 개념은 과거 실적이 폭발적으로 성장하거나 급격히 악화될 때 더욱 중요한 의미를 지닌다. 비선형적인 과거 실적은 신뢰하기 어려울 가능성이 크다.

④ 추세는 근본적으로 정성적 요인이다 : 무한정한 미래 이익을 예측할 수는 없다. 모든 요소에는 합리적으로 예측이 가능한 최대 기간이 있다. 분석가는 추세를 판단할 때 이처럼 기간 제한의 영향을 받기 때문에 추세 추정은 정성적 요인으로 간주해야 한다.

⑤ 정성적 요인은 적당한 수준에서 정확한 평가가 어렵다 : 분석가는 차익실현을 목적으로 미래를 예측해서는 안 된다. 이것은 투기이다. 분석가는 과도하게 높은 가격을 지불하지 않도록 미래 실적을 추정해야 한다.

주요 정성적 요인은 내재된 안정성

분석가에게 가장 중요한 정성적 요인은 투자의 안정성이다. 안정성은 변화에 대한 저항과 미래 실적의 예측 가능성을 의미한다. 안정성은 정성적 요인인 동시에, 계량적 요인이 될 수 있다. 안정성은 사업의 성격에 따라 결정된다. 예를 들어 식품은 늘 수요가 있는 반면, 사치품은 그렇지 않다.

요약

분석가의 결론은 숫자를 근거로 하고, 표준원칙을 따르며, 검증을 통해 살아남은 것이어야 한다. 과거 실적 데이터를 수집해 미래 현금흐름을 예측할 때 가장 중요한 요소는 안정성이다. 정성적 요인에 대한 정보가 달라지면 숫자는 뒤집힐 수 있다.

Chapter 03

정보의 출처

요약

이 장은 1930년대 주식 정보의 출처를 다룬 만큼 시기적으로 오래된 자료이다. 오늘날에는 다양한 곳에서 정보를 얻을 수 있다. 하지만 이 장에서 그레이엄이 언급한 출처는 여전히 유효하며 널리 선호된다. 그레이엄이 현대에 산다면 틀림없이 신뢰할 수 없는 출처, 즉 인터넷에서 구한 재무자료를 활용하는 것을 경계하라고 주의를 줄 것이다.

대다수 회사는 분기 보고서(10Q)와 연차 보고서(10K)를 회사 웹사이트의 투자자 정보 페이지에 공개한다. 이 보고서는 연방정부에서 요구하는 문서이므로, 가장 정확한 재무자료를 제공한다. 자료의 정직성을 100% 보장하는 것은 아니지만, 이 보고서는 구글이나 모닝스타에서 내려 받은 편집된 허구의 자료로부터 분석가를 보호한다.

개요

분석가에게는 다음의 정보가 필요하다.

① 특정 증권의 발행 조건

② 발행 기업

③ 해당 업종

채권은 신탁증서Deed of trust를 참고하고, 주식은 회사 정관Charter을 검토한다. 모두 증권거래위원회Securities and Exchange Commission, SEC에 보관되는 정보로, 거래소(뉴욕증권거래소, 아메리카증권거래소, 나스닥 등)에서 곧바로 구할 수 있다.

기업 관련 자료

당시 기업에 필수로 요구된 보고 항목에 관한 배경을 설명한다. 1930년대에는 선택 사항이었던 많은 항목이 현재는 증권거래위원회가 요구하는 분기별 의무 보고 사항이 되었다.

주주 보고서(중간 보고서 포함)

정보의 주된 출처는 주주 보고서이다. 업종에 따라 월별에서 연간에 이르기까지 다양한 간격으로 발간되는데, 분기별 발행이 일반적이다. 재무상태표는 연차 보고서에서 찾을 수 있다. 손익계정Income account이 제공하는 정보는 다음과 같다.

① 매출

② 순이익

③ 감가상각과 감모상각

④ 이자비용

⑤ 영업외이익 세부내역

⑥ 법인세

⑦ 지급배당금

⑧ 잉여금Surplus 조정

재무상태표는 표준화되어 있다. 그레이엄은 많은 기업이 부동산 자산 계정에 순Net기준 숫자만을 보고하는 관습을 비판한다. 그레이엄은 자산 취득가격 옆에 감가상각비 내역을 기재하여, 자산의 감가 정도를 투자자가 알 수 있게 해야 한다고 주장한다. 기업을 분석할 때 자본 지출 규모를 파악하기 위한 의도일 것이다.

공공기관에 제출하는 정기 보고서

공공 유틸리티 기업은 정기적으로 공공기관에 정보를 제공한다. 미국 주간통상위원회Interstate Commerce Commission 산하 기업도 마찬가지이다. 미국 상무부United States Department of Commerce가 발행하는 보고서에서도 많은 정보를 얻을 수 있다. 자동차, 석유·가스 등의 업계와 다우존스 등 기관에서 개별적으로 발간하는 전문 보고서도 있다.

상장 신청서

주식을 공개시장에 유통하려는 기업은 증권거래위원회와 거래소에 상장 신청서Listing application를 제출해야 한다. 신청서에는 대개 회사의 자산 및 사업계획에 관한 상세한 정보가 담긴다. 상장 신청서는 모든 투자자에게 훌륭한 정보의 원천이 된다. 아쉽게도 상장 신청서는 최초 상장 신청 시 단 한 번만 제출한다.

유가증권 신고서Registration statements와 사업 설명서Prospectus

증권거래위원회는 상장 시 대규모 자료를 요구한다. 신규 발행 증권과 관련한 중요한 자료는 상장 주관사Underwriter가 작성하는 사업 설명서에 반드시 포함되어야 한다. 사업 설명서는 워낙 분량이 방대해 일반투자자는 읽기를 포기할 수도 있다.

기타 공식 보고서

산업별로 다양한 정부 위원회와 주간통상위원회에서도 정보를 구할 수 있다. 보고서 발간 기관과 공식성 여부가 중요하다.

통계 및 재무 정보 간행물

스탠더드앤드푸어스Standard & Poor's와 피치앤드무디스Fitch and Moody's 등의 기관은 매년 종합편람을 발행한다. 이런 보고서는 대개 분석가들의 시간과 노력이 집중적으로 투입된 결과물이다.

기업에 직접 정보를 요청

주주는 기업의 주인으로서 직원을 고용하고, 정보를 얻을 권리가 있다. 기업 분석 시 실적과 관련해 질문이 있다면 주저 없이 기업의 IR 부서와 접촉해 답을 구해야 한다.

산업 정보

미국 상무부는 매달 종합적인 정보를 제공한다. 다양한 연감과 업계 전문지를 활용해 각 산업에 관한 정보를 얻을 수 있다.

Chapter 04

투자와 투기의 차이

요약

그레이엄의 가치투자 철학을 구성하는 주요 요소인 투자와 투기의 차이를 논의한다. 투자자는 원금을 보호하고 목표하는 이익은 만족할 만한 수준이면 충분하다. 그레이엄의 제자로 잘 알려진 워런 버핏도 이 개념을 다음과 같이 강조하였다.

"규칙 1. 돈을 잃지 말 것. 규칙 2. 규칙 1을 잊지 말 것."

"나는 7피트 높이의 장애물을 뛰어넘으려고 하지 않는다. 간단히 넘을 수 있는 1피트 장애물을 찾는다."

상투적이라고 생각할지 모르지만 위 인용문의 바탕이 되는 기본 원칙은 이 장에서 다루게 될 내용에 깊이 뿌리를 두고 있다. 첫 번째 인용문은 원금보호에 관한 이야기이고, 두 번째 인용문은 만족스러운 정도의 이익은 기꺼이 수용한다는 뜻이다. 이 개념을 확실히 이해한 덕분에 그레이엄의 제자들은 시장의 침체기에 방어할 수 있었다. 그레이엄은 시장가격이 증권의 안정성에 직접적인 영향을 미친다는 개념을 이 장 전반에 걸쳐 언급한다. 분석으로 판단한 투자가치 이상을 지불할 이유를 찾을 수 없다면, 해당 자산은 투기와 투자의 성격을 동시에 지닌 것으로 간주한다.

개요

'투자'라는 용어에 관한 고찰

그레이엄은 "투자는 많은 의미를 지닌 단어이다"라고 하였다. 사업에 자금을 투입하는 행위를 뜻할 수도 있고, 금융자산 전반을 투자라고 일컬을 수도 있다. 용어를 어떻게 적용하든 투자와 투기 사이에는 뚜렷한 차이가 있다. 투자와 투기를 구별하지 못하면 1929년의 주식시장 붕괴 당시와 같은 비극으로 이어질 수 있다.

투자와 투기의 일반적 차이

투자의 특징은 채권, 유통시장에서의 단순 매수, 장기 보유, 소득 추구이다. 투기는 보통주, 신용 매수, 단기 거래, 고위험 증권을 이용한 차익실현이 특징이다. 이러한 통상적인 해석을 소개한 뒤 그레이엄은 각 개념에 대한 반론을 제시한다.

1) **채권 vs. 주식** | 채권은 흔히 위험이 거의 없다고 간주되지만, 반드시 그렇지는 않다. 실제로 위험이 큰 저등급 채권도 있고, 위험이 덜한 고등급 채권도 있다. 즉 앞서 소개한 통상적 차이가 절대적인 결론은 아니라는 뜻이다. 모든 것은 상황에 따라 다르다.

2) **단순 매수 vs. 신용 매수** | 위험 요인이 아닌 매수 방법의 차

이로 구별한다. 단순 매수로 보유한 주식이 신용 매수로 보유한 주식보다 위험이 작다는 개념이지만, 그레이엄은 이에 반론을 제기한다. 그는 당시 초저가주Penny stock에 단순 매수가 요구된 사례를 제시하였는데, 위험이 너무 커서 대출기관이 신용 매수를 허락하지 않았다.

3) **장기 보유** vs. **일시 보유** | 영구 보유가 일시 보유보다 위험이 작을 것이라는 잘못된 인식을 언급한다. 그레이엄은 일부 투기적 거래자들은 손실을 만회하기를 기대하며 보유기간을 늘린다고 설명하면서, 영구 보유에 대한 근거 없는 믿음을 반박한다.

4) **소득** vs. **차익** | 투자와 투기를 구별하기가 가장 어려운 부분이다. 1928년 전에는 많은 투자자가 상당한 소득을 거두며, 원금도 안전하게 보호하기를 원했다. 그러나 시간이 흐름에 따라 현재의 소득에서 미래 소득 증가, 나아가 원금가치 상승으로 초점이 옮겨갔다. 바로 이 지점에서 소득과 차익실현 추구가 구별된다. 그레이엄은 이 차이가 투기와 투자를 구별하는 주요 요소이지만, 궁극적인 차이는 투자로 대표되는 안정성에 있다고 보았다.

안정성 기준

투기를 피하기 위해서는 구체적인 안정성 평가기준을 적용해야 한다. 투기적 거래자는 '건전한' 종목을 선별하는 데 심리적 수단을 활용한다. 증권에 과도하게 높은 가격을 지불하는 것이 흔히 직면하는 가장 큰 위험이다. 투기적 거래자는 가격이 아무리 높아도 '너무 비싸서 살 수 없다'고 생각하지 않는다. 투자자는 구체적인 기준을 적용하여 종목을 평가함으로써 이 같은 함정을 피해야 한다.

투자의 정의

"투자활동은 철저한 분석을 근거로 이루어지며 원금의 보전과 만족스러운 수익을 약속하는 것이다. 이런 요건을 충족시키지 못하는 활동은 투기이다." 그레이엄이 투자를 정의하는 데 활용한 용어는 개별적으로 볼 때 모호한 면이 있고, 논쟁의 여지도 있다. 하지만 종합해보면 의미는 분명하다. 결국 그레이엄의 요지는 '철저한 분석'은 안정성과 가치 기준을 강도 높게 적용하는 과정을 수반한다는 것이다. 주가가 최고 이익의 40배라는 단순한 이유로 보통주를 매수하는 것은 철저한 분석에 해당하지 않는다.

그레이엄은 투자에 대한 정의를 다음과 같이 분명히 한다. "투자는 정성적이며, 동시에 계량적인 근거로 정당화할 수 있는 활동이다." 그레이엄은 자신의 투자 정의를 입증하는 두 가지 사례를 제시한다. 상환우선주Callable preferred stock를 신용으로 매수하는 것은 투자로 간주하고, 상환기일 전에 같은 주식을 매수하는 것은 투기로 간주한 사례이다. 그레이엄은 이를 통해 모든 것이 확실하고 예측 가능하다는 선입견, 그리고 정보를 근거로 하여 결론에 도달하기 위해 분석가는 모든 사실을 완전히 알아야만 한다는 선입견을 해소하려고 하였다. 이 주제에 관한 그레이엄의 탁월한 이해를 분명히 보여주는 사례이다.

투자와 투기의 또 다른 측면

1) **미래와 투자, 투기의 관계** | 많은 사람이 투자는 과거를 바

탕으로 하고, 투기는 미래를 보는 것이라고 믿는다. 그레이엄은 이 개념에 반대하며, 투자 역시 미래 실적에 의존하는 면이 있다고 보았다. 그리고 "미래는 차익실현 대상이 아니라 경계해야 할 대상이다"라는 유명한 말을 남긴다. 투기적 거래자는 낙관적이며, 미래 실적 개선 전망에 좌우된다. 반면에 투자자는 미래 실적 개선 전망으로 선택을 정당화하지 않는다고 설명한다.

2) **투자 유형** | 그레이엄은 투자 유형을 다음 네 가지로 간단히 정의한다.

① **사업투자** : 사업에 투자한 자금

② **금융투자** : 증권

③ **보호받는 투자** : 선순위 청구권이 부여되어 위험이 작은 증권

④ **분석가의 투자** : 원금 보호와 적절한 수익을 보장하는 상세한 분석

3) **투기 유형** | 뉴욕증권거래소의 정의에 따르면 도박은 새로운 위험을 창출하는 행위(경마에 돈을 거는 것)이고, 투기는 반드시 감수해야만 하는 내재된 위험을 감수하는 행위이다.

① 현명한 투기는 분석 결과가 정당화하는 측정된 위험을 감수하는 것이다.

② 현명하지 않은 투기는 상황을 적절히 검토하지 않고 위험을 감수하는 것이다.

4) **투자 요소와 투기 요소** | 매수하려는 증권의 가치를 투기와 투자 범주로 구분하면 유용하다. 예를 들어 주당 35달러에 거래되는 보통주라면 분석을 통해 투자가치는 25달러에 불과하고, 나머지 10달러는 뛰어난 장기 전망을 반영한 투기적 가치라

는 사실을 알 수 있다. 25달러 이상을 지불하는 거래는 부분적인 투기로 간주해야 한다.

5) **투자가치, 투기가치, 내재가치** | 분석으로 도출한 회사의 가치에는 투자 요소와 투기적 요소가 동시에 반영될 수 있다. 분석이 타당했다는 가정하에 이를 내재가치로 간주하면 적절하다. 분석가는 가치를 감정하는 역할을 해야 한다.

Chapter 05

증권 분류

요약

투자 대상이 되는 다양한 종류의 증권을 전반적으로 검토한다. 각 증권과 관련된 위험과 보상을 분명하게 밝힌다. 특히 분석가로서 자본의 우선순위를 식별하는 방법을 중요하게 강조한다. 이러한 중요한 지식이 없다면 기업이 재정 파산에 처할 경우 특정 증권이 해당 기업이 발행한 선순위 및 후순위 증권과 어떤 상호작용을 하는지 이해할 수 없다.

또한 채권, 우선주, 보통주가 혼성 증권Hybrid securities이 될 수 있다는 사실도 알아야 한다. 예를 들어 일부 전환사채는 보통주로 전환될 수 있다. 분석가는 특정 종목과 관련된 수많은 변수에 대해 언제든 설명할 수 있어야 한다.

개요

증권은 일반적으로 채권과 주식으로 구분하고, 주식은 다시 우선주와 보통주로 구분한다. 각 증권의 가장 주요한 차이는 법적 구조에 있다. 채권 보유자는 원금과 이자를 우선적으로 청구할 권리를 갖지만, 주주는 그렇지 않다. 보통주 주주는 해당 기업과 기업의 잠재적인 이익 증가분을 소유한다. 기업이 파산할 경우 유형자산에 대한 보통주 주주의 권한은 채권 보유자에게 넘어가 채권 원금 회복을 위해 쓰인다.

전통적 증권 분류 방식에 대한 이의 제기

1) **우선주를 보통주와 같은 범주로 분류** | 우선주는 채권과 함께 분류해야 한다. 우선주는 원금의 안정성을 확보하는 동시에 고정수익Fixed income을 얻기 위해 매수한다.

2) **채권은 안전하다는 인식** | 채권의 안정성은 전적으로 해당 기업의 재무 안정성에 좌우된다. 즉 채권 자체에 안정성이 내재된 것은 아니다.

3) **부정확한 명칭** | 정확히 한 가지 유형으로 분류할 수 없는 증권도 있다. 여러 가지 변형이 가능하지만 대개 채권, 우선주, 보통주 형식을 차용한다.

새로운 분류법 제안

그레이엄은 증권에 명칭을 부여하는 당시 관습에 대한 불만을 제기한 후 새로운 증권 분류법을 제안한다. 새로운 명칭은 투자자들이 증권의 잠재적 위험과 그에 상응하는 보상 수준을 파악하는 데 도움이 될 것이다. 그레이엄은 투자자의 원금을 보호하는 동시에, 이익을 지급하는 증권부터 안정성이 높은 순서에 따라 다음과 같은 분류를 제안한다.

1. 투자 목적 채권 및 우선주
2. 투기 목적 채권 및 우선주
    a. 전환가능 증권 등
    b. 저등급 선순위 증권
3. 보통주

1번 유형은 가격 변화를 기대하지 않으며, 원금 보호를 추구하는 증권이다. 2a 유형은 안정성과 이익 가능성을 동시에 추구한다. 2b 유형은 위험이 확대되지만 이익 가능성도 큰 증권이다. 3번 유형은 이익 추구가 목적이다.

이러한 단순한 체계를 가치평가와 대안적 지위 등을 반영해 수정한다. 예를 들어 1번 유형의 채권이 과도하게 낮은 가격에 거래된다면 2번 유형으로 분류한다. 또한 우선주가 보통주 주주의 지분까지 상당 부분 차지한다면 해당 우선주는 보통주로 간주한다. 각 유형을 구별하는 방식에는 흔히 분석가 개인의 의견이 반영된다. 중요한 것은 매수자에게 어떤 법적 청구권이 주어졌는지가 아니라, 해당 증권을 보유함으로써 매수자가 얻을 수 있는 것은 무엇인가이다.

고정가치 증권 투자

SECURITY

A summary of Benjamin Graham and David Dodd's original work

ANALYSIS

Chapter 06

고정가치증권의 선택

요약

투자 대상으로서 우량한 고정수익증권Fixed income securities(채권 또는 우선주)을 선별하는 방법을 주제로 강력한 주장을 펼친다. 다음으로 고정수익증권 투자의 위험성을 설명한다. 이 장에서 가장 중요하게 강조하는 것 가운데 하나는 시장의 활황이 아닌 불황을 기준으로 고정수익증권의 가치를 평가해야 한다는 점이다. 그레이엄은 고정수익증권의 안정성은 전적으로 발행 주체의 이자 및 배당금 지급 능력과 관계가 있으며, 다른 요소는 거의 관련이 없다고 설명한다. 결론은 명확하다. 고정수익증권에 투자할 경우 문제가 될 만한 요소는 처음부터 피해야 한다. 기업이 파산한 뒤 투자 원금을 회복하기는 굉장히 어려우며 가능성도 낮기 때문이다.

개요

고정가치증권으로 분류할 수 있는 증권은 다음과 같다.

1) 고등급 일반 채권Straight bond과 우선주

2) 행사 시점이 멀어 영향력이 없는 특권이 첨부된 고등급 특권부 증권

3) 보증 또는 우선적 지위가 고등급 선순위 증권의 속성을 부여하는 보통주

고등급 우선주 기본 접근법

최상급 우선주는 고등급 채권과 같은 방식으로 평가해야 한다. 우선주는 채권보다 후순위에 있지만, 지급능력이 충분한 기업이라면 문제가 되지 않는다. 그러나 최상급 우선주는 극히 드물고 일반적이지도 않다.

투자 매력도 측면에서 우선주와 채권의 지위는 다르다

우선주는 고등급 채권보다 후순위에 있는 것이 일반적이다. 우선주는 '합리적 의심의 여지가 없을 만큼' 배당금 지급을 보장하지는 않는다. 실제로 비누적적 우선주는 주주가 청구해도 배당금을 지급할 의무가 없다.

채권투자는 논리적으로 타당한가?

그레이엄은 1929년에 시작된 주식시장의 대폭락을 논하면서 이 사건은 이례현상Anomaly이며, 반복되지 않을 것이라고 보았다. 그러나 채권투자에 '완벽한 안정성'은 없다고 조심스럽게 주장한다.

채권은 원래 매력적이지 않은 형태, 계량적 요소로 뒷받침되

는 안정성이 필수

채권의 안정성이 보장된 것이라는 사고를 경계해야 한다. 기업의 이익을 배분받을 권리를 포기한다면 이러한 제약을 감수하는 것에 대한 보상으로 적절한 수준의 안정성이 주어져야 한다.

손실 회피가 중요

"문제가 있거나 의심이 가는 부분이 있다면 해당 종목은 피해야 한다." 채권투자 대상을 선별하는 과정은 이러한 격언을 따르는 '포괄주의Negative'의 예술이다.

고정가치증권 투자 대상 선정 원칙

- 원칙 1 | 안정성은 계약으로 보장된 권리가 아니며 발행 주체의 지급의무 이행능력을 근거로 판단한다.
- 원칙 2 | 채무 이행능력은 호황기가 아닌 불황기를 기준으로 판단한다.
- 원칙 3 | 많은 배당금과 높은 표면금리가 부족한 안정성을 보완하지는 못한다.
- 원칙 4 | 채권투자 종목을 선택할 때는 '배제 원칙'을 따라야 하며 (은행의 대출 심사와 같은) 계량적 검토를 거쳐야 한다.

원칙 1 | 안정성은 담보권이 아닌 지급능력으로 평가한다

돈을 빌려간 친구가 파산했다. 그는 어떻게 돈을 갚을 것인가? 이 질문은 이제 다루고자 하는 내용을 한마디로 요약한 것이다. 그레이엄은 '친구는 돈을 갚지 않을 것'이라고 답한다. 이론상 기업이 파산해도 채권 보유자는 기업의 자산을 활용해 투자금을 회수할 수 있지만, 실제로는 그렇지 못한 경우가 대부분이다. 그 이유는 다음과 같다.

- 기업이 파산하면 자산가치도 하락한다.
- 법적 권리를 밝히기가 어렵다.
- 법정관리Court receivership 절차는 지연될 수밖에 없다.

1) **담보권이 자산가치 하락을 막지는 못한다** | 자산가치는 자산의 활용과 관련이 있다. 즉 사용하지 않는 자산의 가치는 하락한다. 판매할 시장이 없는 텔레비전 안테나를 전문으로 제조하는 생산설비의 가치는 얼마일까?

2) **담보권 소유자의 법적 권리 집행은 불가능하다** | 이론적으로 채권 소유자는 기업이 파산할 경우 자산을 매각할 권리를 갖지만 현실에서 법원은 그런 매매를 거의 허락하지 않는다. 대신, 채권 소유자에게는 회생기업의 증권이 교부된다. 기업이 파산할 때 채권 전액이 상환되는 경우는 극히 드물다. 운이 좋아 채권이 상환된다 해도 그 과정은 길고 짜증스러울 수밖에 없다.

3) **지연 과정이 지루하다** | 기업이 법정관리에 들어가면 기업의 모든 자산과 보유지분의 가치에 손실이 발생한다. 더 많은 가치와 자산이 관여되고, 법정관리 절차가 길어질수록 가치 손실도 더욱 커진다.

| 주 | 법정관리는 파산상황의 일부로서, 법원 또는 채권단이 회사를 운영할 법정관리인Receiver을 지정한다. 법정관리인은 사적 소송 절차에 따라, 혹은 이사회가 지정할 수 있다. 궁극적으로 결정할 문제는 남은 자산을 관리하고 배분할 방법이다. 결정은 일반적으로 청산 단계에서 이루어진다.

4) 문제는 미리 피하는 것이 기본 원칙이다 | 문제가 발생한 뒤 대책을 찾기보다는 애초에 문제를 피하는 것이 낫다. 이런 원칙에 따라 다음과 같은 간단한 결론을 도출한다.

① '담보권Lien의 유무'는 부차적 문제이다. 건실한 기업의 무담보 채권Unsecured debenture이 오히려 안전할 수 있다.

② '건전한 기업의 최고 수익률 채권'이라도 후순위 증권이 안전하지 않다면 선순위 증권도 안전하지 않으므로 부적절하다.

③ "후순위 채권이 월등한 장점을 가진 경우가 아니라면 선순위 담보권이 유리하다." 이 개념은 총부채의 안전이 적절히 보호되고 금전적 이득이 상당한 경우에 한해 유효하다.

5) 기초채권의 특별한 지위 | 그레이엄은 당시 '1순위' 채권보다 우선순위에서 앞섰던 기초채권Underlying bond 발행 관행을 소개한다. 기초채권의 종류와 발행 사례를 상세히 제시한 뒤 일반투자자들은 기초채권을 투자 대상으로 고려해서는 안 된다는 결론으로 설명을 마무리한다.

| 주 |

• 담보권은 개인 또는 기업이 채무변제를 담보하기 위해 타인 또는 다른 기업의 재산을 상대로 설정한 법적 권리이다.

• 무담보 채권은 기업 또는 정부가 발행한 무담보 대출증서로 특정 자산이 아닌 일반 신용으로 채권의 상환을 보증한다. 즉 설정된 담보가 없다. 미국 재무부 채권(국채)은 어떤 유형자산이나 증권도 담보로 설정하지 않으므로 무담보 채권으로 간주한다.

Chapter 07

고정가치증권의 선택 : 두 번째, 세 번째 원칙

요약

고정수익증권을 선별할 때 추가로 고려할 사항을 알아본다. 그레이엄은 불황기를 기준으로 채권을 분석해야 한다고 거듭 강조한다. 또한 경기침체의 영향에서 자유로운 업종은 없지만, 과거 침체기의 실적을 분석함으로써 미래에 같은 상황이 닥쳤을 때 성공적인 투자 대상이 될 증권에 관한 단서를 얻을 수 있다고 주장한다. 한편, 이 장에서 특히 강조하는 개념인 '좋은' 부채란 빠른 시장 진입이 필요한 새로운 기회나 사업 확장에 활용하기 위해 조달하는 자금이다. 이런 유형의 부채는 회사의 미래 이익으로 이자를 감당할 수 있고, 영업활동으로 원금을 상환할 수 있다. 반면, '나쁜' 부채는 영업활동을 지속하기 위해 반드시 조달해야만 하는 자금이다. 현금흐름표가 등장하면서 현대 투자자들은 좋은 부채와 나쁜 부채를 더욱 쉽게 구분할 수 있게 되었다. 그레이엄은 고정수익증권 발행 주체의 재무 건전성을 파악하려는 분석가에게 현금흐름표에서 부채 항목을 평가할 것을 강력히 조언한다.

그레이엄은 안정성을 양보해 더욱 큰 보상을 추구해서는 안 된다고 강조한다. 더 큰 위험을 부담한다면 그 대가는 높은 표면금리나 배당 가능성이 아닌 낮은 가격(해당 증권을 취득하기 위해 지불하는 원금 수준 하락)이 되어야 한다. 이것은 원금 손실을 최소화하는 방법으로 가치투자자에게 매우 중요한 개념이다.

개요

원칙 II | 채무이행 능력은 불황기를 기준으로 평가한다

건전한 투자는 역경을 견뎌낼 수 있어야 하고, 투자자는 시련을 이겨낸 기업을 선호할 것이다.

업종 특성 및 경기방어 수준을 근거로 한 안정성 추정

유틸리티와 같이 경기방어적 업종에 속한 기업은 경기 불황 시기에 수요나 소비가 방어해주지 못하는 주요 기업들보다 안전한 투자 대상일 수 있다.

불황의 영향에서 완전히 자유로운 업종은 없다

'불황의 영향에서 자유로운' 분야는 없다. 투자자는 불황의 영향을 가장 덜 받을 것으로 예상되는 업종을 찾아야 한다. 모든 평가는 상대적 기준이다.

업종 특성에 따라 투자 관행이 다르다

역사적으로 일부 업종과 공공 유틸리티 부문은 다른 업종에 비해 안정성이 높다고 보지만, 이들 업종의 안정성은 시간의 흐름에 따라 달라졌다. 이런 변화는 고정수익증권에 대한 기업의 미래 지급의무 이행능력을 평가할 때 분석가가 반드시 고려해야 하는 사항이다.

불황기 실적으로 평가한다

그레이엄은 철도회사와 공공 유틸리티 회사의 영업 실적을 보여주는 도표를 제시한다. 도표는 두 업종의 불황기 실적을 보여준다는 점에서 중요하다. 그레이엄은 향후 증권을 평가할 때 이러한 접근법을 적용할 것을 분석가에게 추천한다.

채권시장 폭락의 다양한 원인

1) **유틸리티 업종의 과도한 장기채**Funded debt(일반적으로 만기까지 기간이 길고 상환 기일이 정해진 부채-옮긴이) | **채무불이행**Default 사태를 야기한 것은 부족한 이익이 아니라 과도한 부채였다.

2) **철도산업의 이익 안정성 과대평가** | 이익 감소와 운송수단의 변화를 인식하지 못한 결과이다.

3) **불황기 제조업 실적** | 좋은 실적을 기록하던 대형 기업들의 이익이 대공황이 닥친 후 돌연 증발했다.

건전한 채권이 부족해도 불건전한 채권을 사서는 안 된다

불건전한 채권을 매수하는 데 변명이 있을 수 없다. 건전한 채권을 매수할 기회가 적다고 해서 불건전한 채권에 이끌려서는 절대 안 된다.

채권 발행을 통한 자금조달에 관한 상충된 관점

다음 두 가지 이론은 모두 사실과 다르다.

1) 채권을 발행한다는 것은 재무상태가 취약하다는 의미다.

2) 채권은 오로지 기업이 주식을 발행할 수 없는 상황에서만 이루어진다.

채권 발행을 통한 자금조달을 설명하는 적절한 이론

어떤 상황에서든 제대로 관리할 수만 있다면 적절한 규모의 부채는 (기업이 제품이나 서비스를 빠르게 시장에 도입하는 데 도움이 된다는 측면에서) 오히려 장점으로 작용한다. 기업이 부채를 조달하지 않을 수 없는 상황에 처했다면(오로지 각종 대금이나 비용 결제를 위해 채권을 발행해야 한다는 뜻), 이는 채권이 안전하지 않다는 신호이다. 회사뿐만 아니라 채권 보유자에게도 좋지 않은 상황이다.

불건전한 관행

그레이엄은 기업들 사이에 부채 상환 광풍이 불었던 1927~1929년 상황을 기술한다. 심지어 부채를 상환할 자금을 마련하기 위해 신주를 발행할 정도였다. 주주는 이런 행위의 바탕에 경영진의 의도가 무엇인지 고민해야 한다. 부채를 간소화하려는 것인가? 고금리 부채를 상환하려는 것인가? 후자라면 주주에게 이롭다. 그러나 단순히 부채를 정리하기 위해 저금리로 조달한 자금까지 상환한다면 이는 주주가치를 훼손하는 부실경영이다.

투자자에게 갖는 의의

사람들은 투자할 돈이 있으면 결국 투자를 한다. 수익률이 높은 건전한 채권이 시장에서 자취를 감추었을 때 투자를 관리할 능력이 없다면 문제가 발생한다. 이런 상황에서는 더욱 큰 수익을 노릴 수 있는 2등급 채권에 투자하는 대신 수익이 낮더라도 원금을 보호할 수 있는 채권을 수용해야 한다.

요약

불황과 경기침체를 이겨낼 능력이 있는 기업이 발행한 채권을 사야 한다. 상대적으로 안정적인 기업은 첫째, 규모 면에서 우월하다. 둘째, 이익이 채권 이자비용을 크게 상회하는 것이 특징이다.

원칙 III | 수익률을 높이기 위해 안정성을 희생해서는 안 된다

채권에는 전통적으로 위험 대비 금리 수준을 계량화한 등급이 부여된다. 보험업계에서 보험통계법Actuarial method(위험을 수학적으로 평가해 보험료를 산정하는 방법-옮긴이)을 활용하는 것과 유사하다. 그러나 그레이엄은 투자에 따른 보상과 투자에 실패할 통계적 확률의 관계를 논하면서 이것이 비현실적인 관점이라고 단언한다.

수익률과 위험 사이에는 수학적 관계가 없다

채권가격과 수익률은 인기에 따라 결정된다. 그레이엄은 채권의 시장가격을 결정하는 중요한 요소로 대중에게 익숙한 발행 주체와 시장에서 빠르게 거래될 수 있는 가능성을 꼽는다.

투자에서 자가보험은 일반적으로 불가능하다

투자자에게 중요한 것은 위험을 감수한 대가로 얻는 수익이 아니라 위험을 회피하는 것이다. 그레이엄은 한 가지 중요한 사례를 제시한다. 연간 표면이자로 20달러를 지급하는 저수익 채권 A가 1,000달러에 거래된다. 채권 B는 같은 가격에 표면이자로 70달러를 지급하지만, 20대1의 확률로 원금 전액 손실이 발생할 위험이 있다. 그레이엄은 채권 B의 투자자가 부담하는 위험은 피해액을 전액 보장하는 주택화재보험 상품을 판매할 때 보험사가 떠안는 위험과 비슷하다고 설명한다. 차이가 있다면 보험사는 위험 상황이 발생할 통계적 확률을 즉시 측정할 수 있지만, 분석가는 더 많은 변수를 고려해야 한다는 것뿐이다. 그레이엄은 추가 표면이자 50달러는 20대1의 원금손실 확률을 감수할 만큼 매력적인 수준이 아니라고 지적한다.

주기적 위험 요소

보험사는 폭넓게 위험을 분산한다. 반면, 개인투자자는 위험분산 여력이 크지 않으며, 작은 투자 표본을 커다란 위험에 노출시키는 투자 방식을 채택할 여유가 없다.

위험과 수익률은 비교 대상이 아니다

위험 대비 수익률 개념을 당연시해서는 안 된다. 분석가는 증권의 성과에 대해 합리적인 가정을 세우고 그것을 보상 수준과 비교한다. 그레이엄은 고수익, 고위험 채권을 액면가 그대로 구입해서는 안 된다고 다시 한 번 강조한다. 액면가 대비 크게 할인된 가격에 사서 원금손실 위험을 최소화해야 한다고 주장이다.

'사업가에게 적합한 투자'라는 착각

당시에는 해외 채권이나 고위험 채권에 대한 투자를 '사업가에게 적합한 투자Businessman's investment(상당한 위험을 감수할 능력이 있는 사람에게 적합한 고수익 투자–옮긴이)'로 인식했다. 그레이엄은 '사업가에게 적합한 투자'를 비합리적인 투자 방식이라고 지적한다.

관행적 절차를 뒤집어야 한다

투자 대상을 선별할 때 안정성이 가장 뛰어난 증권을 먼저 검토한 뒤 점차 그 기준을 낮추어서는 안 된다. 대신, 최소한의 안정성 기준을 충족하는 증권에서 출발해 좀 더 안전한 종목으로 검토 대상을 좁혀나가야 한다. 이는 계속해서 기준을 낮추다가 결국 안전하지 않은 증권을 매수하는 일을 예방할 수 있는 방법이다.

Chapter 08

채권투자의 구체적 기준 1

요약

투자 대상 채권을 선별할 때 분석가가 적용해야 하는 기준에 관한 논의를 시작한다. 이 논의는 11장까지 이어진다. 그레이엄은 뉴욕저축은행New York Savings Bank(이하 NYSB)이 고정수익증권 취득 시 이용한 기준을 토대로 분석을 시작한다. NYSB는 위험관리 절차의 하나로 일곱 가지 기준을 채택했다. NYSB는 법적으로 고객의 원금을 보호할 의무가 있으므로, 그레이엄은 이 기준이 채권분석의 출발점으로 적절하다고 보고 활용한다. 분석에 관한 자신의 방법론을 전달한 뒤 그레이엄은 일곱 가지 기준을 각각 자세히 논의한다. 이 장에서는 NYSB의 기준 가운데 다음 두 가지를 살펴본다.

1) **성격 및 소재지** | 분석가에게는 선택할 수 있는 채권의 종류가 NYSB보다 더 많아야 한다는 것이 그레이엄의 주장이다. NYSB가 허용하는 발행 주체 외에 어떤 기업을 추가할지는 구체적으로 언급하지 않았다. 그레이엄은 미국 내에서 발행한

채권(캐나다는 예외)으로 선택을 제한하는 NYSB의 기준에 대체로 동의하는 듯하다.

2) **규모** | NYSB가 채권의 안정성을 판단하는 근거와 관련해 구체적인 기준을 설명한다. 그레이엄은 지방정부나 기업의 단순한 규모보다는 발행 주체의 지급의무 이행능력에 더욱 무게를 두고 판단해야 한다고 지적한다.

개요

원칙 Ⅳ | 분명한 안전 기준을 적용한다

고등급 채권을 선별하는 것은 부적절한 종목을 배제하는 과정이다. 이 과정이 제대로 작동하기 위해서는 구체적인 기준과 규칙이 있어야 한다. 그레이엄은 개인투자자가 노출되는 위험과 동일한 증권에 투자하는 기관투자자의 위험이 같다고 보았다. 따라서 그는 NYSB가 활용하는 것과 유사한 규칙 및 규정을 개인의 고정수익 투자에 도입할 것을 권한다. 저축은행은 위험 노출을 최소화하도록 법으로 규정되어 있으므로, 이들의 위험관리 기법을 분석의 출발점으로 추천한다.

분석의 출발점은 뉴욕저축은행법

그레이엄은 NYSB의 위험경감 방식을 신뢰할 만한 본보기로 추천한다. 한편 NYSB가 타 은행 대비 우수한 기준을 적용하고 있지만, 일반투자자까지는 고려하지 않은 법적 규제들이 다양한 방식으로 부과되었음을 지적한다. 결과적으로 새로운 위험측정 기법이 등장해 더욱 효과적이고 안전하다고 판명될 경우 기존의 법규를 수정하는 융통성이 필요하다.

뉴욕 주 법령이 규정한 일반 기준

뉴욕 주 법령에 따라 투자 대상 채권은 다음 사항을 기준으로 분석해야 한다.

1. 발행 주체의 성격 및 소재지
2. 발행 주체의 규모
3. 발행 조건
4. 지급의무 이행 이력 및 배당금 지급 이력
5. 이익과 이자 지급의무 관계
6. 자산가치와 장기채와의 관계
7. 주식 시가총액과 장기채와의 관계

이 일곱 가지 기준은 9~11장에서 더욱 자세히 논의한다. 그레이엄은 자신의 견해와 일치하는 NYSB의 기준은 특히 강조하고 개선 방법도 추천한다.

1. 발행 주체의 성격 및 소재지

그레이엄은 일부 채권에 대해서만 매수를 허용하고 그 외는 배제하는 것이 뉴욕 주 규정의 '두드러진' 특징이라고 설명한다. 『증권분석』 집필 당시 NYSB의 규약은 다음과 같았다

- 허용 : 미국 정부 채권 및 지방채, 철도 및 특정 유틸리티 기업이 발행한 채권, 1순위 부동산 저당권이 담보하는 채권
- 배제 : 외국 정부 및 회사 채권, 노면전차 및 상수도회사 채

권, 모든 제조회사 채권, 금융회사 채권

1) **포괄적 금지의 오류** | 그레이엄은 '용인'되는 채권이 특정 산업에 치우치고 범위가 지나치게 좁다고 지적한다. 시장의 크기가 제한적이어서 선택할 수 있는 대상이 많지 않아 용인되는 범주 안에서 수준 미달의 선택을 하게 되는 문제가 있다는 것이다.

2) **개별 종목의 강세가 업종의 약점을 보완할 수 있다** | 특정 유형을 포괄적으로 허용하거나 배제하기보다는 개별 기업에 대한 검토가 필요하다.

3) **1938년 은행법 개정** | 뉴욕 주 의회는 1938년 포괄 조항에 관한 입장을 수정했는데, 그레이엄을 비롯한 여러 사람이 제기한 문제 때문이었다. 개정된 법은 상당히 특이했다. 투자가 배제된 채권이라 하더라도 20개 저축은행이 요청할 경우 개별 종목 기준으로 검토할 수 있도록 은행의 규정을 수정해야 한다는 것이었다. 그레이엄은 이것이 현실적으로는 유효한 조치임을 인정하면서도, 투자가 금지된 증권이 요청에 따라 얼마든지 투자 대상이 될 수 있다는 데는 이의를 제기한다.

4) **외국 정부 채권** | 그레이엄은 포괄적 배제를 반대하면서도 해외 채권 매수를 허용하지 않는 데는 동의한다. 그레이엄의 주장을 정리하면 다음과 같다.

① **정치적 편의 요인** : 외국 정부 국채는 원리금 지급이 중단되어도 의무 이행을 강제할 수 없다. 채무불이행 사례도 흔하다.

② **대외무역 논리** : 미국 기업의 수출 증대를 위해 해외 투자가 필요하다 하더라도 이상주의적 이유를 근거로 투자 판단을

내려서는 안 된다.

③ **국가별 신용도 논리** : 신용도가 상대적으로 앞서는 국가가 있고, 일부 주에서는 특정 국가가 발행한 채권을 허용하기도 한다. 그레이엄에 따르면 당시 '의문의 여지 없는 투자등급'에 해당하는 국가는 캐나다, 네덜란드, 스위스뿐이다.

5) **외국 정부 채권 취득을 반대하는 두 가지 이유** | 일반적으로 외국 정부 채권을 피하는 이유는 다음과 같다. 첫째, 신용등급 산정 근거가 불분명하다. 둘째, 과거 실적이 만족스럽지 못하기 때문이다. 그레이엄은 캐나다를 유일한 예외로 지목한다.

6) **외국 회사 채권** | 이론적으로 소재한 나라보다 더 나은 기업은 없다. 정부가 간단히 국가 소유를 선언할 수 있기 때문이다. 그러나 경험에 따르면 국가의 신뢰도는 낮아도, 미국 달러 표시 채권을 발행한 믿을 만한 해외 기업은 신뢰할 수 있는 경우가 많았다. 그럼에도 불구하고 일반적으로 외국 회사 채권의 매력은 외국 정부 채권보다 높지 않다.

2. 발행 주체의 규모

작은 기업과 지방정부는 상대적으로 취약하여 보수적인 투자자들에게는 적합하지 않다. 발행 주체의 규모가 지나치게 '작다'라고 할 경우에도 그 기준은 명확히 정의하지 않았다.

1) **뉴욕 주 법 조항** | 그레이엄은 1930년대에 NYSB가 발행 주체로서 용인할 수 있는지 여부를 결정하는 데 활용한 구체적 요건을 소개한다. 지방채의 경우, 뉴욕 주와 인접한 주는 인구 1만 명, 기타 주는 3만 명이 최소 기준이었다. 철도회사의 최

소 요건은 길이 500마일(약 800킬로미터)의 철로와 연간 운영수익 1,000만 달러 등이었다.

2) **최소 기준에 대한 비판** | 그레이엄은 발행 주체가 적절한 규모를 갖추어야 한다는 데는 동의하지만, NYSB 기준의 상당 부분에는 이의를 제기한다. 그레이엄은 현금흐름과 지급의무 이행 능력을 바탕으로 한 기본적 이론이 더욱 의미 있다고 주장한다.

3) **제조회사 채권과 규모 요인** | 그레이엄은 제조회사 채권에 투자할 수 없다는 NYSB의 규정에 동의하지 않는다. 엄격한 기준을 충족한다면 제조회사 채권도 안전하다고 보았다. 그레이엄은 특정 제조 업종의 6대 기업으로 선별 대상을 제한할 것을 추천한다.

4) **큰 규모만으로 안정성을 보장할 수는 없다** | 가장 큰 것이 언제나 가장 좋은 것은 아니다. 지방정부와 유틸리티 회사의 경우 특히 그렇다. 이 기준은 오로지 제조업 분야에만 적용해야 한다.

5) **기타 반대 조항** | 그레이엄은 철도회사 채권투자 기준으로 NYSB에게 부여된 최소 1,000만 달러 이익 요건에 동의하지 않는다. 또한 발행 규모가 큰 채권을 취득하려는 것은 향후 매각 시 시장성이 더 뛰어나기 때문이라고 보았다. 실제로 NYSB는 원할 때 신속하게 채권을 매각할 수 있었다. 그러나 그레이엄은 발행 규모 기준을 시장성 있는 채권 확보에 지나치게 무게를 둔 요건으로 보고 동의하지 않았다.

Chapter 09

채권투자의 구체적 기준 2

요약

NYSB가 건전한 투자 대상 채권을 선정하는 데 활용한 일곱 가지 기준에 대한 평가가 이어진다. 이 장에서 다룰 세 가지 기준을 간단히 요약하면 다음과 같다.

3. 발행 조건

그레이엄은 NYSB가 저당권과 무담보 채권투자를 다루는 방식이 낡았다고 보았다. 그레이엄은 수익사채Income bond(일반 채권과 다르다. 자세한 정보는 16장을 참고)와 우선주를 유사한 방식으로 분석해야 한다고 설명한다. 그는 분석가에게 단기 채권이 장기 채권보다 더욱 안전하다는 믿음을 경계할 것을 경고한다. NYSB는 동의하지 않을지라도 그레이엄은 자신의 의견을 설득력 있게 주장한다.

4. 지급의무 이행 실적 및 배당금 지급 실적

그레이엄은 장기적으로 지급의무를 완전히 이행한 실적이 있는 발행 주체를 찾는 것이 중요하다고 설명한다. NYSB는 채권을 평가할 때 해당 기업의 지급의무 이행능력을 판단하는 주요 수단으로 배당이력을 활용한다. 그레이엄 역시 배당이력이 건전한 재무상태를 반영할 수 있다는 것은 인정하면서도, 이를 경계해야 할 관습이라고 보았다. 그레이엄은 분석가에게 손익계산서와 재무상태표에서 결론을 찾을 것을 독려한다. 심지어 기업이 배당금을 지급하는 것은 어려운 시기에 자본을 회수하거나, 활용할 능력도 없이 자본을 주주에게 유출하는 행위라고 주장한다. 이러한 배당금 지급은 채권에 대한 미래 지급의무 이행능력을 저해할 수도 있다.

5. 이익과 이자 지급의무 관계

그레이엄은 채권의 안정성을 판단하는 데 가장 중요한 요소가 이자보상비율(또는 고정표면이자 대비 이익비율)이라고 주장한다. 이자보상비율을 산출하는 세 가지 방법을 소개하고 '전액 차감법'을 추천한다. 증권의 우선순위에 관계없이 모든 고정이자를 합산하고, 그것을 회사의 순이익(또는 세후 이익)과 비교하는 것이다.

NYSB는 엄격한 이자보상비율 요건을 적용하지만 그레이엄은 좀 더 완화된 기준을 추천한다. 또한 그는 NYSB의 세 가지 요건, 즉 ① 이익 증가 추세, ② 양호한 당기 실적, 그리고 ③ 검토 기간 전체에 걸쳐 만족스러운 이자보상비율 유지 요건을 충족하지 않는 기업에 대해서도 좀 더 융통성을 가지고 접근할 것을 제안한다.

마지막으로 그레이엄은 시장금리와 채권의 시장가격에 관한 매우 중요한 개념을 논의한다. 그레이엄은 투자자들에게 금리가 낮을 때 장기 채권을 사지 않도록 주의하라고 한다. 향후 시장금리가 상승하면 유통시장Secondary market에서 채권을 매도할 때 투자 원금을 잃을 가능성이 있기 때문이다.

개요

발행 조건

안정성은 가장 중요한 요건이다. 뉴욕 주 법률은 저당권을 담보로 설정한 경우에 한해 공공 유틸리티 회사채에 대한 투자를 허용한다. 다만, 엄격하게 규정한 이익과 배당이력 기준을 통과할 경우 무담보 철도회사 채권과 수익사채도 투자 대상으로 인정한다.

| 주 | 수익사채는 반드시 표면이자를 지급할 의무는 없으며, 구체적으로 명시된 조건에 따라 원금을 상환해야 하는 채권이다. 수익사채의 발행 조건은 증권마다 크게 다르다. 이익이 발생할 경우에 한해 반드시 이자를 지급해야 하는 채권은 무엇이고, 이사들이 더 큰 재량을 행사하는 채권은 무엇인지 명시한다. 일반적으로 수익사채는 고정수익을 지급하는 채권보다는 우선주와 유사하다. 자세한 내용은 16장을 참고하라.

1) 낡고 비논리적인 제약 조건 | 그레이엄은 특정 증권을 투자 대상에서 배제하는 것은 현실적으로 이치에 맞지 않는다고 지적한다. 그리고 최우선순위 증권에서 무담보 채권에 이르는 다양한 유형의 고정수익증권을 투자 대상으로 보고 열린 태도로 접근한다. 한편, 미래에 발행될 증권이 해당 증권보다 더 높은 우선순위를 갖지 못하도록 하는 제약이 있는지 여부를 파악하

는 것이 중요하다고 강조한다. 결국 최우선으로 고려할 사항은 기업의 지급의무 이행능력이다.

2) **무담보 채권보다 불리한 수익사채** | 그레이엄은 무담보 채권의 안정성이 수익사채보다 낮다는 개념은 잘못되었다고 설명한다. 무담보 채권은 (유형자산을 담보로 설정하지는 않았지만) 지급의무가 있다. 반면, 수익사채는 표면이자를 지급할 의무가 없다. 수익사채는 우선주와 유사하고, 경영진이 필요하다고 판단할 경우 재량에 따라 채권 보유자에게 이자를 지급할 수 있다. 그레이엄은 표면이자 지급의무가 있는 무담보 채권이 수익사채에 비해 위험성이 낮다고 주장한다.

3) **만기가 짧다는 이유로 안정성 기준을 완화해서는 안 된다** | 채권 만기가 3년으로 짧을 경우 투자자는 스스로의 기준을 완화하고 안전마진을 키워 판단하는 경향이 있다. 그레이엄은 분석가들에게 이런 태도를 경계하라고 지적한다. 재무상태에 문제가 있는 회사가 단지 신용등급 요건이 되지 않는다는 이유로 장기물을 발행할 수 없어 단기물을 발행하는 경우도 있다.

4) **동일한 증권의 만기 차이** | 동일한 발행 주체가 동일한 채권을 각각 단기물과 장기물로 발행하였을 때 두 채권의 위험도는 다르지 않다. 단기물이 만기에 상환되지 않을 수도 있기 때문이다. 그레이엄은 이 개념을 설명한 뒤 자신의 결론을 뒷받침하는 사례를 다수 제시한다.

이자 및 배당금 지급 이력

투자자는 채권 발행 주체가 오랜 기간에 걸쳐 재정 상황을 안정적으로 유지해왔는지 반드시 확인한다. 그리고 이러한 실적이 없는 회사는 피해야 한다.

1) **뉴욕 주 법령 조항** | 이 개념을 바탕으로 뉴욕 주의 법령은 타 주에서 발행한 증권의 경우 10년간의 지급 기록이 있어야만 투자 대상으로 인정한다. 지방채권은 25년, 철도회사 채권은 6년, 기타 공공 유틸리티 회사 채권은 8년을 요구한다. 그레이엄은 지방정부의 안정성 및 미래 지급의무를 이행할 적합성 분석에 대한 어려움을 논한다. 새로운 단체장이 선출되어 부채 발행을 늘릴 경우 이를 통제하기 어렵기 때문이다. 높은 수익을 추구하며 커다란 위험을 감수하는 대신, 투자 원금을 낮추는 것이 중요하다. 지방정부가 더욱 높은 금리로 새로운 채권을 발행할 경우, 채무불이행 위험을 감안하여 회의적인 태도로 접근할 필요가 있다.

2) **딜레마와 해결방안** | 다양한 요인이 지방정부의 재정 건전성을 판단하는 분석가의 능력에 영향을 미치는 가운데, 그레이엄은 엄격한 계량적 검증 방식을 개발할 수 있다고 제안한다. 이 검증 방식의 초점은 인구 규모, 조세 수입, 유동부채에 있다. 분석을 통해 지방정부의 지급의무 이행능력을 판단할 수 있다면 더욱 큰 수익을 기대한다는 이유로 더 큰 위험을 감수할 필요는 없다. 대신 더욱 높은 수익률을 추구한다면 그에 상응하는 조사·분석을 수행하는 노력이 필요하다.

3) **배당이력** | 1930년대 대부분의 주에서는 법령에 따라 과거 5년간 배당금 지급 기록이 있는 기업이 발행한 회사채에 한해 매수할 것을 은행에 요구했다.

4) 배당이력은 재무 건전성을 입증하는 결정적 단서가 아니다 | 배당금을 지급하는 기업의 실적이 그렇지 않은 기업보다 일반적으로 좋다는 사실에는 동의한다. 그러나 이를 포괄적으로 적용하여 배당금을 지급하지 않는 회사를 고려 대상에서 배제해서는 안 된다. 배당금은 회사를 재정적으로 약화시키고(유출된 자본은 회사계정으로 돌아올 수 없기 때문이다), 이것은 채권 보유자의 이익에 반하는 것이기 때문이다.

5) 채권투자에서 배당이력의 역할 | 실수는 금물이다. 기업이 미래에 이자 지급의무를 이행할 능력을 판단하는 데 더 유용한 단서는 과거 배당이력이 아니라 재무상태표와 손익계산서다. 보통주 주주에게 배당금을 지급하는 회사의 채권을 보유할 때 장점은 배당금을 경고의 신호로 활용할 수 있다는 것이다. 보통주 주주에게 배당금을 지급하지 않거나 배당금을 줄였다면 채권의 건전성이 위험에 처했다고 보아도 좋다.

이익과 이자 지급의무 관계

많은 분석가가 채권의 안정성을 회사의 이익과 이자 지급의무를 비교하여 판단한다. 그러나 뉴욕 주는 다른 요소에 주목했다. 뉴욕 주는 채권의 안정성을 회사의 배당금 지급능력 측면에서 접근한다. 그레이엄은 이런 접근법에 강력히 반대한다. 이자비용은 고정되어 있으므로 이를 이용하면 채권의 건전성을 상당히 정확하게 판단할 수 있다는 것이다. 이를 통해 분석가가 검토해야 할 비용이 무엇인지는 매우 분명해진다.

1) 뉴욕 주 법 조항 | NYSB의 실제 이자보상비율 요건 일부를

구체적으로 제시하면 다음과 같다.

① 철도회사가 발행한 철로저당권 채권 및 장비 채권은 최근 6년 가운데 5년간 이익이 고정금융비용Fixed charge의 1.5배를 초과해야 투자 대상으로 허용한다.

② 철도회사가 발행한 기타 증권은 최근 6년 가운데 5년간 이익이 고정금융비용의 2배를 초과해야 한다.

③ 공공 유틸리티 회사가 발행한 증권은 최근 5년간 이익이 총 이자비용의 2배 이상이어야 한다.

2) **이자보상비율 관련 세 가지 고려사항** | 이자보상비율을 산출하는 방법과 최저 이자보상비율 요건, 실적평가 대상 기간을 중심으로 살펴본다.

계산법

① **선차감법**Prior-deduction method : 1933년 이전까지 널리 사용되었지만 대공황 이후 오해의 소지가 있고, 유효하지도 않다는 사실이 알려졌다. 선순위 채권 이자를 이익에서 먼저 차감한 뒤 남은 이익을 기준으로 각 후순위 채권의 이자보상비율을 계산하는 방식이다. 예를 들어보자.

평균 이익	$1,500,000
최우선순위 6s 채권 이자	$500,000 기준 이자보상비율 3배
잔여 이익	$1,000,000
7s 무담보 채권 이자	$300,000 기준 이자보상비율 3.3배

위 예시에서 무담보 채권의 이자보상비율은 최우선순위 채권의 이자보상비율보다 높다. 이 방법은 분명히 실제를 왜곡한다.

② 누적차감법Cumulative-deduction method : 선순위 채권의 이자와 합산하여 후순위 채권의 이자보상비율을 산출한다. 예를 들어 이익이 100만 달러이고 최우선순위 채권 이자가 20만 달러, 차순위 채권 이자가 30만 달러라면 두 채권의 이자보상비율은 각각 다음과 같이 산출한다.

- 최우선순위 채권 이자보상비율 = $1,000,000÷$200,000 = 5배
- 차순위 채권 이자보상비율 = $1,000,000÷$500,000 = 2배

이익을 모두 합산해 이자비용으로 나눈 것이 핵심이다. 많은 투자자가 증권의 위험을 판단하는 건전한 절차로 평가할 수 있는 방법이다.

③ 총(전액)차감법Total(overall) deduction : 누적차감법과 비슷하지만 좀 더 보수적인 접근법이다. 그레이엄은 모든 채권이 (우선순위에 관계없이) 상호의존적이라고 지적하며, 특정 채권에 대한 이자지급을 완료할 수 없다면 다른 채권의 이자도 모두 지급될 수 없을 것이라고 보았다. 위 예시의 경우, 최우선순위 채권과 차순위 채권의 이자보상비율은 모두 2배가 된다. NYSB는 총차감법을 활용했으며, 그레이엄도 이 방법을 지지한다.

최저 이자보상비율 요건

그레이엄은 NYSB가 적용한 이자보상비율이 오랫동안 영향력

을 발휘하고 있다고 설명한다. 1930년대에 적용된 업종별 최저 이자보상비율은 각각 다음과 같다.

- 공공 유틸리티 회사 채권 1.75배, 철도회사 채권 2배, 제조회사 채권 3배

실적평가 대상 기간

NYSB는 과거 5년의 이익을 기준으로 증권의 안정성을 판단하지만, 그레이엄은 가장 최근 연도의 이익이 더욱 중요하다고 주장한다. NYSB의 방법을 따를 경우, 평균 실적은 우수하지만 현재는 미래 지급의무 이행의 안정성을 뒷받침할 만큼 충분한 이익을 내지 못하는 기업에 투자할 수도 있다. 이런 기업은 바람직하지 않으며, 피해야 한다. 그레이엄은 일반적인 사업 성과를 대표할 수 있도록 평균 실적평가 기간을 조절할 것을 권고한다.

기타 실적 요소

분석가들에게 당기 추세, 최저 실적, 당기 실적 등의 요소에 주의를 기울여야 한다고 요구한다. 이들 요인이 중요한 고려사항이기는 하지만 분석가로서의 선택에 어긋나는 기준까지 엄격하게 따를 필요는 없다. 앞서 논의한 것처럼 이들 요인의 정성적 특징을 이해하는 것이 중요하다.

① **불리한 요소를 상쇄할 수도 있다** : 검토 대상 기간 전체에 걸쳐 1) 이익 증가 추세, 2) 양호한 당기 실적, 3) 이자 대비 여유 있는 이익이라는 조건을 적용했을 때, 이 세 가지 조건을 동시에 만족하지는 못하는 채권이 있을 수 있다. 그렇더라

도 즉시 해당 채권을 배제해서는 안 된다. 대신 회사 전체를 제대로 반영하는 것은 평균 추세일 수 있으므로, 이를 확인하기 위해 특정 몇 년 동안의 평균 이자보상비율을 추정하여 끌어올린다. 그러나 부진한 당기 여건의 영향이 커서 이러한 추정이 무색해진다면 이런 접근법은 권장하지 않는다. 결국 분석가는 스스로 옳은 판단을 내려 가장 안전한 기법을 찾아내야 한다.

② **표면이자와 이자보상비율의 관계** : 단순히 표면금리가 낮다고 안전한 채권이라고 할 수 있을까? 예를 들어 A 회사가 2% 채권을 발행했고, B 회사가 4% 채권을 발행했다면 A 회사의 이자보상비율은 B 회사의 두 배가 될 것이다(두 회사의 이익은 정확히 같다고 가정한다).

- **표면금리가 안정성에 미치는 효과** : 좋은 회사는 위험한 회사에 비해 낮은 표면금리를 제공한다. 좋은 신용이 더 좋은 신용으로 이어진다는 뜻이다.
- **시장금리 상승이 안정성에 미치는 효과** : 채권투자자가 주로 고려하는 것은 시장금리 상승이 채권의 시장가격에 부정적인 영향을 미친다는 개념이다. 회사 입장에서 보면 시장금리가 상승해도 채권이 만기가 되지만 않으면 이자보상비율에는 변화가 없다. 시장금리가 상승하는 동안 채권이 만기에 도달하면 회사는 새로운 채권을 발행할 때 더 높은 금리를 제공해야만 한다. "현실적인 결론은 이렇다. 시장금리가 상승할 가능성이 있다고 생각하는 투자자는 아무리 건전한 회사가 발행했다고 해도 만기가 길고 표면금리가 낮은

채권을 사서는 안 된다." 대신, 단기물 투자를 고려해야 한다. 반대로, 시장금리가 하락할 가능성이 있다고 판단하는 투자자는 상당히 높은 안정성 기준을 충족하는 장기 채권을 사야 한다.

•두 채권의 상대적 매력 : 그레이엄은 5.5% 채권이 3% 채권보다 덜 매력적일 수 있다고 주장한다. 회사가 어려운 시기에 높은 이자를 부담하면 현금흐름이 위축될 수 있기 때문이다. 또한 3% 채권 역시 금리가 상승하면 할인폭이 더욱 확대될 것이므로 위험이 있다고 지적하며 전체 포지션에 경고를 보낸다. 그레이엄은 집요하게 위험을 파악하는 방법과 안전한 증권을 선택하기 위해 고려해야 하는 수많은 변수를 훌륭히 보여준다. 그레이엄은 독자에게 어떤 접근법을 더욱 선호하는지 묻지만, 확정적인 답을 제시하지는 않는다. 즉 독자로 하여금 각자 처한 복잡한 상황을 고려하도록 하였다.

Chapter 10

채권투자의 구체적 기준 3

요약

NYSB가 안전한 채권을 확보하는 데 활용한 여섯 번째 기준을 설명한다.

6. 자산가치와 장기채와의 관계

그레이엄은 채권에 담보로 제공된 유형자산의 가치를 단호히 할인한다. 그는 채권의 안정성을 가늠하는 진정한 척도는 담보로 제공된 유형자산이 아니라 이익 창출능력이라고 강조한다. 또한 이익 창출능력이 하락함에 따라 이익을 발생시키는 유형자산의 가치도 하락한다고 주장한다. 또한 특수한 자산을 담보로 한 채권의 경우 유통시장에서 매도하는 것보다 재발행하는 편이 비용 면에서 유리하다는 개념에 관해서도 논의한다. 그레이엄은 많은 감정평가사가 경영진이나 투자자를 호도할 목적으로 자산가치를 왜곡한다고 지적한다. 그레이엄에 따르면 유형자산은 수많은 요소로 인해 기업이 재무상태표에 기입한 가격에 거래되지 않는다. 결과적으로, 자산의 유형과 사회적 효용 및 역할은 해당 자산을 담보로 한 채권의 안정성 수준을 결정하는 주요 요인이다.

개요

자산가치와 장기채와의 관계

채권의 건전성은 자산에 설정한 담보권의 잠재가치보다는 지급의무를 이행할 발행회사의 능력에 달려 있다. 이를 감안할 때 채권의 안정성을 뒷받침할 수 있는 최소한의 담보 수준을 산정하는 것은 무의미하다. 반면, 주 당국은 담보 자산가치가 발행한 채권가치의 3분의 2를 초과해야 한다는 등의 규정을 적용하고 있다.

1) 특수한 채권 유형

① 장비 채권Equipment obligations : 판매가 가능하고 다른 주체가 사용할 수 있는 자동차와 같은 장비에는 시장가치가 있다. 따라서 부동산에 대한 담보권보다 안전하다. 회사는 자동차와 같이 유용한 특정 물품을 대상으로 한 설비신탁증서Equipment trust certificate를 채권자에게 발행할 수 있다. 신탁증서 보유자는 안정성을 보장받지만, 담보자산을 처분하더라도 기대하는 금액의 50%만 회수할 가능성도 있다. 결국 채권 소유자는 안정성을 담보하는 유형자산의 가치를 회의적인 시각으로 볼 필요가 있다.

② 유가증권 담보사채Collateral-trust bond : 간단히 설명하면 동일 기

업이 발행한 우선주나 채권의 지급을 보증하는 채권이다. 그레이엄은 사례를 통해 이런 유형의 채권이 서로 의존적임을 입증한다. 마치 연결고리가 취약한 사슬처럼 한 채권이 실패하면 다른 채권도 모두 실패할 수 있다. 같은 회사나 계열사에서 발행한 채권이 지급을 보증할 경우 안정성은 매우 낮아진다. 이런 채권의 경우 진정한 안정성을 확보하기 위해서는 약정서Indenture를 통해 채권 사이의 우선순위와 지급불능 시 우선 조치 순서를 상세히 이해할 필요가 있다.

③ **부동산 채권**Real estate bond : 부동산의 가치는 대개 기업의 성공과 직접적인 관련이 있다. 즉 사업이 실패하고 이익이 감소하면 자산가치도 함께 하락할 가능성이 있다. 그레이엄은 주택의 임대가치가 대출의 안정성을 확보하는 좋은 사례를 제시한다. 예를 들어 가격이 1만 달러인 단독주택으로 연간 임대료 1,200달러를 벌어들일 수 있다면 집주인은 주택담보대출 원리금을 매월 문제 없이 고정적으로 상환할 수 있다. 반대로, 비싼 가격에 구입했지만 고정적인 대출금 상환의무를 감당할 만큼 수익을 내지 못하는 산업용 부동산의 사례도 제시한다. 그레이엄은 이 사례를 통해, 채권을 분석할 때 기업의 자산이 감정평가가치Appraised value만큼 가치가 있다고 상정해서는 안 된다고 분석가에게 경고한다.

- **부동산 가치와 이익 창출능력 사이에는 밀접한 관련이 있다** : 부동산의 가치가 해당 부동산으로 창출할 수 있는 이익과 직접적으로 연관되어 있다. 다만, 특수 목적 건물과 생산시설에는 해당되지 않는다.

•감정평가 결과가 투자자를 호도할 수 있다 : 그레이엄은 1920년대에 감정평가사들과 일하며 직접 경험한 문제점을 토로한다. 감정평가사들이 감정평가액을 실제 가치보다 3분의 2나 높게 책정해 투자자들을 호도했다는 것이다.

•비정상적 임대료를 근거로 가치를 평가했다 : 1920년대 말에 나타난 임대용 건물의 공급 과잉 현상을 사례로 제시하며, 1920년대 감정평가 관행의 문제점에 관한 논의를 이어간다.

•과도한 건설원가를 기준으로 산정한 대출금액 : 임대용 부동산의 가치가 과도하게 평가되면서 공급 과잉과 건설원가 급등으로 이어졌다. 시장이 둔화되자 높은 건설원가를 기준으로 산정된 대출은 안정성을 유지하기 어려웠다.

•특수 목적 건물의 약점 : 주택담보대출이라면 필요 시 담보로 설정한 부동산(주택)을 제3자에게 쉽게 처분할 수 있다. 하지만 병원이나 건물은 그렇지 않다.

•신축건물 초기 임대료를 기준으로 산정한 감정가액은 왜곡될 수 있다 : 일반적으로 신축건물의 임대료는 오래된 건물의 임대료보다 높다. 임대료 할증가치는 건물이 노후함에 따라 감소한다. 이것을 채권의 듀레이션(투자 원금 회수에 소요되는 기간—옮긴이)에 반영해야 한다.

•재무 정보의 부족 : 부동산 금융의 특징은 채권 발행 주체가 비상장사이다. 따라서 상장기업과는 달리 상세한 재무정보 공개가 요구되지 않는다. 그 결과 세금미납을 비롯한 놀라운 문제들이 너무 늦게 드러날 수 있다.

•제안하는 원칙 : 단독주택에 대한 대출액은 시장에서 평가

한 부동산 가치의 3분의 2를 넘지 않아야 한다. 시장의 평가가치가 이례적으로 높으면 과대평가 가능성을 감정평가 결과에 할인 적용한다. 일반적인 부동산 채권은 최우선 순위 저당권First mortgage에 대한 투자이다. 대출기관은 해당 부동산의 건설과 관련된 모든 원가를 완전히 이해해야 하고, 원가가 저당권의 가치를 50% 이상 초과하지 않는지 확인해야 한다. 손익 항목은 공실 발생 가능성과 신축건물의 임대료 할증가치 소멸을 감안해 보수적으로 추정해야 한다. 순이익은 이자비용을 크게 넘어서는 충분한 상환여력을 보여야 한다. 주변환경과 시간의 흐름에 따라 발생할 수 있는 변화도 고려해야 한다.

Chapter 11

채권투자의 구체적 기준 : 결론

요약

NYSB가 건전한 채권투자 대상을 선정하는 데 활용한 마지막 기준을 다룬다. 지금까지 분석의 초점은 발행 주체의 연간 표면이자 지급의무 이행능력을 평가하는 데 있었다. 이를 위해 기업의 고정지급의무(손익계산서)를 이익(손익계산서)과 비교했다. 이 장에서는 퍼즐의 마지막 조각으로서, 채권이 만기에 도달했을 때 회사가 원금(액면 금액) 상환의무를 이행할 충분한 재원을 보유했는지 여부를 평가한다. 그레이엄은 이를 위해 채권 원금(재무상태표)을 보통주 자기자본(재무상태표)과 비교한다. 더 나아가, 채권의 총 원금을 보통주 시가총액과 비교한다. 이러한 비교분석으로 안정성 높고 신뢰할 수 있는 채권을 선별하는 데 유용함을 보여주는 많은 사례를 이 장 전체에 걸쳐 소개한다. 결론에서는 8~11장에 걸쳐 다룬 건전한 채권투자 대상 선별을 위한 계량적 요건을 요약해 제시한다.

7. 주식 시가총액과 채권 차입금의 관계

주식은 동일한 기업이 발행한 모든 채권(선순위, 후순위 채권 합산)보다 우선순위가 낮다. 따라서 모든 차입금에 대한 의무를 이행한 뒤 남는 재원이 된다. 그레이엄이 이 장에서 발행된 채권 전체의 액면가와 비교하려는 것은 바로 보통주 자기자본Common shareholders' equity이다.

1) **뉴욕 주 법률 기준** | 뉴욕 주 법률이 투자 대상으로서 공공 유틸리티 회사채에 적용하는 기준은 다음과 같다.

기준 ① 회사의 저당 차입금Mortgage debt 합산액은 담보자산 감정가치의 60% 미만이어야 한다.

기준 ② 자본금Capital stock(또는 보통주와 우선주 합산액)의 장부가치가 저당 차입금의 3분의 2 미만이 되어서는 안 된다.

이 두 가지 요건을 적용하면 매우 보수적으로 채권을 선정할 수밖에 없다. 무담보 채권을 비롯한 다른 많은 항목도 처리해야 하기 때문이다. 이 규정은 공공 유틸리티 기업에만 해당한다는 사실을 기억해야 한다.

2) **유틸리티 기업 자기자본 기준의 실효성에 대한 의문** | 그레이엄은 NYSB가 이용하는 두 가지 검증 기준의 효용에 의문을 표한다. 그레이엄은 당시 재무상태표에 기입된 숫자는 상당 부분 신뢰할 수 없다고 주장하며, 기업의 이익을 신뢰할 수 없을 경우 검증 과정이 필요하다고 보았다. 이때 채권 발행액이 담보자산 가치의 75% 미만이어야 하고(기준 ①), 자본금의 3배를 초과해서는 안 된다(기준 ②)는 좀 더 엄격한 기준을 적용할 수 있다.

3) 실제가치 기준으로 보상비율을 계산해야 한다 | 그레이엄은 고정자산 장부가치의 신뢰성에 대해서도 우려를 표한다. 그는 채권을 분석할 때 '계속사업가치Going concern value가 장기채 규모를 크게 상회하는지 반드시 확인할 것'을 권고한다. 그레이엄은 기업의 단편적인 가치가 아니라 기업 자체의 가치를 볼 것을 진지하게 요구한다.

4) 계속사업가치와 이익 창출능력 | 이익 창출능력은 기업의 가치를 평가하는 주요 수단이라는 일반적 견해를 기술한다. 그레이엄은 모든 정성적 요소를 고려해야 한다고 주장하며, 단 한 가지 기준으로 채권의 안정성을 평가하려고 해서는 안 된다고 경고한다.

5) 보완하는 기준_시장가치 기준 자기자본 | 그레이엄은 계속사업가치를 측정하는 최선의 수단으로 부득이하게 현재 시장가치를 제안한다. 그러나 시장가치와 주식의 내재가치에 어떤 식으로든 연관성이 있음을 인정하는 것은 결코 아니라고 강조한다. 시장가치를 활용하는 것은 단지 자본 규모 기준으로 부채 감당능력이 충분한지 여부를 검증하기 위한 것이다. 검증을 위해 시가총액을 채권 차입금으로 나눈 비율을 활용할 수 있다. 총부채와 비교해 시가총액이 큰 회사는 시가총액 규모가 유사한 회사보다 훨씬 안전하다. 15장에서 이 계산법을 자세히 소개한다.

6) 최소 자기자본 요건 | 그레이엄은 표를 이용해 자신의 주장을 좀 더 분명히 뒷받침한다. 도표는 당시 주요 대형 산업이었던 공공 유틸리티, 철도, 제조업 기업이 충족해야 하는 최저 이

자보상비율 기준을 보여준다. 공공 유틸리티 회사는 이자비용의 최소 1.75배, 철도회사는 2배, 제조회사는 3배 이상의 이익 수준이 요구된다. 표의 다음 단에서는 부채원금보상비율을 확인한다. 공공 유틸리티 회사의 경우 총부채의 최소 50%, 철도회사는 65%, 제조회사는 100% 이상의 주식 시가총액 비율이 요구된다. 한편, 이 검증법은 보통주가 아닌 채권의 안정성을 판단하기 위해 개발된 기준이라는 점을 명심해야 한다.

7) **주식과 동등한 지위를 가진 수익사채** | 수익사채(표면이자 지급 의무가 없는 채권)에 지급할 이자는 고정금융비용이 아니기 때문에 보상비율을 계산할 때 총비용에 포함해서는 안 된다. 마찬가지로 수익사채 원금도 총 장기채에 포함해서는 안 된다. 수익사채 원금은 주식과 같이 처리한다.

8) **이례적으로 높은 주식가치비율의 의미** | 앞서 살펴보았듯이 채권의 안정성을 평가하는 주요 기준은 이자보상비율(고정이자비용 대비 이익)과 채권 차입금 대비 주식가치비율Stock value ratio이다. 이자보상비율을 이용해 표면이자 감당능력을 판단하고, 주식가치비율을 통해 채권 액면 금액 상환능력을 확인한다. 둘 중 한 가지 비율이 이례적으로 높고, 다른 비율은 낮을 경우에도 채권은 여전히 안전할 수 있다. 분석가는 건전한 판단과 현명한 추정을 통해 지급의무 이행지연 등의 문제가 발생하지 않고, 제대로 상환이 이루어질 수 있는지 파악해야 한다.

9) **정상보다 낮은 주식가치비율의 의미** | 반대로, 그레이엄은 총 채권 차입금 대비 주식가치비율이 지나치게 낮은 채권은 허용하지 말라고 경고한다. 그레이엄은 자신의 주장을 뒷받침하

는 두 가지 사례를 제시한다. 첫 번째는 주식가치비율이 낮은 회사가 채권을 유리한 조건으로 되사준 사례이다. 두 번째는 채권이 결국 액면가보다 극도로 할인된 가격에 거래된 사례이다. 그레이엄은 대조적인 두 사례를 통해 주식가치비율이 낮을 때는 좋든 나쁘든 투자 성과를 예측하기 어렵다는 사실을 보여준다. 이러한 불안정성은 결국 투자원금을 위태롭게 만들 수 있다. 그레이엄은 채권 선택이 '포괄주의Negative의 예술'임을 거듭 강조한다. 그레이엄은 주식가치비율이 이례적으로 높거나 낮은 채권은 모두 피할 것을 권고한다.

10) **철도·공공 유틸리티 회사의 주식가치비율** | 그레이엄은 철도와 공공 유틸리티 회사에 주식가치비율을 적용하기는 어렵다고 말한다. 임차 채무와 모회사 채권보다 우선순위에 있을 수 있는 계열사 우선주 때문이다. 그러나 이러한 어려움에도 불구하고 주식가치비율에 주의를 기울였다면, 1935~1937년 채권투자자들이 저지른 것과 같은 중대한 실수는 막을 수 있었을 것이라고 주장한다.

11) **시장 상황 변화에 따라 주식가치비율 요건을 조정해서는 안 된다** | 그레이엄은 분석가들이 주식가치비율 요건을 시장 환경의 변화에 맞추어 조정하려고 할 수 있다고 인정한다(현재 시장가격을 이용한 비율이기 때문이다). 예를 들어 강세장인 경우 시가총액은 늘지만 총 채권 차입금은 고정된다. 따라서 2배(시가총액 2 : 총 채권 차입금 1) 요건을 3배로 높일 수도 있다. 그레이엄은 이것이 이론적으로는 가능하지만 실제로 적용하기에는 너무 어렵다고 지적한다. 결과적으로 그레이엄은 고정된 비율을 기준으

로 삼을 것을 제안한다.

12) **고정가치 투자 대상 선정을 위한 최소 계량적 기준 요약** | 그레이엄은 8~11장에 걸쳐 다룬 계량적 요건을 다음과 같이 요약한다. 이것은 1930년대에 이루어진 권고임에 주의하자.

① **발행 주체의 규모** : 지방채는 납세자 1만 명 이상 규모의 지방정부가 발행한 것이어야 한다. 회사채의 최소 연간 총매출액 기준은 공공 유틸리티 회사는 200만 달러, 철도는 300만 달러, 제조업은 500만 달러 이상이다.

② **이자보상비율** : 총 고정이자 지급의무 대비 이익비율이다. 업종별 7년 평균 이자보상비율 최저 기준은 공공 유틸리티 1.75배, 철도 2배, 제조 3배, 부동산 2배이다.

③ **자산가치** : 담보자산의 공정가치는 채권 액면가의 50%를 넘어야 한다.

④ **발행주식의 시장가치** : 회사의 시가총액과 총 채권 차입금을 비교한다. 업종별 최소 시가총액 기준은 공공 유틸리티 회사의 경우 채권 차입금의 50%, 철도회사는 66.75%, 제조회사는 100% 이상이어야 한다.

Chapter 12

철도·공공 유틸리티 회사채 분석의 특수 요소

요약

1930년대에 해당하는 특수한 두 업종에 관한 논의이므로 많은 독자가 이 장을 건너뛰고 싶을 것이다. 그러나 여기서 거론한 기법과 방법론은 주목할 만하다. 그레이엄은 철도회사와 공공 유틸리티 회사 채권으로 나누어 설명한다.

전반부에서는 고등급 채권의 경우 조사 과정을 최소화해야 한다고 주장한다. 철저하고 쉽지 않은 조사분석을 수행한 대가는 정부 채권에서 기대할 수 있는 수익률 이상이어야 한다는 설명이다. 다음으로 채권의 건전성을 판단하는 데 주요한 두 가지 요소는 보상비율과 자기자본이라는 주장을 이어간다. 그레이엄은 철도회사를 예로 들면서 분석할 수 있는 많은 정보가 있지만, 보상비율 및 기업의 자기자본에 비하면 모두 중요도 면에서 부차적인 고려사항이라고 말한다. 지주회사와 자회사 개념도 다룬다. 그레이엄은 단기 실적 보고용으로 이익을 감추거나 부풀리는 데 지주회사와 자회사 구조가 이용되는 방식을 사례를 통해 보여준다. 또한 철도 회사채에 대한 투기적 투자자를 위한 정보를 제공한다. 후반부에서는 공공 유틸리티 회사채를 둘러싼 다음 관행에 우려를 제기한다.

1) 당시 많은 회사가 실제로는 관련이 없으면서도 단순히 사업의 안정성을 좋아 보이게 하려는 의도로 '공공 유틸리티'라는 명칭을 사용했다.

2) 많은 회사가 선차감법을 활용해 이자보상비율을 산출했다. 그레이엄은 선차감법을 강력히 반대한다.

3) 이자보상비율을 산출할 때 감가상각비를 누락했다. 모두 당시의 열악한 금융 관행과 관련 있는 사안이다.

개요

철도 회사채 분석

다른 채권과 마찬가지로 철도 회사채를 선택할 때 반드시 고려해야 하는 다양한 변수를 설명한다. 철도 회사채에서 특히 고려해야 하는 요인은 회사의 재무상태, 실물자산의 가치와 상태, 영업상황이다.

1) **고등급 채권평가에는 정교한 기법이 필요하지 않다** | 그레이엄은 고등급 철도 회사채의 경우 철저한 분석이 필요하지 않다고 지적한다. 또한 이런 유형의 채권에 대한 투자결정은 간단해야 한다고 주장한다. 고등급 철도 회사채의 안정성을 판단하는 데 많은 시간을 들이는 투자자라면 2~4%보다 더 높은 수익률을 추구해야 한다. 그레이엄에 따르면 이런 투자자에게는 연방

정부 채권이 더 나은 투자 대상이다. 우려 사항이나 고려할 요인은 따로 없으면서도 수익률은 철도 회사채와 비슷한 수준이기 때문이다.

2) **추천 절차** | 당시 분석가들은 철도회사와 관련된 정보를 어렵지 않게 구할 수 있었다. 투자자가 이용할 수 있는 정보가 다양하고 많다고 해서 그 정보가 반드시 가치 있는 정보라고 할 수는 없다. 그레이엄은 대부분의 변수를 무시하고 이자보상비율(9장)과 자기자본(11장) 규모에 주목하라고 권고한다. 더 큰 안정성을 추구한다면 다른 수많은 자료를 검토하는 대신 두 가지 요인, 즉 이자보상비율과 주식가치비율의 최소 요건을 상향해야 한다.

3) **철도회사 실적 분석의 기술적 측면** | 그레이엄은 철도회사의 이자보상비율을 분석하는 데는 몇 가지 주의할 사항이 있다고 경고한다. 그런 다음, 철도회사가 부담하는 다양한 고정금융비와 지속적으로 발생하는 고정융자에 관해 설명한다. 보상비율을 분석할 때는 이러한 부가 항목도 처리해야 한다.

4) **고정금융비 보상비율 계산법** | 모든 고정금융비를 정확히 산출할 필요는 없다. 정확한 숫자를 알아내는 것보다는 어느 정도의 정확성이 적절할 것인지를 결정하는 것이 더욱 중요하다. 주어진 정보는 과거의 실적이지만, 미래 실적을 판단하는 지표로 활용된다는 사실을 명심해야 한다. 고정금융비 대비 이익비율은 두 가지 방법으로 계산할 수 있다. 두 가지 중에서 더 보수적인 추정치를 제시하는 방법을 채택해야 한다.

$$•고정금융비 대비 이익 = \frac{총이익}{총이익-순이익}$$

총이익과 순이익 모두 손익계산서에서 확인할 수 있다.

$$•총차감액 대비 이익 = \frac{영업이익}{영업이익-순이익}$$

영업이익은 총매출액에서 영업비용과 세금을 차감한 금액이다. 순이익을 비롯한 모든 수치는 손익계산서에서 확인할 수 있다. 그레이엄은 위 계산법을 적용하는 방법을 당시 실제 기업을 예로 들어 보여준다.

5) **고정금융비 보상비율 계산에 반영한 유지보수비** | 기업의 유지보수비 항목은 경영진의 자의적인 결정이 가능하다는 점에 유의해야 한다. 즉 실제보다 더 좋게 보이도록 조작될 수 있다는 뜻이다. 이는 경영진이 마침내 실제 유지보수비가 훨씬 많다고 공개해야 할 때 이익에 부정적 영향을 미칠 수 있다. 유지보수비 조작 가능성 여부는 연속된 손익계산서에 해당 비용이 일관되게 유지되는지를 검토해 확인할 수 있다. 그레이엄은 당시 철도회사의 정상 보상비율을 논의했는데, 기술이 발전하면서 유지보수비도 감소했다. 그럼에도 불구하고 분석가는 긴장을 늦추지 말고 보상비율을 낮추는 요인은 없는지 파악하고, 그 가능성을 꾸준히 재검토해야 한다.

10) **비경상 배당금 수취** | 자회사가 모회사에 지급한 수시 배당금Non-standard dividend을 할인해 반영하는 것이 중요하다. 예측 불가

능한 배당금 지급은 모회사의 이익이 정상 수준 이하일 때 모회사의 이익을 확대하는 데 이용된다. 이런 수익은 고정이자비용 대비 예측 가능한 이익 흐름을 평가할 때 포함해서는 안 된다.

11) **과도한 유지보수비와 미지급 자회사 배당금** | 앞서 논의한 내용과는 반대로 유지보수비를 과다계상하고, 자회사로부터 배당금이 지급되지 않았음을 밝히는 경우도 있다. 이는 현재 비용처리가 지나치게 보수적이며, 미래 이익은 더욱 긍정적일 것이라는 믿음을 갖도록 증권 보유자를 호도할 수 있다.

12) **저가 철도 회사채 분석** | 투기적 성격의 철도 회사채에 관심이 있는 투자자에게는 철도업계 전체와 개별 채권의 지위에 대한 심도 있는 분석이 필요하다.

① **철도업 전반에 관한 상세한 분석** : 철도 교통의 특징과 운영의 효율성 측면으로 나누어 분석한다.

- **철도 교통의 특징** : 그레이엄은 철도회사의 차이와 다양한 종류의 화물 운송능력에 관해 상세히 기술한다. 논의는 1920~1930년대 당시 추세를 중심으로 이루어진다. 그레이엄은 여기서 다룬 모든 요소는 본질적으로 투기적이며, 투자 판단에는 도움이 되지 않는다고 강조한다.
- **운영 효율성** : 철도 회사채 투자자가 투기적 증권의 건전성을 측정하기 위해 분석해야 할 다양한 비율을 열거한다. 그중 하나가 영업계수Operating ratio이다. 영업계수는 총영업비용(세금 제외)을 총영업수익으로 나누어 산출한다. 영업계수는 철도회사가 화물 운송을 위해 도입한 자산의 효율성을 평가하는 데 도움이 된다. 그레이엄은 투기적 성격의 저등급

철도 회사채 투자자가 고려해야 할 모든 변수의 개요를 설명한다. 이 증권에 특별히 관심이 있는 투자자라면 원문의 해당 부분을 상세히 읽을 필요가 있다.

② **개별 채권에 대한 분석** : 앞서 그레이엄은 어떤 채권에 대한 지급의무가 이행되지 못할 상황이라면 그다음 순위 채권도 마찬가지로 위험하다고 언급했다. 여기서는 약간 다른 방식으로 투기적 투자자들에게 접근한다. 그레이엄은 기초 채권 및 담보권의 의미와 우선순위를 철저히 이해해야 한다고 강조한다. 일반적인 연쇄 효과가 일어나지 않을 가능성이 크기 때문이다.

공공 유틸리티 회사채 분석

1926~1929년 사이 미국에서는 공공 유틸리티 회사채 발행이 크게 늘었다. 그레이엄은 이때 기업들이 채권을 발행하는 데 다음과 같은 부적절한 관행을 동원했다고 보았다.

① 제조회사들이 신뢰도를 높일 목적으로 '공공 유틸리티'라는 명칭을 이용했다.

② 채권의 이자보상비율을 계산할 때 투자자를 호도하는 '선차감(9장 참고)' 기법을 이용하였다.

③ 감가상각비를 누락한 채 순이익을 산출하였다.

1) **'공공 유틸리티'라는 명칭 남용** | 그레이엄은 공공 유틸리티 회사가 갖추어야 할 요건을 논의한다. 투자자의 관점에서 공공 유틸리티 회사의 첫 번째 요건은 안정성이다. 당시에는 얼음 판매, 택시, 냉장 저장고 운영회사들도 스스로 공공 유틸리티라는

명칭을 붙였다.

2) **이자보상비율 계산 시 선차감법 이용** | 선차감법이 무엇이고, 어떻게 투자자를 호도하는지 더욱 잘 이해하기 위해서는 9장을 참고하라.

3) **이자보상비율 계산 시 감가상각비 누락** | 그레이엄은 공공 유틸리티 회사들이 이자보상비율 계산을 위해 순이익을 산출할 때 감가상각비를 반영하지 않은 의도와 방법은 알 수 없다. 하지만 그것이 비윤리적인 관행이며, 사실을 제대로 반영하지 않는 행위라고 지적한다. 그레이엄은 당시 이러한 기법을 실행한 회사의 실제 사례를 제시한다.

4) **추천 절차** | 공공 유틸리티 회사가 감가상각비를 반영하지 않은 채 이익을 산출하는 관행에 대한 논의를 이어간다. 당시 이런 관행이 만연했기 때문에, 그레이엄은 여러 사례를 통해 분석가로서 이를 처리하는 방법을 보여준다. 기본적으로 회사가 감가상각비를 반영하지 않은 수치를 발표할 경우, 발표된 순이익을 업종에 따라 특정 비율로 할인할 수 있다.

5) **이자보상비율 계산 시 연방정부 세금 차감** | 일반적으로 채권의 세전 이자보상비율을 검토한다. 하지만 그레이엄은 이 개념을 경계할 것을 제안하며 특수한 상황을 가정한다. 바로 공공 유틸리티 회사의 채권이 자회사가 발행한 우선주보다 후순위에 있는 경우이다. 이런 특수한 상황에서 자회사 우선주 배당금에 부과된 세금은 후순위 채권에 이자를 지급하기 전에 이익에서 차감된다. 지금까지 논의한 모든 내용은 독자에게 증권의 우선순위를 분명히 이해하는 것이 얼마나 중요한지 보여준다.

Chapter 13

채권분석의 기타 특수 요소

요약

주식과 채권에 진지하게 투자하는 사람들에게 가장 중요한 주제를 다룬다. 바로 증권의 우선순위와 관련한 수많은 고려사항이다. 먼저, 자회사와 모회사의 증권 구조가 갖는 의미를 살펴본다. 예를 들어 자회사의 우선주는 모회사의 채권보다 우선순위에 있다. 복잡하게 구조화된 기업에 상당한 자본을 투입하려는 투자자는 이 주제를 철저하게 이해해야 한다.

그레이엄은 운전자본Working capital에 관한 간단한 논의로 이 장을 마무리한다. 그는 운전자본 규모가 큰 회사를 찾으라고 조언한다. 풍부한 운전자본은 미래 지급의무를 이행할 능력이 있는 건전한 조직이라는 사실을 반영하기 때문이다.

개요

'모회사 단독' vs. 연결이익

그레이엄은 손익계산서가 보고되는 방식과 관련해 모회사와 사업자 회사의 관계에 대한 깊은 불신을 드러낸다. 그레이엄은 연결기준 손익계산서와 '모회사 단독' 손익계산서를 기준으로 보상비율이 얼마나 확연히 다른지 간단히 설명한다.

자회사 우선주 배당금

앞서 12장을 마무리하며 자회사가 발행한 채권이나 우선주가 우선순위에서 앞서는 경우에 관해 간단히 논의하였다. 이는 이자보상비율을 산출하기 위한 이익에서 세금을 차감해야 하는지 여부와 관계가 있는 논의이다. 우선순위에 관한 논의는 이 장에서도 이어진다. 모회사 이익은 자회사가 지급하는 배당금에 의존하므로, 자회사 우선주 배당금 지급의무는 실제로 모회사의 채권이자 지급의무보다 우선한다. 다음은 모회사와 자회사 관계에 있는 기업이 발행한 증권과 지급의무의 우선순위이다.

① 자회사 채권 이자

② 자회사 우선주 배당금

③ 모회사 채권 이자

(계속)

이러한 우선순위 설정은 '모든 자회사는 모회사의 수익구조에 대한 중요도 면에서 각각 상대적으로 동등하다'라는 가정을 바탕으로 한다. 그렇지 않다면 처리할 문제와 고려할 사항은 더욱 복잡해질 것이다. 그레이엄은 모회사가 지급의무를 이행하지 못하고 법정관리에 들어간 사례를 소개한다. 이런 일이 발생하기 전, 모회사는 자회사로부터 우선주 배당금을 받아왔다. 그러나 사건 이후 자회사의 배당금 지급은 즉각 중단되었다. 이는 모회사 채권(무담보 채권) 보유자를 빈손으로 만들었다. 우선순위 구조를 철저히 이해하는 것의 중요성과 담보가 설정된 채권을 보유해야 하는 이유를 보여주는 사례이다.

자회사의 보통주 소수주주 지분

자회사 보통주 소수주주 지분Minority interest은 대개 모회사 채권에 대한 이자를 차감한 뒤 손익계산서에서 차감하기 때문에 안전마진을 떨어뜨리지 않는다. 그레이엄은 좀 더 보수적인 추정을 위해 자회사 소수주주 지분을 먼저 차감한 뒤 이자보상비율을 산출할 것을 제안한다.

철도·유틸리티 회사의 '고정금융비용 자본화'

많은 분석가가 단순히 채권에 대한 고정금융비용을 회사의 유일한 지급의무로 간주해 검토하지만, 특정 산업의 경우 추가로 고려할 비용이 있다. 예를 들어 철도회사의 경우 철도차량을 다른 회사에서 임차할 수도 있다. 이 임차계약은 기업에 상당한 고정비용을 유발하고 궁극적으로 해당 철도회사가 발행한 채권의 건전성에 영향을 미친다. 그레이엄은 이러한 우려를 밝힌 뒤 경험을 바탕으로 손익계산서의 고정금융비용에 22를 곱할 것을 추천한다. 이는 모든 고정금융비용을 4.5% 이자율로 자본화Capitalization하는 것이다. 이자율 4.5%는 22의 역수이다(1÷22=4.5%). 1938년 철도회사 채권의 금리가 4.5%였음에 주목한 것이다. 이 기법은 고정금융비용에 수많은 변수가 있는 업종에 적용될 수 있다. 해당 업종의 평균 채권금리를 바탕으로 자본화 이율Capitalization rate을 조정하는 것이 중요하다. 그레이엄은 두 철도회사의 사례를 통해 자본화 이율을 어떻게 적용하는지 보여준다.

제조회사 채권분석에서 운전자본 요소

일반적으로 재무상태표의 고정자산은 채권의 건전성을 평가하는 데 그다지 중요하지 않다. 하지만 그레이엄은 유동자산에 주의를 기울일 것을 제안한다. 유동자산은 재무상태표 항목으로, 현금 및 현금등가물을 일컫는다. 현금등가물은 매각해 현금화할 수 있는 재고 등을 포함한다. 이런 자산을 일반적으로 유동자산Liquid asset, 당좌자산Quick asset, 운전자산Working asset이라고 한다. 분석에서 중요한 것은 회사의 유동자산이 유동부채를 초과하는 것이다. 유동부채를 초과하는 유동자산을 운전자본이라고 한다.

운전자본의 세 가지 필수 조건

운전자본을 평가할 때는 다음 세 가지 사항을 검토해야 한다.

1) 보유 현금이 충분할 것

2) 유동부채 대비 유동자산 비율이 높을 것

3) 장기채 대비 운전자본 규모가 적정할 것

업종마다 특성이 다르므로 각 요건마다 특정 기준을 고정할 수는 없다. 하지만 경험에 따르면 유동자산 규모는 유동부채의 2배가

되어야 한다. 제조회사 채권투자자는 발행된 채권 전체를 충당할 수 있을 만큼 운전자본 규모가 충분한 기업을 찾아야 한다. 운전자본 규모가 큰 회사는 그렇지 않은 회사보다 선호되어야 한다.

Chapter 14

우선주 이론

요약

앞서 여러 차례 우선주를 언급한 데 이어, 처음으로 금융시장에서 우선주의 역할을 분명히 규정한다. 그레이엄은 투자 대상으로서 우선주에 대한 불신을 주저 없이 밝힌다. 그는 우선주가 채권의 최대 단점을 지녔으며, 게다가 보통주의 단점이 결합되었다고 보았다. 우선주와 관련한 그레이엄의 가장 큰 우려는 미래 배당금 지급이 경영진에 의해 언제라도 중단될 수 있다는 사실이다. 또한 보통주와 우선주 주주의 이해상충, 우선주 주주의 의결권 부재, 채권이 아닌 우선주를 보유함으로써 확대되는 위험에 비해 미미한 수익률 등의 문제도 강조한다. 모든 우려에 관한 개요를 설명한 다음, 우선주 투자가 적절한 매우 드문 경우를 소개한다. 그레이엄은 이것을 '발행회사의 실수'라고 표현한다. 그레이엄은 외부 연구 결과를 이용해 우선주 매수는 회의적으로 접근해야 한다는 주장을 입증하며 이 장을 마무리한다.

개요

우선주의 형식이 투자 대상으로서 매력적이지 않다는 것은 새로운 사실이 아니다. 투자 원금은 보장되지 않고, 배당금 지급도 확실하지 않다. 그레이엄에 따르면, 실제로 우선주는 채권과 보통주가 갖는 한계를 결합한 증권이다. 그렇더라도 우선주가 실제 존재하는 만큼 분석가는 우선주를 이해할 필요가 있다.

시장의 판결

그레이엄은 1930년대 미국 시장이 두 차례의 큰 하락장을 경험하는 동안 회사채, 우선주, 보통주의 시장가격을 비교하는 도표를 제시한다. 독자들은 이 도표를 통해 시장 상황이 좋지 않을 경우 우선주에 미치는 (부정적) 영향이 가장 크다는 사실을 알 수 있다. 그레이엄은 우선주가 미래에 똑같은 상황을 경험할 수도 있음을 간접적으로 경고한다.

우선주와 채권의 기본적 차이

채권과 우선주의 기본적 차이는 우선주 배당금 지급이 전적으로 경영진의 재량에 달려 있다는 것이다. 즉 경영진이 원하지 않는다면 배당금을 지급하지 않아도 된다. 채권 보유자의 청구권이 우선주 주주에 비해 앞서지만, 그레이엄은 흥미로운 인용구를 제시하여 이렇게 경고한다. "기업이 건전하면 우선주도 채권만큼 건전하다. 기업이 부실하면 채권도 우선주만큼 부실하다." 이 경고는 '훌륭한 기업은 투자자에게 훌륭한 이익을 안겨주겠지만, 부실한 기업은 투자자가 보유한 증권의 안정성 순위와 무관하게 투자 성과 역시 부실할 것'이라는 그레이엄의 전반적 주장과 통한다.

재량에 따른 배당금 지급 중단이라는 약점

기업이 우선주 주주에 대한 배당금 지급을 중단할 때 우선주의 시장가격이 급락하는 것은 흔한 일이다. 경영진은 배당금 지급 중단이 주주의 이익을 위한 것으로서, 미래의 긴급 상황에 자금을 활용할 수 있다고 주장할 것이다. 그러나 그레이엄은 이에 동의하지 않는다. 배당금 지급이 중단될 때 우선주 시장가격이 하락하는 현상으로 보아 시장은 그레이엄의 견해를 지지하는 것이 분명해 보인다.

이해상충

그레이엄은 보통주 주주와 우선주 주주 사이의 흥미로운 이해상충 문제를 기술한다. 우선주의 가치를 결정하는 것은 전적으로 회사의 고정배당금 지급능력이므로, 우선주 주주는 회사의 장기적 성공에는 상대적으로 관심이 덜하다. 이는 장기적 성장을 달성하고, 이익을 창출하는 기업의 능력에 투자의 성공 여부가 좌우되는 보통주 주주의 관점과는 극명하게 대조된다. 우선주 대부분은 의결권이 없기 때문에 보통주 주주의 이익이 우선주 주주보다 앞선다.

우선주는 형태상 실제로 불리하다

우선주 계약은 보유자에게 심각하게 불리할 수 있으므로 투자자는 이에 대비할 필요가 있다. 그레이엄은 1932년 US 스틸 우선주 사례를 통해 이를 설명한다. 회사는 당시 세계 최대 규모로 우선주를 발행하였다. 영업 실적은 매우 양호했고, 배당금 지급에 아무런 문제가 없어 보였다. 그러나 대공황 이후 회사는 배당금을 축소했고, 우선주의 시장가격은 발행가의 3분의 2 수준으로 하락했다. 반면, 회사가 발행한 4.5% 금리 채권에는 문제없이 이자가 지급되었다. 그레이엄은 이러한 극명한 차이가 우선주 계약의 약점에 있다고 보았다.

의결권이 안전장치가 될 수 있지만 실효는 없다

배당이 중단되면 우선주 주주에게 의결권을 부여하는 것이 타당해 보이지만, 실제는 그렇지 않다. 결과적으로 경영진이 배당금 지급을 중단하기로 결정해도 우선주 주주는 우선주 투자로 얻은 기득권, 즉 배당금 지급을 청구할 권한을 전혀 행사할 수 없다.

수익률과 위험

우선주의 과거 주가 흐름을 보면 무엇보다 우선주가 양호한 투자 대상이 될 수 있는지 자체가 의심스럽다. 우선주가 간혹 강력한 주가 흐름을 보이기도 했지만, 높은 배당수익률로 큰 위험을 보상받으려고 해서는 안 된다. 확대된 위험을 처리하는 방법은 액면가에서 할인된 가격에 주식을 매수하는 것이다.

고등급 우선주의 조건

그레이엄은 우선주를 제대로 선택하기 위해 필요한 조건을 다음과 같이 간략히 설명한다.

1) 우선주는 투자 대상으로서 고정수익 채권이 갖추어야 할 최소한의 요건을 모두 충족해야 한다. 경영진의 자의적 판단에 따

라 언제라도 배당금 지급이 중단될 수 있다는 단점을 보완하기 위해 필요한 조건이다.

2) 회사는 채권보다 더 높은 수준의 안정성을 입증할 필요가 있다. 그래야만 지속적인 배당금 지급을 위한 안정성을 확보할 수 있기 때문이다.

그레이엄에 따르면, 1932년 뉴욕증권거래소에 상장된 우선주 가운데 단 5%만이 안정성 기준을 충족하였다. 우선주가 투자 대상으로서 안정성 요건을 충족하려면 회사가 우선주 발행으로 부담하는 비용이 적어서 우선주를 채권 형태의 채무로 인식할 수 있을 정도여야 한다. 그레이엄은 우선주 투자에 성공한다면 그것은 발행한 회사의 실수이거나, 비정상적인 결과라고 주장한다.

고등급 우선주는 대개 오래전 발행된 증권이다

그레이엄은 당시 유통되던 우선주 20종류를 기재한 목록을 제시한다. 그는 이 목록을 토대로 자신의 기준을 충족하는 우선주 모두 최초 발행된 이후 여러 해 동안 예외적으로 좋은 주가 움직임을 보였다고 설명한다. 그러나 우선주를 되사고, 더 낮은 금리로 채권을 발행하여 세제상 이점을 누릴 수 있는 상황에서 우선주 발행을 지속할 기업은 거의 없을 것이다. 당시 공공 유틸리티 회사가 우선주를 발행한 것은 예외적인 경우로, 이들 회사가 발행한 채권의 법적 지위 덕분에 가능한 일이었다.

1935~1938년 우선주 발행을 통한 자금조달

그레이엄은 우선주가 투자자에게 끔찍한 대안이라고 생각했지만, 투자은행은 동의하지 않을지도 모른다. 당시에는 많은 우선주가 기업의 자금조달을 목적으로 발행되었다.

우선주 인기의 유래

그레이엄은 1930년대에 우선주가 인기를 얻게 된 배경을 간단히 소개한다. 제1차 세계대전이 일어나기 전, 많은 우선주가 액면가에서 크게 할인된 가격에 거래되었다. 1920년대에 들어서며 상황은 나아졌고, 우선주를 보유한 많은 투자자는 시장의 흐름과 함께 큰 수혜를 누렸다. 같은 시기에 채권투자자들은 투자 성과의 성장을 거의 혹은 전혀 누리지 못했다. 간단히 결론을 이야기하면 이러한 경험은 많은 투자자에게 우선주가 고정수익 증권보다 훨씬 유리하다는 위험한 생각을 발전시켰다.

광범위한 조사로 입증된 빈약한 우선주 투자 성과

그레이엄은 우선주가 대개 좋지 못한 투자 수단임을 입증하기 위해 하버드경영대학원의 연구 결과를 이용한다. 1915년부터 1923년까지 발행된 우선주 537개 종목을 분석한 결과, 이들의 평균 시장가격은 발행가격에서 28.8% 하락한 것으로 드러났다. 같은 기간 채권투자자들의 이익보다 큰 하락폭이다.

최근 연구

그레이엄은 좀 더 정제된 변수들을 토대로 하버드경영대학원과는 다소 반대되는 의견을 제시한다. 미시건대학교 경영연구소에 따르면 우선순위가 앞선 채권이 존재하지 않는 경우, 우선주 투자 성과는 꽤 만족스러웠다. 여기서는 만족스러운 성과의 기준을 설명하지는 않는다. 한편, 같은 연구 결과에서 나온 다음 정보도 강조한다. 보통주 주가 움직임이 좋으면 우선주도 좋고, 반대로 보통주가 움직임이 좋지 않으면 우선주도 마찬가지라는 것이다. 마지막으로 그레이엄은 독자들에게 우선주는 대부분 절대 현명한 투자 선택이 아니라고 강조한다. 우선주는 회사 미래 수익의 지속적인 성장에 의존하므로 그 자체로 투기적 요소가 있다.

Chapter 15

우선주 선정 기법

요약

우선주를 매수하려는 투자자가 반드시 고려해야 할 복합적인 사항을 도입부에 제시한다. 우선주는 투자 대상으로서 채권보다 엄격한 기준을 충족해야 한다. 경영진이 배당금을 지급하지 않을 위험을 고려해야 하기 때문이다.

중반부에서는 참고 사례를 통해 고정수익증권의 주식가치비율을 계산하는 방법을 보여준다. 투자자들이 선차감법을 이용해 증권의 위험을 산정하는 실수를 저지르지 않도록 제공하는 정보이다.

다음으로 비누적적 우선주의 높은 위험성을 논의한다. 경영진은 비누적적 우선주에 합법적으로 배당금을 전혀 지급하지 않을 수 있다. 또한 미지급 배당금에 대해 증권의 유효기간 동안 어떤 연체금도 지불하지 않는다. 비누적적 우선주가 투자 대상으로서 적합도가 떨어진다.

하지만 그레이엄의 결론은 따로 있다. 바로 '적절한 종목 선정에 있어 최우선 요소이자, 주요 고려사항은 기업의 실적과 안정성'이라는 것이다.

개요

그레이엄은 앞장에서 제시한 의견을 다시 한 번 강조한다. 즉 우선주는 건전한 채권이 갖추어야 할 모든 요건을 충족해야 하며, 경영진이 배당금을 지급하지 않을 위험을 감안해 추가 장점이 있어야 한다는 것이다.

더욱 엄격한 기준 요구

투자 대상 우선주의 고정금융비용 보상비율Fixed charge coverage ratio 기준은 더욱 높아야 한다. 예를 들어 제조회사 채권의 경우 보상비율 3배를 추천한다. 같은 회사에서 발행한 우선주의 경우 최소 요건으로 보상비율은 최소 4배 이상이어야 한다. 또한 주식가치비율 기준도 더욱 보수적이어야 한다. 제조회사 채권의 최소 주식가치비율은 현재 주식가치 1달러당 채권가치 1달러여야 한다. 우선주의 최소 주식가치비율은 후순위 주식 1.5달러당 채권과 우선주 1달러이다.

장기채 존재만으로 우선주가 부적합한 투자 대상이 될 수는 없다

선순위 채권의 존재가 없는 우선주를 선호하는 것은 분명하다. 그러나 선순위 채권은 반드시 제외해야 한다는 뜻은 아니다. 투자자가 면밀히 검토해야 할 것은 우선주보다 우선순위에 있는 채권 차입금 규모가 얼마나 되는지이다.

총차감법으로 계산

고정금융비 보상비율을 계산할 때 우선주 배당금을 채권 이자와 합산하는 것이 중요하다. 배당금과 이자보상비율을 개별적으로 계산하지 않도록 반드시 주의해야 한다. 그렇지 않을 경우(9장에서 다룬) 선차감 방식과 같은 분석 결과를 낳을 수 있다. 선차감 방식은 매우 부정확하며 오해를 일으킬 수 있다. 그레이엄은 선순위 채권 규모가 감당할 수 있을 정도로 작은 경우에만 우선주 투자를 고려해야 하는 이유를 뒷받침하는 두 가지 사례를 소개한다.

1) **'주당이익' 공식은 오해의 소지가 있다** | 그레이엄은 우선주에 '주당이익Dollars per share' 공식을 적용하는 데 동의하지 않는다. 예를 들어 주당이익이 20달러인 우선주 X가 있다고 할 때, 액면가와 비교가 불가능한 상황에서 이런 표현은 우선주 주주를 호도할 수 있다. 투자자가 알아야 하는 정보는 다음 두 가지이다.

① 배당금 보상비율

② 우선주 액면가

예를 들어 배당률 6%, 액면가 10달러, 주당이익 18.60달러인 우선주는 배당률 7%, 액면가 100달러, 주당이익 20달러인 우선주보다 당연히 유리하다.

주식가치비율 계산

11장을 마무리하며 언급했던 채권과 우선주의 주식가치비율을 산출하는 방법을 예로 들면 다음과 같다.

자본구조	액면가 또는 주식 수	2009년 저점	저점가치
채권	$10,000	–	–
배당률 6% 1순위 우선주	20주	액면가 $100	$2,000
배당률 4% 2순위 우선주	150주	액면가 $100	$15,000
보통주	6,000주	@ $20	$120,000

채권의 주식가치비율

$$= \frac{\text{모든 우선주 액면가} + \text{보통주 시장가치}}{\text{채권 액면가}}$$

$$= \frac{\$2,000 + \$15,000 + \$120,000}{\$10,000}$$

$$= 13.7:1$$

1순위 우선주 주식가치비율

$$= \frac{\text{제2우선주 액면가} + \text{보통주 시장가치}}{\text{채권 액면가} + \text{1순위 우선주 액면가}}$$

$$= \frac{\$15,000 + \$120,000}{\$10,000 + \$2,000}$$

$$= 11.25:1$$

2순위 우선주 주식가치비율

$$= \frac{\text{보통주 시장가치}}{\text{채권 액면가} + \text{2순위 우선주 액면가} + \text{1순위 우선주 액면가}}$$

$$= \frac{\$120,000}{\$10,000 + \$2,000 + \$15,000}$$

$$= 4.44:1$$

계산에서 보듯 보상비율은 후순위가 될수록 크게 축소된다. 각 증권과 관련된 위험을 보여주는 적절한 예시이다.

비누적적 우선주

비누적적 우선주의 단점을 논의한다. 비누적적 우선주의 경우, 경영진은 과거에 지급하지 않은 배당금을 지급할 의무가 없다. 실적이 좋든 나쁘든 비누적적 우선주 주주는 배당금을 지급받을 아무런 권리가 없다. 비누적적 우선주를 보유하는 것은 위험성이 크고, 될 수 있는 한 피해야 한다. 그레이엄은 뉴저지에서 있었던 비누적적 우선주 관련 불공정 관행에 대한 소송 사건을 소개한다.

투자등급 우선주 21개 종목의 특징

그레이엄은 1932년 뉴욕증권거래소에 상장된 440개 우선주 종목의 다양한 특징에 관해 이야기한다. 당시에는 이들 가운데 단 9%만이 비누적적 우선주였다(현재는 비중이 훨씬 높아졌다. 또한 배당금 지급을 5년간 미룰 수 있는 신탁우선주Trust preferred stock와 같은 혼성우선주Hybrid preferred stock도 있다).

그레이엄은 다양한 내용을 흥미롭게 소개하였는데, 요점은 "형식, 명칭, 법적 권리를 근거로 우선주 투자 성과를 예측하는 것은 거의 불가능하다"라는 것이다. 때로는 비누적적 우선주가 누적적 우선주보다 우월한 성과를 내기도 한다. 결국 가장 중요한 것은 과거 실적이 뛰어나고, 뛰어난 실적이 미래에도 계속될 것으로 기대되며, 안정성이 내재된 종목을 찾는 것이다.

Chapter 16

수익사채와 보증증권

요약

수익사채와 보증증권Guaranteed securities의 독특한 특징을 다룬다. 수익사채는 일반적인 고정수익 증권과는 다르다. 수익사채는 대개 기업이 재정적으로 곤란한 시기에 현금을 조달하고 영업을 지속하기 위해 발행한다. 수익사채 발행은 영업을 지속하도록 돕는 데 초점이 맞추어져 있다. 그러므로 애초에 발행 조건이 투자자에게 유리하지 않다. 수익사채를 선정할 때 고려할 사항은 우선주와 같다.

보증증권에 관한 논의는 후반부에서 시작해 17장까지 이어진다. 보증은 보증에 지나지 않는다. 보증증권은 표면이자와 배당금 지급 및 원금상환을 발행기업 또는 외부에서 보증한다. 무엇보다 '보증은 보증 주체의 지급의무 이행능력 한도 내에서만 효력이 있다'라는 개념이 중요하다. 투자자는 보증 조건을 면밀히 검토해야 한다. 또한 단독 보증이 아닌 공동 보증증권에는 좀 더 높은 가치를 부여해야 한다.

개요

수익사채

수익사채(또는 조정사채Adjustment bond)는 다소 드물다. 수익사채는 채권과 우선주의 중간 형태로서 유일하게 약속하는 것은 원금상환이다. 표면이자 지급 여부는 경영진의 재량에 따라 결정된다. 따라서 회사가 이익을 내지 못하거나, 이익을 확정하기 전에 자본비용을 차감하는 방식으로 채권이 구조화되면 표면이자는 결코 지급되지 않는다. 수익사채 대부분은 만기가 길며, 대개 기업의 재무상태가 좋지 않을 때 파산을 피하기 위해 발행한다.

1) **이자지급 여부는 경영진의 재량** | 수익사채를 발행하는 회사는 약정서 조항에 표면이자 지급을 완전히 피할 수 있는 법적 권리를 정교하게 포함한다. 그레이엄은 모든 수익사채의 약정서를 면밀히 검토할 것을 간접적으로 권고한다.

2) **전체적으로 낮은 투자등급** | 수익사채는 대개 회사가 재정적 압박에 시달리는 상황에서 발행된다. 수익사채는 지위상 우선주보다 선순위에 있을 수 있지만, 발행기업이 충분한 이익을 달성한 경우에 한해 이자 지급 대상이 된다.

3) **발행 규모 증가 가능성** | 1930년대 초반, 많은 회사가 대공황으로 인한 재정적 곤란을 경험했다. 우선주에 비해 상당한 세제 혜택이 주어지는 특성상 수익사채 발행 규모는 꾸준히 확대될 것이다.

4) **수익사채 안전마진 계산** | 수익사채에도 우선주와 동일한 분석 기법과 위험평가 방법을 적용할 것을 제안한다. 예시를 통

해 수익사채의 안전마진 산출 방법을 소개하고, 1930년대 초반 수익사채 보유가 지닌 의미를 심도 있게 논의한다.

5) **선순위 수익사채** | 고정수익증권보다 우선순위에서 앞서는 수익사채를 발행한 기업들의 사례를 통해 지금까지 제시한 주장을 뒷받침한다.

보증증권

'보증증권'을 취득할 때는 신중해야 한다. 그레이엄은 보증을 제공하는 주체의 능력이 곧 보증의 효력이라고 주장하며 그 개념을 논의한다.

1) **보증증권의 지위** | 이자, 배당금, 원금 지급을 보증하고 그 의무를 이행하지 못하면 이는 지급불능에 해당한다(이 경우 현금 조달을 위해 자산을 매각해야 한다). 보증 조건은 증권의 안정성을 높이는 역할을 할 수 있다. 보증 주체의 재무상황이 취약하더라도 피 보증증권에는 부정적인 영향이 미치지 않는다. 다만, 보증 조건이 사라진다고 상정해야 한다. 외부 기업이 전적으로 지급을 보증하는 보통주나 우선주는 해당 보증 주체가 발행한 채권과 같은 지위를 갖는다.

2) **구체적인 보증 조건이 중요** | 보증 조건은 분명히 중요하다. 원리금 지급 보증은 이자만 보증하는 것에 비해 훨씬 유리한 조건이다. 그레이엄은 한 가지 모호한 사례로 배당금 지급이 보증된 플랫앤드휘트니Pratt and Whitney의 우선주를 소개한다. 보증 주체는 나일스Niles였다. 보증 조건을 살펴보면, 나일스는 플랫앤드휘트니의 배당금을 부담할 만큼 이익이 충분한 경우에

한해 배당금 지급을 보증한다고 명시했다. 결국 플랫앤드휘트니가 우선주 배당금 지급을 중단했지만, 나일스는 보증의무를 이행할 만큼 이익이 충분하지 않다고 주장했다. 놀랍게도 나일스는 자사 우선주에 대해서는 배당금을 지급했다. 그런 다음 비로소 이익을 확정했다. 자사 배당금을 지급하고 난 뒤 확정한 이익은 플랫앤드휘트니 주주를 위한 배당금을 지급하기에는 부족했다.

3) **다수의 보증 주체가 연대한 보증증권** | 보증 주체가 한 개 이상이라면 피 보증증권 소유자에게는 특별히 유리한 조건이다. 신용카드 채권에 대한 책임을 공동으로 부담하는 공동 서명인과 유사하다. 어느 한 보증 주체가 의무를 이행하지 못할 경우에는 일반적으로 모든 보증 주체가 의무를 나누어진다. 그레이엄은 지급의무를 이행하지 못할 위험이 감소하는 데도 불구하고, 시장에서 연대 보증증권을 더 선호하지 않는 것은 이상하다고 평가했다.

4) **연방토지은행 채권** | 한편, 그레이엄은 연대 보증이 단독 보증보다 유리하다는 자신의 주장을 반박하는 특수한 사례를 제시한다. 바로 연방토지은행 채권이다. 당시 농장에 대한 저당권을 담보로 12개 토지은행이 각각 채권을 발행하고, 한 은행의 채권을 나머지 11개 은행이 연대 보증했다. 1930년대에 특화된 내용이기는 하지만, 이 주제에 관한 그레이엄의 탄탄한 이해와 객관적 시각을 알 수 있다.

Chapter 17

보증증권 2

요약

1920년대와 1930년대 부동산 시장의 배경을 간단히 언급하며 출발한다. 이를 배경으로 미국이 부동산 저당권Real estate mortgage이나 저당권부 채권Mortgage bond과 관련해 경험한 복잡한 문제를 기술한다. 저당권부 채권은 유형자산을 담보로 설정하지만, 담보자산의 가치가 유지되거나 상승할 때에 한해(1930년대에는 그렇지 않았다) 저당권부 채권의 안정성을 확보할 수 있다. 당시 지급불능 사태가 동시다발적으로 발생하면서 저당권부 채권에 대한 제3자의 보증은 무의미한 것으로 드러났다. 이것은 보증 주체의 지급의무 이행능력이 곧 보증의 효력이라는 그레이엄의 주장을 뒷받침한다.

다음으로 임대차 계약이 부동산 대출을 간접적으로 보증하는 역할을 한다는 개념에 관해 논의한다. 예를 들어 아파트를 담보로 대출을 받고 해당 아파트를 세입자에게 임대했다면, 건물에 설정한 저당권은 임대차 계약 기간 동안 간접적으로 보증된다. 임대차 계약 조건과 계약기간은 보증의 질에 상당한 영향을 미친다.

임차료를 지급하는 회사의 입장도 살펴본다. 자산을 임차한 회사의 고정금융비용을 분석할 때는 모든 고정금융비용을 통합하고, 그것을 우선주나 보통주보다 우선순위에 놓아야 한다. 이 비용은 채권의 표면이자와 마찬가지로 취급해야 한다. 임차료는 회사에 발생하는 실제 비용이지만, 임차료 비중이 큰 회사의 경우 이자보상비율을 산출하기가 쉽지 않다.

마지막으로 모회사가 반드시 자회사 채권을 보증하지 않는다는 개념을 논의한다. 모회사가 자회사에 대하여 어떤 책임을 부담하는지 알기 위해서는 두 회사의 법률적 의무를 조사해야 한다.

개요

보증부동산담보 채권과 담보부사채

보증은 부동산업계에서 흔한 제도로, 저당권 판매회사나 저당권에 대한 책임을 부담하는 회사가 제공한다. 저당권 보증은 저당권 보유자에게 제공하는 보험 개념으로서 첫째, 부동산 저당 대출 Mortgage loan이 보수적으로 이루어졌고, 둘째, 보증 주체의 규모가 크고 사업이 다각화되어 있으며, 셋째, 전반적인 경기 여건이 좋다면 대부분 제대로 작동한다.

1) **과거에는 보수적으로 운영된 사업** | 저당권 보증 사업은 여러 해 동안 보수적으로 운용되었다. 저당권 금액은 부동산 가치의 60%를 넘지 않도록 했고, 위험은 분산했다. 이처럼 신중한 영업활동 덕분에 저당권 보증회사는 1921년 이전까지 여러 차

례 시장의 침체기를 버텨냈다.

2) **덜 보수적인 새로운 관행 개발** | 1920년대 '새 시대'가 펼쳐지면서 많은 부동산 저당권 보증회사들이 지역을 기반으로 한 소규모 업체에서 전국 단위 기업으로 성장했다. 이 시기에는 다소 신중하지 못한 방식으로 대출이 이루어졌고, 대출에 대한 보증 역시 부실했다. 1920년대 말, 시장의 붕괴와 함께 부동산 가치는 폭락했고, 저당 대출회사와 보증회사도 무너졌다.

3) **경쟁과 파급 효과** | 1931년경 부동산시장은 완전히 붕괴되었다. 이 과정에서 기존의 탄탄한 대출회사들도 신생 업체와 경쟁하기 위해 기준을 완화했다. 시장이 무너지자 대출에 대한 보증은 허울뿐이었다는 사실이 분명해졌다.

4) **독립 보증회사의 보증** | 다수의 조직에서 위험을 평가하는 만큼, 보증이 제공된 신규 발행 채권은 좀 더 안전할 것이라고 추정할 수 있다. 하지만 1930년대에는 그렇지 않았다. 수많은 보증회사가 대출을 이중으로 검토하는 역할을 했음에도 불구하고, 대출의 안정성을 향상시키지는 못했다. 여기서 그레이엄이 앞서 강조한 '보증은 보증을 제공하는 회사의 지급능력만큼만 효력이 있다'라는 표현을 되짚어보자. 수많은 보증회사가 이 시기에 파산했음은 말할 것도 없다.

보증과 동등한 역할을 하는 차임 지급의무

회사는 부동산 자산을 다른 회사에 임대할 수 있고, 임대료를 받아 부채를 상환할 수 있다. 임대차 계약은 보증과 같은 역할을 한다. 예를 들어 임차인이 차임(임차료) 지급의무를 이행하지 못하면 임대차 계약서는 부동산 소유주가 임대료를 추심할 수 있도록 법적 구속력이 있는 문서로 작용한다. 주의할 것은 임차인이 계약을 체결하기 전에 소유한 자산을 파악해야 한다. 그레이엄은 1930년대 두 가지 사례를 통해 임대차 계약이 보증과 같은 기능을 한다는 주장을 뒷받침한다.

1) **임대차 계약의 구체적 조건이 중요** | 임대차 계약 조건을 철저히 이해하는 것이 중요하다. 그레이엄은 다른 철도회사에 55년간 특정 선로를 임대하는 계약을 맺은 한 철도회사의 복잡한 사례를 제시한다. 그레이엄은 철도를 임대한 회사의 채권을 분석할 때 임대차 계약과 관련해 고려해야 하는 사항을 통찰력 있게 다룬다. 이 사례는 임대차 계약을 보증으로 활용할 경우 반드시 고려해야 하는 수많은 변수를 조명한다는 점에서 중요하다.

2) **보증증권은 흔한 저평가 대상** | 그레이엄은 당시 보증증권이 다른 발행 주체의 무담보 채권에 비해 (상대적으로) 낮은 가격에 시장에서 거래된 사례를 다수 제시한다. 그레이엄은 투자자들에게 무담보 채권보다 보증증권을 우선적으로 고려할 것을 강력히 권고한다.

보증과 임차료는 고정금융비용에 포함

일부 임대차 계약은 회사 재무상태표와 손익계산서에 드러나지 않을 수 있다. 이것은 투자자가 매우 중요하게 고려해야 하는 변수이다. 예를 들어 백화점이 외부로부터 건물을 임차하며 부담하는 고정지급의무는 우선주와 보통주보다 우선순위에 있는 채권으로 취급해야 한다.

1) **흔히 간과하는 리스부채**Lease liabilities | 많은 장기 임대차 계약이 너무 늦게 분석가들에게 파악된다. 장기 리스는 금융시장의 상황이 좋지 않을 때 문제가 될 수 있다.

2) **복잡한 리스부채 분석** | 임대차 계약으로 증권분석이 복잡해지는 것은 당연하다. 증권거래위원회의 규정에 따라 기업은 10K(연간 보고서)에 지급 임차료를 기재해야 한다. 분석가는 기업의 이자보상비율을 계산할 때 이 임차료를 고정 수수료로 취급해야 한다. 이자보상비율은 임대차 계약에 크게 영향을 받으므로 그레이엄은 다음과 같은 대안을 제시한다.

① 연간 (건물) 차임 지급의무의 3분의 1만 고정비로 간주한다.

② 유통업체의 이자보상비율 요건을 3배에서 2배로 낮춘다. 유통업체 우선주의 경우는 4배에서 2.5배로 조절한다. 그러나 이자보상비율이 급락한 구체적 사례를 제시하지는 않는다. 그레이엄은 제시한 대안이 '자의적인 기준이며, 최선은 아닐 것'이라고 언급한다.

3) **보증채무의 지위** | 채권을 발행한 회사와 보증을 제공한 회사가 동일한 경우에는 보증채무의 이자보상비율을 계산할 때 주의해야 한다. 지급의무와 보증의무 이행능력이 같은 이익에 좌우되므로, 이런 상황에서는 위험이 축소되지 않는다.

자회사 채권

많은 투자자가 모회사가 자회사 채권을 보호할 것이라고 가정하지만, 반드시 그렇지는 않다. 모회사가 자회사에 대해 계약상 아무런 의무를 부담하지 않는 경우도 있다. 결과적으로 모회사는 자회사의 부실자산 부담을 자회사 채권투자자에게 떠넘길 수도 있다. 그레이엄은 이런 가능성을 설명한 뒤 당시 이런 기법을 실제로 활용한 기업의 몇 가지 사례를 제시한다. 모회사가 자회사 채권에 간접적 보증을 제공하지 않을 수도 있다는 것이 핵심이다.

- **자회사 이자보상비율 별도 분석은 필수** | 그레이엄은 앞서 논의한 내용을 이어가며 자회사 채권평가와 관련한 우려를 거듭 제시한다. 보증을 평가할 때는 많은 변수를 고려해야 한다. 증권의 가격은 보증의 가치를 전혀 반영하지 않기도 하고, 과도하게 할증해 반영하기도 한다. 자회사나 지주회사의 이자보상비율을 알기 위해서는 반드시 연결기준 재무상태표와 손익계산서를 검토해야 한다.

Chapter 18

선순위 증권 보유자 보호 조항과 구제안

요약

선순위 증권 보호 조항에 관한 논의를 시작해 20장까지 같은 주제를 다룬다. 이 장에서는 선순위 증권 보호의 근거를 제공하는 법적 문서와 파산 절차를 살펴본다.

먼저, 채권 보유자나 우선주 주주와 기업의 법률적 관계를 설정하는 법적 문서를 살펴본다. 이 법적 문서(약정서나 정관)는 우선순위나 소유권 관련 기준을 설정한다. 또한 기업이 채권 보유자와 주주를 상대로 지급의무를 이행하지 못할 경우 진행되는 절차도 명시하고 있다. 그레이엄은 채권과 우선주 채무불이행(또는 법정관리) 상황에서는 법적 절차에 따라 원금상환이 거의 이루어지지 않는다고 거듭 강조한다. 그리고 법정관리 절차와 함께 1933년 전후의 조치를 소개한다.

현재 법정관리 절차의 문제를 밝히고 해결법을 제시한다. 1930년대에 문제가 되었던 일부 사항은 더 이상 효력이 없다. 하지만 현존하는 특정한 법률과 절차에 관한 역사적 참고자료가 된다는 점에서 검토 의의가 있다. 법정관리 절차가 진행 중인 기업들의 다양한 시장가격에 관한 논의는 가치투자자에게 특히 중요하다. 취약한 상황에 놓인 자산은 시장에서 가격이 제대로 형성되지 않을 수 있음을 강조하는 사례이다.

개요

채권 보유자와 우선주 주주의 권리를 보호하는 다양한 조항을 논의한다.

선순위 증권 보유자를 보호하는 약정서와 정관 조항

어느 조직이든 처음 구성될 때는 관련된 모든 당사자 간에 계약이 체결되어야 한다. 채권의 계약서는 '신탁증서Deed of trust' 혹은 '약정서'이다. 우선주 주주의 계약 내용은 '정관'에서 설명한다. 모두 채권이나 우선주 보유자에게 불리한 상황이 발생했을 때 이들을 구제할 조항이나 조치를 다루는 문서이다. 이 문서들은 다음 중요 사항을 다루어야 한다.

1) 채권

① 이자, 원금 미지급 및 감채기금 미적립

② 기타 지급의무 불이행, 법정관리

③ 신규 보증사채 발행

④ 전환특권Conversion privilege 및 신주인수특권Subscription privilege 희석

2) 우선주

① 일정 기간 배당금 미지급

② 장기채 및 선순위 주식 발행

③ 전환권 및 신주인수권 희석

위 조항의 주요 목적은 회사가 지급의무를 이행하지 않을 경우 채권 보유자나 우선주 주주가 투자금을 빠르게 회수할 수 있도록 하는 것이다.

채권 보유자의 모순되는 법적 권리

기업이 채권 보유자에 대한 지급의무를 이행하지 못할 경우 투자자는 가장 먼저 법정관리(자산을 현금화하여 빌린 원금을 상환해야 하는 상황을 그럴 듯하게 표현한 용어)를 고려할 수 있다. 그러나 그레이엄은 법정관리의 효력이나 신뢰도, 투자자에게 미치는 혜택을 선뜻 옹호하지 못한다. 법정관리에 돌입하면 자산가치도 폭락하기 때문에 그레이엄은 법정관리를 통해 손실을 회복할 정도로 충분한 자금을 회수한다는 계획의 실행 가능성에 의문을 제기한다.

지급불능과 회생

1930년대 미국의 지급불능과 회생을 처리하는 절차를 기술한다. 『증권분석』 집필 당시 대공황의 영향으로 법률이 개정되면서 논의의 초점은 1933년 이전 법률에서 개정된 내용으로 옮겨간다. 다음은 1933년 이전 일반적인 기업 도산 절차이다.

1) 기업이 부채 원금이나 이자를 지급하지 못한다.

2) 담당법원을 정하고 법정관리인을 지정한다(일반적으로 해당 기업의 대표가 맡는다).

3) 보호위원회가 채권단을 대표한다(채권단은 일반적으로 해당 채권

을 발행한 은행이다).

4) 위원회와 법원이 회생 계획을 승인한다. 상당한 융통성이 요구되며, 갖가지 유형의 증권을 보유한 당사자로부터 타협을 이끌어내야 하는 과정이다.

5) 최종 회생 절차에 돌입한다. 대개 압류나 파산 매각 절차를 거친다. 그레이엄은 대부분 투자자에게는 회생기업이 새로 발행한 증권을 취득하는 것이 청산매각을 통한 현금회수에 매달리는 것보다 유리하다고 강조한다.

한편 이 절차의 문제점은 기존 경영진이 흔히 자신들에게 유리한 방식으로 자산을 재편한다는 것이다. 역설적이게도 애초에 회사가 파산과 회생 절차를 거친 원인은 바로 기존 경영진에 있다. 1933년 개정한 법률은 이 문제를 바로잡고자 했다. 신탁관리자Trustee(이해관계가 없는 당사자)에게 더욱 많은 권한을 부여하고, 증권거래위원회와 판사가 사건을 감독하도록 하였다. 부실을 초래한 경영진이 주도하는 구조조정 대신 사업을 정리하는 데 초점을 맞추었다.

그레이엄은 변화에 동의하면서도 법정관리 절차에 돌입한 이후 즉시 채권 보유자에게 의결권이 주어져야 한다고 주장한다. 이 경우 1순위 자본투자자의 이해관계가 회사의 미래와 회생을 좌우하게 될 것이다.

지급불능 기업의 증권은 적정가치 이하로 거래된다

기업이 법정관리에 들어가면 해당 기업의 증권은 매우 특이하고 투기적인 방식으로 거래된다. 그레이엄은 이를 입증하는 사례를 제시한다. 예로 든 회사의 경우, 1932년 공개시장에서 거래되고 있던 모든 증권의 시장가격 합계는 회사가 보유한 현금의 3분의 1 수준에 불과했다. 기타 유동자산과 고정자산의 가치가 하락한 것은 물론이다.

자발적 채무조정 계획

부실기업의 경영진이 채권 계약 중단에 대한 대가로 채권 보유자에게 보통주를 제공하는 관행을 설명한다. 예를 들면 채권 보유자들이 4,000만 달러에 이르는 채권 차입금을 전체 지분의 80%에 해당하는 보통주로 교환한 사례가 있다. 교환 후 보통주 가치는 채권의 액면가보다 훨씬 작았지만, 회사는 이 거래를 통해 단기간에 법정관리 위험에서 벗어날 수 있었다. 그레이엄은 경영진이 이런 계약을 주도하는 대신, 채권 보유자에게 의결권을 부여해 결정하도록 해야 한다고 거듭 주장한다.

채권 신탁관리자의 지위 변화

1939년에는 법정관리 과정에서 신탁관리자의 역할을 구체적으로 제시하고, 책임을 부여하는 새로운 법이 통과되었다. 그전까지 신탁관리자의 역할은 '파산회사 채권 보유자의 우유부단하고 무관심한 대리인'에 불과했다. 신탁관리자는 주도적으로 행동하는 일이 거의 없었다. 그러나 1939년 제정된 신탁증서법Trust Indenture Act에 따라 신탁관리자에게 적절한 조치를 취하게 되었다. 그리고 법정관리 절차가 진행되는 동안 채권 보유자의 이익을 대변할 책임이 주어졌으며, 경영진과 신탁관리자 사이의 이해상충 문제도 제거했다.

보호위원회의 문제점

당시에는 법적 절차가 진행될 때 채권 보유자의 이익을 대변할 위원회를 구성하는 표준 절차와 규정이 없었다. 그레이엄은 이에 따른 불공정한 문제를 바로잡기 위해 중대한 변화가 필요하다고 주장한다.

추천 개혁안

그레이엄의 집필(『증권분석』 2판) 시점은 1939년 신탁증서법이 막 통과된 후였다. 따라서 그레이엄은 더 이상의 조치 없이도 채권 보유자를 대표하는 문제는 해결될 것으로 보았다. 한편, 그레이엄은 아예 채권 발행 시점에서 채권 보유자들로 구성된 단체가 필요하다는 추가 개혁안을 제시한다. 회사가 법정관리에 들어갈 경우 즉시 행동에 나설 수 있는 대표기구를 미리 조직하는 것이다. 이 대표기구는 회사 사정에 매우 능통할 것이므로, 채무불이행 상황에서 매우 유용한 역할을 할 것이다.

Chapter 19

보호 조항 2

요약

채권 보호 조항에 관한 논의를 이어간다. 채권 약정서(채권 보유자와 기업 간의 공식적인 법적 합의서)의 다양한 조항과 조목을 바탕으로 많은 주제를 논의한다. 특히 법정관리 개시나 진행 중에 분석가가 고려해야 하는 특수한 상황과 관련해 우려를 제기한다. 흔한 문제 가운데 하나는 기업이 재정적으로 곤란한 상황에 처하면 새로 발행하는 채권보다 미래에 발행될 채권이 변제순위에서 앞설 수도 있다는 사실이다. 불리한 상황에서 추가 자금을 조달하기 위해 경영진이 흔히 활용하는 기법이다.

기업이 충족해야 하는 다양한 보상비율도 다룬다. 각 비율 요건은 증권 약정서에 명시되어 있다. 그러나 비율 요건을 강제할 경우 기업이 법정관리 상황에 처하고, 그 결과 미래 실적과 지급의무 이행능력에 더욱 복잡한 문제가 발생할 수 있어 현실적인 적용은 쉽지 않다.

마지막으로 감채기금에 관해 설명한다. 감채기금은 기업이 발행한 채권을 직접 회수하기 위해 설정한다. 가치가 하락하는 담보자산이 부담하는 부채를 서서히 줄여나가는 것이 목적이다. 그레이엄은 기업이 감채기금 설정 의무나 약정서의 기타 요건을 이행할 수 없다면 채권 보유자에게 의결권을 부여해야 한다고 주장한다.

개요

우선담보권 설정 금지

기업이 정상적으로 운영될 때는 새로 발행된 증권이 기존에 발행된 증권보다 변제순위에서 앞서는 경우가 매우 드물다. 반면 재정적으로 문제가 있거나, 자본조달이 절실한 상황이라면 분석가는 이 문제에 특히 주의를 기울여야 한다. 기업은 신규 자금조달을 위해 우선담보권Prior lien 설정을 금지하는 조항을 약정서에서 제거할 수 있다. 다음 사례를 살펴보자.

비례적으로 균등하게 담보를 공유하는 증권 조항

무담보 채권을 발행하면서 앞으로 회사 자산에 설정되는 담보권의 가치를 비례적으로 균등하게 공유한다는 조항을 덧붙일 수 있다. 이 경우 무담보 채권도 담보권이 설정된 자산에 의해 지급이 담보된다.

| 주 | 담보자산의 가치는 이 조항을 첨부해 발행한 기존의 무담보 채권 전체와 담보권 자체가 공유한다.

매수금 저당

주택이나 부동산 구매 금액 전체를 충당할 만큼 자금이나 신용이 충분하지 않을 때 매수금 저당Purchase-money mortgage을 설정한다. 매도자는 저당권에 대한 책임을 새로운 매수자에게 양도하고, 매수자는 구매가격과 저당 대출 잔액의 차이를 매도자에게 지급한다. 이런 형태를 (부동산 소유자가 자금을 융자해준 것은 아니지만) 부분적인 매도자 금융Owner financing(매도자가 매매 대금의 일부를 융자해주는 형태–옮긴이)이라고 한다. 당시에는 이런 유형의 거래가 별다른 제약 없이 빈번했다. 그레이엄은 이런 포지션이 기존 대출자의 위험을 증가시킬 수 있다고 주장한다.

회생 절차에서 채권은 은행 차입금보다 후순위

회생 절차가 개시되면 신규로 조달한 은행 차입금이 기존에 발행된 채권보다 변제순위에서 앞서는 경우가 흔하다.

같은 증권의 추가 발행을 제한하는 안전장치

채권에는 대부분 추가 발행을 제한하는 안전장치가 있다. 경영진으로 하여금 이자보상비율을 크게 높이지 않으면 새로운 부채를 일으키지 못하게 하는 조항이다. 그레이엄은 철도산업의 경우 추가 발행과 이자보상비율에 관한 규제가 없음을 지적하며, 이러한 안전장치는 현실적으로 그다지 중요하지 않다고 결론짓는다. 어쨌든 투자자의 관심을 일으키기 위해서는 발행하는 증권 자체에 매력이 있어야 하기 때문이다.

운전자본 요건

채권 약정서에는 운전자본 요건을 명시하는 조항이 없다. 운전자본은 유동자산과 유동부채의 차이다. 기업은 최소 운전자본 요건을 충족해야 한다. 그렇지 못할 경우 채권 보유자에게 특별한 권리를 부여하거나 배당 정책을 변경해야 한다. 채권 약정서 대부분에는 이러한 규정이 없지만, 당시 일부 제조회사 채권에는 이 같은 조항이 있었다. 그레이엄은 관련 사례를 다수 제시한다. 운전자본이 일정 수준 미만이 되면 기업은 우선주나 보통주 주주에게 지급되는 배당금을 축소하거나 아예 중단해야 한다.

의결권 관리를 통한 구제

앞서 논의한 것처럼 파산 절차에 돌입할 경우 채권 보유자에게 의결권을 부여해야 한다.

투자신탁회사 채권 보호 조항

투자신탁회사가 자본조달을 위해 발행하는 채권은 다른 채권과는 달리 취급해야 한다. 투자신탁회사는 주주의 자금을 이용해 투자하고, 회사 주식은 전형적인 상장기업과 같이 거래된다. 투자신탁회사의 채권에서 가장 중요하게 고려할 사항은 담보가치가 채권의 지급의무는 일정한 규모를 초과하여 유지되어야 한다는 점이다. 담보가치가 기준선 아래로 하락하면 더 많은 주주자본을 조달하거나, 자산을 매각해 기준을 충족해야 한다. 당시에는 이런 조항이 표준화되지 않았기 때문에 그레이엄은 투자신탁회사 투자자들에게 이와 같은 보호 조항을 요구할 것을 강조한다.

감채기금

기업이 직접 발행한 채권을 사들이거나 회수할 목적으로 설정하는 기금이다. 채권 발행 주체가 신탁관리자에게 정기금을 지급하면 신탁관리자는 공개시장에서 발행된 채권의 일부를 사들이거나, 콜옵션을 행사하여 채권을 소각한다.

1) **장점** | 투자자 관점에서 보면 감채기금은 투자 안정성을 높이는 역할을 한다. 유통되는 채권의 수가 감소하므로 원금을 상환하지 못할 위험성도 축소되기 때문이다.

2) **감채기금 설정이 불가피한 경우** | 감채기금은 채권을 담보하는 자산의 가치가 하락할 때 중요한 역할을 한다. 이론적으로 감모상각 또는 감가상각 충당금이 감채기금 적립 기준으로 활용되어야 한다. 그레이엄은 감가상각 대상 자산을 담보로 채권을 발행한 다양한 회사의 사례를 제시한다. 감채기금을 활용하여 공개시장에서 서서히 채권을 제거함으로써 담보자산의 가치가 완전히 소멸하기 전에 부채를 줄일 수 있다.

3) **연속상환 채권이 대안** | 연속상환 채권Serial bond을 만기가 다르게 나누어 발행한다. 그리고 전체 발행 잔고가 만기에 도달할 때까지 순차적으로 돌아오는 만기에 따라 채권 원금을 상환해 나간다(감채기금의 의도와 유사하다). 주정부와 지방정부에서 흔히 활용하는 발행 방식이다.

4) **감채기금 도입의 문제점** | 대부분 약정서에 감채기금 설정을 강제하는 조항이 있지만, 강제의 실효성에는 의문이 제기된다. 앞서 논의한 것처럼 법정관리가 기업과 기업의 자산가치에 미치는 영향은 모든 관련 당사자에게 상당한 타격이 될 수 있

다. 그레이엄은 감채기금을 설정하지 못했을 경우 채권 보유자에게 의결권을 부여하는 방안을 거듭 주장한다. 보호 조항에 관한 논의를 마무리하며 그레이엄은 다음과 같은 중요한 개념을 제시한다. 채권투자의 성공은 약정서 내용보다는 채권을 발행한 기업의 성공에 좌우된다.

Chapter 20

우선주 보호 조항 : 후순위 자본 유지

요약

18~19장에서 다룬 개념과 우려에 관한 논의를 이어간다. 이 장에서는 우선주에 초점을 맞춘다. 감채기금의 역할을 안정성과 경영의 건전성을 높여 타인자본 원금의 원활한 상환을 돕는 것이라고 설명한다. 그레이엄은 감채기금이 우선주에 더욱 필수적이라고 주장한다. 또한 회사가 누적적·비누적적 우선주 주주에 대한 배당금 지급의무를 이행하지 못할 경우 우선주 주주에게 의결권이 부여되어야 한다고 제안한다.

그레이엄은 후순위 자본 수준 유지에 관한 매우 흥미로운 논의로 이 장을 마무리한다. 그레이엄은 (보통주 주주의 이익을 대변하는) 이사회가 새로운 채권을 발행하고, 이렇게 조달한 자금으로 (보통주 주주) 스스로에게 배당금을 지급하는 실제 사례를 다양하게 제시한다. 이와 같은 교활한 전술은 큰 위험 요인이다. 보통주 주주가 회사에 대한 통제권을 계속해서 유지하는 가운데, 채무불이행 위험은 보통주 주주에게서 채권 보유자에게로 서서히 이전되기 때문이다. 레버리지가 높은 종목에 투자하는 사람들에게 상당한 우려와 흥미를 불러일으키는 논의이다.

개요

우선주에는 선순위 증권이 추가로 발행되지 않도록 하는 안전장치가 대부분 설정되어 있다. 그러나 문서상으로 존재하는 이 원칙을 현실에 적용하기에는 모호한 면이 있다. 회사가 법정관리에 직면할 경우 우선주 주주는 매우 위태로운 상황에 처한다. 이런 상황에서 우선주 주주 대부분은 위와 같은 조항을 무효로 하고, 신규 발행 증권이 기존 우선주보다 선순위가 되도록 허용하는 개정안을 의결할 것이다. 그렇게 하지 않으면 회사는 파산하고, 우선주 주주는 원금 전체를 잃게 될 것이다.

무담보 채권 발행을 방어할 필요가 있다

그레이엄은 우선주 주주에게 무담보 채권 발행을 제한할 권한이 주어지지 않은 일반적 관행을 이야기한다. 경영진은 무담보 채권을 발행하여 일상적인 영업을 위한 자금을 조달하려고 한다. 문제는 신규 발행 규모에 제한이 없다는 것이다. 그레이엄은 담보 채권과 무담보 채권이 주주에게 초래하는 위험은 동일하기 때문에, 우선주 주주를 보호하기 위해 신규 무담보 채권 발행 규모를 제한하는 조항이 필요하다고 주장한다.

우선주 감채기금

앞서 기술한 채권 감채기금의 장점은 우선주에도 그대로 적용된다. 실제로 우선주의 계약상 지위는 채권보다 취약하므로 감채기금은 다른 무엇보다 중요하다. 당시에는 감채기금 조항이 첨부된 우선주가 거의 없었다. 사례는 많지 않지만, 그레이엄은 감채기금 조항을 첨부한 우선주 발행 사례를 독자들에게 소개한다.

배당금 미지급 시 의결권

누적적 우선주 주주에게 배당금이 지급되지 않을 경우 대개 특정한 의결권이 부여된다는 사실에 주목해야 한다. 또한 이것이 비누적적 우선주에는 대부분 해당되지 않는다는 점도 중요하다. 부여되는 의결권의 범위는 우선주마다 다르다. 그레이엄은 배당금이 지급되지 못했을 때 문제해결을 위해 우선주 주주가 취한 조치를 보여주는 네 가지 사례를 제시한다. 대개 배당금 지급이 1년간 중단된 뒤 의결권이 부여된다. 그레이엄은 대다수 기업의 경우 보통주 주주에 비해 우선주 주주 수가 상대적으로 적다는 중요한 사실을 강조한다. 우선주 주주 수가 적은 경우, 새로 취득한 의결권은 이해상충 문제 때문에 영향력을 거의 갖지 못한다.

비누적적 우선주에는 더욱 강력한 보호장치가 필요하다

그레이엄은 배당금 지급이 중단되더라도 비누적적 우선주에는 의결권을 부여하지 않는 관행에 단호히 반대한다. 비누적적 우선주는 위험이 더 크고, 지급되지 않은 배당금은 되돌릴 수 없다. 그레이엄은 우선주 의결권이 전체 보통주 주주의 권리를 능가해야 한다고 보지는 않는다. 하지만 누적성 여부에 관계없이 우선주 주주의 목소리를 대변할 수 있어야 한다고 주장한다.

의결권에 관한 일반 원칙

그레이엄은 모든 기업이 다음과 같은 보편적 지침을 채택해야 한다고 제안한다. 우선주에 바로 배당금이 지급되면 보통주가 의결권을 갖고, 배당금 지급이 유예되면 (누적 조항에 관계없이) 우선주 주주에게 유리하게 의결권이 넘어가도록 하는 것이다. 그레이엄은 이런 관행이 예외적인 것이 아니라 표준이 되어야 한다고 주장한다.

우선주 의결권 가치에 대한 의문이 제기될 수 있다

그레이엄은 한 가지 흥미로운 사례를 소개한다. 매이택Maytag Company(세탁기, 건조기 제조업)은 주 소유주인 매이택 가(家)에 대규모 우선주를 배정했다. 매이택 가는 일단 (회사가 발행한) 막대한 우선주를 사적으로 보유한 뒤 공개시장에서 2,000만 달러에 매각했다(최종 수익은 매이택 개인의 몫이었다). 그 결과 수많은 우선주 주주가 생겨났다. 우선주에는 배당금 미지급 시 의결권을 부여한다는 조항이 있었다. 결국 배당금은 지급되지 않았고, 우선주 주주에게는 의결권이 부여되었다. 복잡해 보이는 상황이지만 이 사례에서 중요한 점은 따로 있다. 바로 이사회를 개편하는 데 의결권이 거의 영향을 미치지 못했다는 점이다. 실제로 이사회의 어느 누구도 교체되지 않았다. 우선주 의결권이 별다른 의미를 갖지 못할 수도 있음을 보여주는 사례이다.

• **제안** | 이번에도 그레이엄은 문제를 바로잡을 것을 제안한

다. 그레이엄은 발행 주체가 문제해결 의무를 부담해야 한다고 주장한다. 발행 주체가 주주와 접촉해 주주의 권리를 알려주고, 어떤 선택을 할 수 있는지 조언해야 한다는 것이다. 충분한 정보가 없는 주주들에게 정보를 제공하는 것이 곧 문제의 해결책이다.

적정 수준의 후순위 자본 유지

채권투자자들은 기업에 자금을 빌려줄 때 보통주 주주가 가진 권한, 즉 자본을 배분받을 권한을 거의 고려하지 않는다. 이론적으로 기업은 후순위 채권을 판매해 100만 달러를 조달한 뒤 그 자금을 즉시 보통주 주주 배당금으로 유출하는 것이 가능하다. 이때 보통주 주주는 회사에 대한 통제권과 의결권은 유지하면서 모든 위험을 채권 소유자에게 전가한다. 이러한 관행을 방지하는 유일한 수단은 약정서(혹은 계약서)에 강력한 조항을 두는 것이다.

이 예시는 극단적인 경우로, 이런 방식으로 문제가 발생할 가능성도 낮다. 하지만 늘 이런 위험 전가 방식을 이용하는 회사도 있다. 자금 유출은 즉시 일어나는 것이 아니라 점진적으로 진행된다. 인터버러-메트로폴리탄Interborough-Metropolitan의 사례가 그레이엄의 주장을 입증한다. 그레이엄은 채권 보유자에게 가장 불리한 상황은 경영진이 자산가치를 평가감Write-down(임의로 자산의 장부가액을 낮춤-옮긴이)하는 경우라고 경고한다. 이 경우 감가상각비가 줄어 보통주 주주에게 더 많은 배당금이 지급될 수 있다.

이러한 교활한 전술로부터 채권 보유자를 보호하기 위해 그레이엄은 한 가지 사례를 제시한다. 이런 상황에 대비해 기본적으로 현금 배당은 유보이익Earned surplus이나 납입 자본금Paid-in capital으로만 지급할 수 있도록 제한하는 보호 조항을 약정서에 명시한 경우이다. 이는 배당금을 지급하려면 먼저 제품을 판매하여 돈을 벌어야 한다고 회사에 강제하는 조항이다.

이런 경우 우선주 주주는 미묘한 처지에 놓인다. 우선주 주주는 궁극적으로 배당금 지급이 계속되기를 원한다. 그러나 이것은 재무상태표상 자산가치를 평가감해 이자보상비율을 유지할 때만 가능할 것이다. 우선주 주주의 갈등은 적정한 규모의 후순위 자본(또는 모든 선순위 부채를 완전히 상환한 뒤 남은 자기자본)이 유지되기를 원한다는 데서 시작된다. 재무상태표상 자산을 평가감하면 후순위 자본은 감소한다. 배당금에 대한 우선주 주주의 갈증은 증권을 액면가에 환매나 상환할 수 있는 회사의 능력에 부정적인 영향을 미칠 것이다.

Chapter 21

보유 종목 관리

요약

일반투자자가 이용할 수 있는 다양한 유형의 투자 서비스를 간단히 소개한다. 그레이엄은 투자자들이 전통적인 '매수 후 보유Buy and Hold' 전략에서 벗어나 좀 더 회의적인 시각으로 더욱 활발하게 매매하게 된 배경을 설명하는 데서 출발한다. 포트폴리오 점검을 주기적으로 지속해야 한다는 권고는 시장에 대한 그레이엄의 신뢰와 불신이 비슷한 수준임을 짐작하게 한다. 보유 종목에 대한 꾸준한 점검과 재평가에 관한 논의를 통해 그레이엄이 내린 결론은 "저수익에 위험마저 부담해야 하는 종목이라면 차라리 정부 채권에 투자하라"는 것이다.

그레이엄은 증권분석에 재능이 있는 진지한 분석가들에게 원금 손실 위험은 최소화하면서 큰 이익을 얻을 수 있는 접근법이 있음을 암시한다. 일반투자자들도 이 접근법을 적용할 수는 있겠지만 굉장한 노력과 지식, 집중력이 요구될 것이다.

그레이엄의 유명한 이론인 고정수익증권의 안전마진에 관해서도 논의한다. 투자자는 안전마진을 확보함으로써 불리한 환경에 대응한다. 그리고 가격에 부정적인 영향이 미치기 전에 결국 자산을 교체할 수 있다. 마지막으로 투자자문 업자에 관해 다룬다. 그레이엄은 자문 내용을 수용하기에 앞서 그들의 이해관계를 아는 것이 중요하다고 강조한다.

개요

'영구투자'라는 전통적 개념

1920년대 이전까지만 해도 많은 투자자가 영구 보유를 추구했다. 영구적으로 보유할 수 있을 만큼 수익이 안정적이고 예측 가능한 기업을 찾으려는 의도였다. 1922년 시장이 붕괴했고, 이후 강력한 상승장이 7년 동안 이어졌다(강세장은 1929년 대공황의 시작과 함께 마무리되었다). 이처럼 시장이 과열과 침체 국면을 주기적으로 반복하면서 순수한 '매수 후 보유' 전략에 커다란 변화가 나타났다.

보유 종목에 대한 주기적 점검의 필요성과 한계

안전하고 건전한 고정수익 투자 대상을 선별하는 데는 상당한 노력이 요구된다. 그레이엄은 "추구하는 수익이 (연방정부 채권 금리 수준으로) 제한적이면서 위험이 전혀 없지도 않다면 그런 종목은 아예 투자할 가치가 없다"라며 종목 선정의 어려움과 불만을 토로한다.

미국저축채권의 우수성

1920년대와 1930년대의 투자환경을 조성한 상황에 관해 논의한 뒤, 그레이엄은 대다수 사람이 주목한 세 가지 대안을 소개한다. 바로 1) 정부 채권, 2) 투기, 3) 원금을 보호하면서 큰 수익을 제공하는 투자 상품이다.

정부 채권 가운데는 다른 어떤 고정수익증권보다 미국저축채권United States Savings Bond을 특히 선호한다. 짐작하듯이 그레이엄은 투기 행위를 단호히 반대한다. 무지, 탐욕, 군중심리는 전적으로 예측 불가능하며 신중한 판단력보다 더욱 큰 영향력을 발휘할 수 있다.

세 번째가 그레이엄이 지지하는 대안이다. 그러나 일반투자자라면 이런 접근법을 경계해야 한다고 강력히 경고한다. 특정 종목과 관련된 모든 위험을 고려할 능력과 정보가 부족할 수 있기 때문이다. 재능 있는 분석가라면 세 번째 대안에 주목해야 한다.

체계적 관리 원칙과 문제점 및 종목 교체

투자자들은 일정 기간마다 보유 종목을 체계적으로 재점검할 필요가 있다. 이 과정에서 우려가 커질 수 있는 문제 요인을 시장이 반응하기 전에 미리 발견할 수 있다.

주가의 민감성

그레이엄이 '가격 관성Price inertia'이라고 명명한 현상을 설명한다. 뉴스는 그 내용이 긍정적이든 부정적이든 뉴스 자체가 지니는 실제 가치보다 더욱 극단적인 영향을 주가에 미칠 수 있다는 뜻이다. 예를 들어 어느 기업의 실제 이익이 추정치보다 0.1달러 많고, 그 결과 주가는 주당 2달러 상승하는 식이다. 채권 보유자는 이러한 주가의 민감성을 인식하고 이를 유리하게 활용해야 한다.

만일에 대비한 이례적으로 높은 안전마진

안전마진을 상당한 수준으로 유지하고 시간의 흐름에 따른 기업의 변화를 면밀히 관찰한다. 예를 들어 이자보상비율이 20배로 기준 요건인 3배보다 훨씬 높은 종목에 투자한다면 상당한 안전마진을 확보한 것이다. 그러나 이 회사의 이자보상비율이 4배로 하락하면 포지션을 매도하고, 이자보상비율이 10배 정도 되는 다른 종목으로의 교체를 고려할 수 있다. 이 접근법의 목적은 아직 시장가격이 우호적일 때 기존에 보유한 종목을 정리할 충분한 시간을 확보하려는 것이다.

불황기 전략

보수적인 기준으로 선택한 채권은 불황기에도 다른 채권보다 좋은 성과를 낼 것이다. 이는 비슷하거나 더 높은 이자보상비율에 웃돈을 지불하지 않고서도 좀 더 유리한 포지션으로 자산을 교체할 수 있는 기회가 될 수 있다.

투자 자문 및 지휘

누가 투자를 지휘할 것인가 하는 것은 어려운 질문이다. 시간과 지식이 있다면 투자자 자신이 될 것이고, 중개인이나 금융상담 전문가와 같은 대리인을 고용할 수도 있다. 투자자로서 가장 큰 우려 사항은 잠재적인 '전문가'들이 자신의 이익을 추구하는 것이다.

많은 투자은행에는 고객에게 팔아야 하는 증권이 쌓여 있으므로 투자자는 그런 종목의 투자 안내를 따르는 것에 항상 신중해야 한다. 그레이엄은 상업은행, 투자은행, 뉴욕증권거래소 회원사, 대형 신탁 회사의 자문 부서, 독립 투자 상담사가 제공하는 서비스에 관해 상세히 설명한다.

투기적 선순위 증권

SECURITY

A Summary of Benjamin Graham and David Dodd's original work

ANALYSIS

Chapter 22

특권부 증권

요약

전환사채, 이익참가부 사채Participating bond, 신주인수권부 사채Subscription bond, 우선주에 관해 논의한다. 그레이엄은 각 용어를 정의한 뒤(개요 참고), 특권부 증권Privileged stock의 장점과 단점을 논한다. 그레이엄은 투자 전략의 건전성을 확보하기 위해 이 책의 2부 전체에 걸쳐 논의한 모든 안정성 기준을 충족하는 전환 가능 사채나 우선주를 선별할 것을 투자자에게 권고한다. 일단 투자 적격 요건을 갖춘 증권을 찾아내면 특권이 부여된 증권을 소유한 대가로 기업의 이익이 좋을 때 해당 증권을 보통주로 전환할 수 있는 선택권을 갖게 된다.

한편, 선순위 증권을 전환하지 않더라도 전환권이 부여된 채권이나 우선주의 시장가격은 자동으로 보통주에 연동해 움직일 것이다. 이와 관련한 좀 더 자세한 계산법을 개요 후반부에 소개하였다.

개요

원금의 가치를 크게 변동시킬 수 있는 채권과 우선주의 투기적 특징을 논의한다. 투기적 증권의 특징은 낮은 안정성과 특권이나 전환권 요소를 반영해 할인 또는 할증된 가격에 거래된다는 점이다.

투기적 특권이 부여된 선순위 증권

증권에 투기적 성격을 부여하는 주요 요소를 이해하기 위해 다음 주요 용어를 살펴보자.

1) **전환가능**Convertible | 소유한 채권이나 우선주를 일정한 기간 내에 보통주로 전환할 수 있는 권리이다.

2) **참가적 전환 우선주**Participating Convertible Preferred share, PCP | 일반적으로 벤처캐피탈(부유한 투자자나 기관이 제공하는 창업 지원금)에 활용되는 우선주 유형이다. 참가적 우선주란 우선주 주주가 이미 지급된 우선주 배당에 더해 초과 이익에 대한 배당을 추가로 받을 권리를 (보통주 주주와 함께) 갖는다는 뜻이다. 이런 종류의 증권은 보통주로 완전히 전환 가능하다. 일반적으로 우선주 주주가 보통주 전환을 결정하는 배경에는 기업의 성장세와 지속 가능한 이익 창출능력을 고려할 때 보통주 투자로 우선주 배당금보다 더 큰 수익을 낼 수 있다는 인식이 자리한다.

3) **신주인수**Subscription | 채권이나 우선주 소유주가 일정한 가격에 일정한 수량만큼 일정한 기간 동안 보통주를 인수할 수 있는 권리를 말한다.

선순위 증권의 형태상 매력

앞서 논의한 적격 요건을 충족하는 채권이나 우선주에 (전환권과 같은) 우선권이 부가되었다면 바람직한 투자 대상일 가능성이 있다.

투자 실적이 만족스럽지 않은 이유

특권부 증권이 이론적으로는 바람직한 투자 대상으로 보일지 몰라도 실제 투자 성과는 만족스럽지 않은 것으로 드러났다. 그레이엄은 이처럼 미미한 투자 성과의 주요 원인으로 '투자 적격 요건을 만족하기 어려운 태생적 약점'을 지적했다. 즉 기업의 채권 이자 지급능력 자체가 충분하지 못할 수 있다. 애초에 전환권은 해당 증권의 취약점을 보완하기 위해 제공되는 경우가 많다.

일단 전환이 이루어지면 보통주 주가가 타격을 받는 것도 또 다른 원인이다. 채권이나 우선주를 보통주로 전환해 단순히 매각하고 이익을 실현한다면 문제가 되지 않는다. 그러나 해당 증권을 보통주로 전환한 뒤 계속해서 보유할 경우, 해당 보통주에서 지속적으로 가치를 창출할 수 있을지 여부는 회의적이라는 것이 그레이엄의 주장이다. 그레이엄은 새로운 포지션을 확정소득 증권 투자자가 아닌 보통주 주주 관점에서 볼 것을 투자자들에게 강력히 권고한다.

매력 있는 특권부 증권

그레이엄은 특권부 증권에 대해 대체로 회의적이지만 특권부 증권 투자로 상당한 성공을 거두는 것도 가능하다고 보았다. 그레이엄은 세 가지 사례를 통해 이를 뒷받침한다. 일반적으로 채권이나 우선주의 시장가격이 보통주 시장가격과 등가At parity(가치가 동등하다는 의미)를 이룬다면 특권부 증권을 소유하는 것이 분명히 유리할 수 있다. 이러한 장점은 기업의 예상 이익과 전반적 사업 환경이 보통주 주주에게 유리할 때 드러난다. 특권부 증권은 (전환권 조항에 따라) 어느 시점에 보통주로 전환될 수 있다. 그러므로 보통주 주가가 상승할 때 채권이나 우선주 가치도 보통주 주가와 밀접하게 움직인다. 따라서 이러한 상황에서는 특권부 증권을 우선순위가 낮은 다른 자산(보통주)으로 전환하지 않는 편이 유리할 것이다.

매력 없는 특권부 증권

전환가능 증권에 대한 긍정적인 투자 사례를 소개한 데 이어 부정적 사례로 〈내셔널 트레이드 저널National Trade Journals〉이 발행한 6% 금리 전환사채를 살펴본다. 채권과 보통주가 패리티 가격(교환비율 기준으로 전환 증권과 보통주의 '가치'가 동등해지는 가격 수준–옮긴이)에 거래된다는 점은 매력적이었다. 하지만 채권의 시장가격은 시간의 흐름에 따라 계속해서 하락했다. 마침내 회사는 법정관리에 돌입했고, 채권의 가치는 소멸했다. 이 사례의 경우 채권의 이자보상비율이 낮았고, 패리티 가격 수준에서는 안전마진 문제가 내재되어 있었다. 이러한 신호를 반영해 보수적인 투자자들에게 특권 여부와는 무관하게 원금손실 위험을 경고했어야 한다.

투자 원칙 도출

선순위 특권부 증권 투자자는 고정수익증권 투자자와 보통주 주주 가운데 어느 한 편의 관점에서 투자에 접근해야 한다. 그레이엄은 '이익을 분배받을 수 있는 특권 때문에 안정성 요건을 느슨하게 적용한다면 재정적·정신적으로 불가피한 손실에 대한 준비가 되어 있지 않은 것'이라고 지적한다.

보유 및 매각 원칙

특권부 증권 보유에 관한 원칙을 논의하기에 앞서 특권부 증권이 작동하는 원리를 다음 사례를 통해 살펴보자.

액면가 100달러, 발행금리 5% 전환사채가 공개시장에서 100달러에 거래된다고 가정하자. 이 증권은 향후 5년간 주당 25달러에 보통주로 전환 가능하다. 즉 전환권 행사 시 100달러 전환사채는 보통주 4주로 전환된다. 현재 보통주는 주당 24.50달러에 거래된다. 보통주와 전환사채가 패리티 가격을 이루는 상황이다. 보통주 전환으로 채권 소유자가 보유하게 될 4주의 가치는 총 98달러가 될 것이다(2달러 격차는 보통주와 채권 가치의 차이에서 기인한다). 한편 채권 소유자가 전환권을 행사하지 않고, 채권 표면이자가 안정적으로 지급될 경우 채권가치는 보통주에 연동해 움직일 것이다. 예를 들어 보통주 주가가 주당 30달러로 오르면 전환사채의 시장가치는 120달러가 될 것이다. 그레이엄은 여기서 독자에게 다음의 첫 번째 조언을 건넨다. "일반적인 경우, 전환사채의 전환권을 행사해서는 안 된다. 전환사채는 보유하거나 처분해야 한다." 이유는 간단하다. 원금손실 위험이 없고, 보통주 주가 상승 시 채권의 가치가 동반 상승하는 기회를 누릴 수 있다. 그러므로 우선순위가 낮은 증권으로 옮겨갈 이유가 없다. 전환권 기간 만료나 채권 만기가 임박했을 때는 예외이다.

Chapter 23

특권부 선순위 증권의 기술적 특징

요약

특권부 증권과 우선주 선별 방법에 관한 논의가 이어진다. 그레이엄은 실제 사례를 통해 전환사채의 메커니즘을 설명한다. 독자는 이 과정을 통해 전환증권 투자에서 이익을 얻고 관련 위험을 식별해내는 방법에 관한 기초를 다질 수 있다. 다음으로 전환증권 투자의 성패를 좌우하는 세 가지 변수로 1) 전환권 청구기간, 2) 채권과 보통주의 패리티 가격 형성 여부, 3) 기업의 이익 성장 능력을 제시한다.

후반부에서는 참가적 우선주를 간단히 논의한다. 기업의 수익성이 향상되고, 보통주 주주에게 지급하는 배당금이 늘어날 경우 참가적 우선주 소유주에게는 추가 배당금이 지급된다. 영업 상황이 개선될 때 투자자에게 이익 분배를 허락한다는 점에서 전환증권과 유사하다. 전환증권과 이익참가부 증권 투자자는 기업이 성장할 때 수혜를 누릴 수 있다. 그러나 그레이엄은 많은 기업이 추가 비용 부담을 줄이기 위해 특권부 증권의 임의 조기 상환Recall을 시도한다고 경고한다. 이런 위험에 대비하는 수단으로 그레이엄은 분리 가능한 워런트가 부여된 특권부 선순위 증권을 강력히 추천한다. 이런 증권 유형은 아래에 소개하였다. 투자자는 분리형 신주인수권을 보유함으로써 채권이나 우선주의 특권에서 이익 분배 부분만을 분리해 낼 수 있다. 이로써 투자자는 각각 다른 가치를 지닌 별개의 두 가지 증권을 보유하는 효과를 누린다.

개요

전환증권, 이익참가부 증권, 신주인수권부(이하 워런트부라는 용어와 혼용함–옮긴이) 선순위 증권의 기본을 살펴본 데 이어, 더욱 심도 있는 논의와 해석이 이루어진다.

특권부 증권에 관한 일반적 고려사항

일반적으로 전환가능 증권은 채권 소유자에게 고정수익 투자 수단으로서의 안정성을 보장하는 동시에, 기업이 창출하는 이익을 누릴 수 있는 기회를 제공한다. 이러한 장점은 특권 조항과 기업의 이익 성장 능력이 뒷받침할 때만 실현 가능하다.

1) **특권 조항 vs. 기업 전망** | 가상의 회사 두 곳을 정해 다음과 같이 서로 다른 조건을 설정한다.

A 회사	B 회사
•발행금리 5% 채권이 50달러에 거래 중	•발행금리 5% 채권이 50달러에 거래 중
•주당 25달러에 2주로 전환 가능	•주당 12.50달러에 4주로 전환 가능
•주식은 현재 15달러에 거래 중	•주식은 현재 11.50달러에 거래 중

위 조건으로 비교할 때 어떤 회사가 투자자에게 유리할까? 그레이

엄은 전환 조건만 보면 B 회사가 좀 더 유리하다고 말한다. 패리티 가격과 실제 주가의 차이가 1달러에 불과하기 때문이다. 확실한 선택으로 볼 수도 있지만, 그레이엄은 어느 회사가 투자 대상으로 좀 더 유리하다고 쉽게 단정하지 않는다. 미래 성장 가능성이 좀 더 큰 회사가 더 나은 선택지라는 것이다. 예를 들어 B 회사는 이익 잠재력이 미미해 주가에 변동이 없을 수 있다. 반면, A 회사는 이익 전망이 뛰어날 수 있다.

2) 세 가지 중요한 요소

① 특권의 범위 : 전환사채 투자자에게는 기업에 보통주 주가를 끌어올릴 능력이 있는지 여부가 매우 중요하다. 이 밖에도 채권의 액면가와 보통주 주가가 근접하거나 일치할 때(B 회사의 경우) 특권을 유리하게 활용할 수 있다. 전환권의 유효기간이 단기에 그칠 수도 있으므로 특권의 행사기간도 중요하다. 전환이익이 채권의 가치를 초과하기 전에 특권이 만료되면 특권은 아무런 쓸모가 없게 된다.

• 저가 대량 인수 조건의 의의 : 가격이 싼 주식은 비싼 주식에 비해 가격 등락폭이 더욱 클 가능성이 높다. 따라서 채권과 주식이 패리티 가격을 형성할 경우(즉 전환사채가 1대1 비율로 보통주로 전환될 경우) 투기적 측면에서 더욱 유리할 수 있다.

② 가격 근접성 : 앞서 설명한 것처럼 전환가격과 주가가 근접할수록 채권의 매력도는 높아진다. 투자자는 전환권 평가 시 전환사채와 보통주가 패리티 가격을 형성할 때 보통주의 기대 배당수익을 반드시 감안해야 한다. 채권의 가치는 계속해서 보통주 가치를 따라 움직이므로, 일단 전환이 이루어지

면 안정적인 가격 흐름이라는 채권투자의 장점은 더 이상 누리지 못한다는 사실을 명심해야 한다.

③ 전환 청구기간 : 전환권을 행사할 충분한 기간이 확보되어야 한다는 것은 분명한 사실이다. 예를 들어 전환사채와 보통주가 패리티 가격을 형성하지만, 1개월 후 특권이 만료된다면 수혜를 누릴 수 있는 기간은 매우 제한적이다. 일단 보통주 전환이 이루어지고, 청구기간이 종료되면 투자자는 가격 하락 위험으로부터 보호받을 수 없다.

세 가지 특권 유형의 상대적 장점

그레이엄은 이 섹션에서 이익참가부 증권의 특징과 장점에 대해 논한다. 일반적으로 참가적 우선주는 우선주로서 확정 배당금에 더해 미리 정한 조건에 따라 추가 배당금을 받을 수 있다. 대부분 구체적으로 명시하는 조건은 보통주 주주가 우선주의 고정 배당률Fixed dividend rate을 초과하는 배당금을 받을 경우, 우선주 주주에게 추가 배당금을 지급한다는 것이다. 예를 들어 우선주 주주에게 고정 배당금 1달러가 지급되고, 얼마 뒤 보통주에 배당금 1.1달러가 지급된다. 이때 이익참가특권에 따라 우선주 주주 역시 총 1.1달러를 배당금으로 받을 수 있다.

1) **이익참가부 증권의 단점**(시장 측면) | 그레이엄은 거래량이 많으면 증권의 시장가격도 오를 가능성이 크다는 개념을 설명한다. 참가적 우선주는 수요가 작기 때문에 비교 대상 보통주보다 낮은 가격에 거래될 수 있다.

2) **전환권과 워런트부 증권의 상대적 가격 움직임** | 워런트가

첨부된 채권 보유자는 (전환사채에서 논의한 것처럼) 정해진 가격에 보통주를 취득할 수 있는 권리를 갖는다. 기업은 분리가 가능한 워런트를 발행할 수도 있다. 분리형 워런트Detachable warrant는 투자자로 하여금 계속해서 채권을 보유하면서 동시에 신주인수권을 행사해 보통주를 보유할 수 있도록 한다. 결국 채권과 보통주를 모두 보유하는 것이다. 보통주를 취득할 수 있는 분리형 워런트는 채권에서 분리해 공개시장에서 거래할 수 있다. 분리된 워런트는 콜옵션과 유사하게 거래된다. 분리가 불가능한 워런트는 전환사채라고도 불린다. 그레이엄은 분리형 워런트가 투자 대상으로서 더욱 유리하며, 일반적으로 전환사채(또는 분리불가형 워런트)보다 더 높은 가격에 거래된다고 설명한다.

3) 워런트부Warrant-bearing 증권의 장점 1. 투기적 요소 분리 | 이 부분을 이해하기 위해서는 주식매수 선택권Stock option이 부여된 워런트에 관한 기본 사항을 알아야 한다. 이는 일정 기간 내에 정해진 가격에 보통주를 매수할 수 있는 권리이다. 매수 선택권 행사가격 12달러, 보통주 주가 20달러인 X 회사가 있다고 가정하자. 매수 선택권을 행사해 보통주로 전환한 뒤 해당 주식을 즉시 시장에서 매도한다면 매수 선택권 행사자는 8달러를 이익으로 얻을 것이다. 주식매수 선택권은 처음 시장에 나올 때 상대적으로 싸게 취득할 수 있기 때문에 투기 거래가 빈번하다. 행사가격 12달러인 X 회사의 주식매수 선택권을 애초에 주당 2달러에 매수했다고 가정하면(기준가격), 주가가 20달러가 되었을 때 매수 선택권의 가치가 주당 2달러에서 8달러로 올랐다는 뜻이다. 이러한 배경은 분리형 보통주 매수 선택권 워런트가

첨부된 채권이 전환권이 첨부된 증권보다 일반적으로 높은 가격에 거래되는 이유를 설명한다. 요약하면 보통주 가격이 매수선택권 행사가격 이상으로 오를 경우, 투자자는 워런트로 커다란 이익을 얻을 수 있다.

4) **워런트부 증권의 장점 2** | 특권부 증권의 주요 단점 가운데 하나는 회사가 채권이나 우선주에 대해 임의 조기 상환권Call option을 행사할 수 있다는 것이다. 간단히 말하면, 기업이 특권부 채권과 우선주를 액면가에 사들이는 방식으로 시장에서 회수하는 것이다. 따라서 일단 회사의 이익이 구체화되면 투자자의 보통주 전환권 행사 가능성이 제한될 수 있다. 전환가능 증권 및 이익참가부 증권은 이러한 약점이 있지만, 분리형 워런트부 증권은 임의 조기 상환의 영향을 받지 않는다. 그레이엄은 이런 점에서 분리 가능한 특권이 투자 대상으로서 매우 바람직하다고 보았다.

5) **워런트부 증권의 장점 3** | 분리형 워런트부 증권 투자자는 채권이나 우선주에 대한 소유권을 유지하는 동시에, 첨부된 워런트 권리를 행사해 차익을 실현할 수 있다. 하나를 위해 다른 하나를 포기할 필요가 없으므로 이중 혜택을 누릴 수 있다. 이는 전환가능 증권이나 이익참가부 증권에 비해 훨씬 유리한 특징이다.

Chapter 24

전환증권의 기술적 측면

요약

점진적으로 전환가격이 인상되는 전환증권과 독특한 특권부 증권에 관해 논의한다. 시간이 흐름에 따라 전환권 행사가격이 상향 조정되는 전환사채와 우선주가 있다. 이 경우 보통주 주가가 상승할 때만 전환권 행사로 이익을 얻을 수 있다. 그러므로 결국 전환권 행사를 제한해 (보통주 전환에 따른) 보통주 가치 희석을 최소화하려는 장치이다. 낮은 가격에 전환된 많은 보통주 물량이 공개시장에 출회되면 보통주 가치가 희석될 수 있기 때문이다.

그레이엄은 점진적 전환가격 인상의 기본 원리를 설명한 후, 장점과 단점을 채권 보유자이자 보통주 주주의 관점에서 기술한다. 마지막으로 독특한 특권부 선순위 증권의 사례를 제시한다. 이런 유형의 증권에 투자할 때 직면할 수 있는 수많은 변수를 독자에게 경고한다.

개요

전환증권 매수에 관심이 있는 투자자는 전환 특권의 기술적 측면에 면밀한 주의를 기울여야 한다. 전환 조건은 대부분 시간이 흐름에 따라 달라진다. 예를 들면 다음과 같다.

A 회사

발행금리 5%, 시장가격 60달러 채권(액면가 50달러)

• 2000년 1월 1일~2000년 12월 31일 | 주당 25달러에 2주로 전환 가능

• 2001년 1월 1일~2001년 12월 31일 | 주당 30달러에 2주로 전환 가능

• 2002년 1월 1일~2002년 12월 31일 | 주당 40달러에 2주로 전환 가능

2001년 12월 31일을 기준으로 A 회사의 보통주 주가가 30달러라고 가정하자. 무엇보다 전환 조건이 달라지는 점에 주목해야 한다. 현재 전환가격은 보통주 주가와 일치하지만, 다음 날(2002년 1월 1일) 채권의 시장가격에 커다란 변화가 있음을 알 수 있다. 단 하루만 지나도 전환가격은 주당 30달러가 아닌 40달러로 인상된다. 전환가격 40달러는 보통주의 현재 주가를 크게 넘어서고, 이는 향후 1년 이내에 보통주 주가가 40달러 수준을 넘을 것이라는 가능성 낮은 시나리오를 전제로 한다. 그러나 보통주 주가가 30달러 수준을 유지할 것이라는 기대가 형성된다면 전환사채 가격은 다음날 주당 50달러 액면가 수준을 회복할 것이다. 이 채권을 보유한 투자

자가 바로 오늘(2001년 12월 31일) 보통주 전환을 실행할 경우, 전환한 보통주를 곧바로 공개시장에서 매도해 채권 액면가 대비 10달러 차익을 실현할 수 있을 것이다.

희석과 희석 방지 조항

자산과 이익 창출능력의 성장 없이 유통 주식 수만 증가할 경우 보통주의 가치는 희석된다고 여겨진다. 기업이 상여금 형태로 직원들에게 주식매수 선택권을 지급할 때 흔히 벌어지는 상황이다. 이 경우 유통 주식은 늘지만 기업에 새로운 자산이 추가되지는 않는다. 주식매수 선택권뿐만 아니라 주식분할과 주식배당도 주가를 희석하는 요인이다. 이것이 전환사채나 우선주에 갖는 의의를 생각해보자. 희석이 전환증권의 가치에 부정적인 영향을 미친다는 것은 분명하다. 앞의 예시를 생각해보자. 패리티 가격을 형성한 뒤 보통주 주가가 상승하면 전환사채 가치도 상승한다. 기업이 계속해서 보통주 주가를 패리티 가격 이하로 희석한다고 상상해보자. 대부분 전환사채에는 채권 보유자를 보호하는 희석 방지 조항이 있지만, 그 조항이 보증되지는 않는다. 그레이엄은 투자자들에게 희석 방지 조항을 자세히 파악할 것을 강력히 권고한다. 특히 보통주 주가가 전환가격을 넘어서기를 기대하는 투자자라면 더욱 그렇다.

보통주 전환을 서두르게 하는 점진적 전환가격 인상

전환가격을 점진적으로 인상하는 목적은 기존 보통주 주주의 이익을 보호하려는 것이다. 시간이 흐르며 전환가격이 올라가는 속도만큼 전환으로 얻는 이익이 증가하지 않는다면, 채권 보유자가 보유한 특권(전환권)의 가치도 하락할 것이다.

1) **기간 기준 점진적 인상** | 일정 기간이 지나면 전환가격이 올라가는 만큼 투자자는 그 전(앞서 제시한 예시 참고)에 보통주 전환을 실행하려는 충동을 강하게 느끼게 된다. 그러나 전환 후 보통주를 보유한 상태에서 회사의 이익이 악화된다면 위험한 포지션이 될 수 있다.

2) **물량 기준 점진적 인상** | 채권 발행 초기에 보통주 전환을 유도하는 경영진의 의도에 관해 논의한다. 경영진은 전환 수량이 일정 수준에 도달하면 전환가격이 인상되도록 설계함으로써 투자자 입장에서 조기 전환이 유리한 선택이 되도록 한다. 투자자들이 특권적 지위를 유지하느라 이익실현 기회를 놓치는 일 없이 조기에 이익을 실현하도록 장려하기 위한 장치이다. 경영진의 의도는 채권을 발행해 상당한 자본을 조달한 뒤 부채를 빠르게 줄이려는 것이다.

우선주로 전환 가능한 증권

그레이엄이 투자자로 활동한 초기에는 우선주로 전환 가능한 채권이 많았다. 시간이 흐르며 대중은 우선주 전환에 따른 위험이 보상보다 훨씬 크다는 것을 알게 되었다.

기업의 재량에 따라 전환 가능한 채권

다양한 특권부 선순위 증권의 투자가치에 전반적으로 영향을 미치는 수많은 변수가 있다. 그레이엄은 투자자들에게 일부 증권은 매력적이지만, 일부 증권은 전적으로 유해하기 때문에 오로지 보통주 주주의 이익만을 염두에 둔다고 경고한다. 그레이엄은 채권 보유자의 선택이 아닌 기업의 재량에 따라 우선주로 전환 가능한 채권의 실제 사례를 제시한다. 이처럼 교묘한 장치가 존재할 수 있으므로 투자자가 위험을 피하기 위해서는 반드시 해당 증권의 실사를 거쳐야 한다.

다른 채권으로 전환 가능한 채권

다른 채권으로 전환 가능한 독특한 채권에 관해 설명한다. 단기 채권에서 장기 채권으로 전환되는 경우가 일반적이며, 보통 표면금리가 더 낮은 장기 채권으로 전환된다. 이런 유형의 전환 특권은 이자율이 비정상적으로 낮고(전환되는 장기 채권의 금리보다 낮고), 원래 채권의 만기가 가까울 때만 가치가 있다.

최초 시장가치가 액면가를 초과하는 전환사채

그레이엄은 1920년대 후반 일부 회사들이 이용한 독특한 자금 조달 기법에 대해 경멸을 표한다. 이 회사들은 보통주 전환권을 부여했다는 이유로 액면가보다 훨씬 높은 가격에 채권을 발행했다. 이는 전환사채에 특별한 가치가 있는 것처럼 위장하여 (더 많은 보통주를 발행함으로써) 주주 자본을 조달하려는 경영진의 속임수에 있다.

기타 전환사채의 기술적 특징

그레이엄은 채권과 현금으로 대금을 납입하고, 주식을 취득할 수 있는 선택권이 첨부된 독특한 전환사채에 관해 간단히 언급한다. 다양한 특권 유형을 보여주는 사례이다.

권리 행사를 지연시킨 전환권

특권부 선순위 증권 대부분은 발행 즉시 효력을 갖지만, 그렇지 않은 경우도 있다. 일부 독특한 특권은 발행 후 일정 기간이 지나야만 행사할 수 있다.

Chapter 25

워런트부 선순위 증권
: 이익참가부 증권 전환과 헤징

요약

이 장에서 그레이엄은 전환가능 증권의 특징 대부분이 신주인수 워런트Subscription warrant 조항에서도 발견된다는 설명으로 출발한다. 신주인수 워런트는 보통주를 특정 가격에 살 수 있는 권리로서 채권이나 우선주 등 선순위 증권과 결합하여 발행된다. 분리 가능 여부에 따라 주식매수 권한을 선순위 증권에서 분리해 매각할 수 있다. 분리형 워런트부 증권은 분리불가형 워런트부 증권보다 높은 가격에 거래된다. 이익참가부 증권의 가치는 회사의 이익 분배에 참가할 권리와 고정이자 지급액을 감안하여 산출한다. 그레이엄은 이익참가부 증권이 보통주에 비해 상대적으로 매력이 있다고 주장한다. 증권 자체와 이익 분배 기회를 동시에 누릴 수 있기 때문이다.

약세장에서 선순위 전환가능 증권은 보통주에 비해 상대적으로 가격 하락이 덜하다. 이런 시장에서는 보통주 전환 가능성에 반대되는 매매로 이익을 낼 수 있는데, 이러한 거래를 헤지Hedge라고

한다. 그레이엄은 헤지 전략이 생각처럼 간단하지 않으며, 실패할 가능성이 전혀 없는 것도 아니라고 강조한다.

개요

전환가능 증권의 거의 모든 변수가 신주인수 워런트에도 해당된다. 워런트부 증권의 가격은 24장에서 설명한 전환가격 조정 기준에 상응하여 조정된다.

두 가지 점진적 가격 조정 방식

다음과 같은 점진적 가격 조정이 가능하다.

예 | 1928년 인터스테이트 백화점Interstate Department Store이 발행한 배당수익률 7% 우선주에 다음 가격의 1대1 비율로 보통주를 인수할 수 있는 분리불가형 워런트가 첨부되었다.

- 1929년 1월 31일까지는 주당 37달러
- 1931년 1월 31일까지는 주당 42달러
- 1933년 1월 31일까지는 주당 47달러

전환가능 증권과 마찬가지로 일단 최고 인수가격에 도달한 뒤에는 일반적인 옵션 매수 거래와 동일하다.

대금 납입 방법

채권이나 우선주에 첨부된 워런트를 행사할 경우 보통주 대금은 대개 현금으로 납입하거나, 해당 선순위 증권을 액면가로 계산해 대납한다. 선순위 증권 대납 방식은 워런트가 전환 특권과 사실상 동일한 권리임을 입증한다고 할 수 있다.

현금 납입의 장점

한편, 신주 대금을 선순위 증권으로 대납하지 않고 현금으로 납입할 수 있는 선택권이 있다는 것은 전환특권과 비교했을 때 장점이다. 그 이유는 다음과 같다.

1) '워런트가 분리된Ex-warrant' 채권이나 우선주는 액면가 이상의 가치를 지닐 것이다. 따라서 향후 이익도 더욱 클 것이다.

2) 워런트부 증권 보유자는 투기적 요소인 워런트를 행사하여 현금으로 이익을 실현한다. 동시에 채권이나 우선주에 대한 투자 포지션을 유지할 수 있다.

3) 워런트만 따로 분리해서 권리 행사로 실현 가능한 잠재가치보다 할증된 가격에 판매할 수 있다. 가격 할증폭은 순수한 전환가능 증권에 비해 훨씬 클 것이다.

분리 가능성

주식매수 워런트는 분리형, 분리불가형, 일정 기간 경과 후 분리형으로 나뉜다. 분리형 워런트는 함께 발행된 증권에서 분리해 따로 거래할 수 있다. 분리불가형 워런트는 오로지 해당 선순위 증권과 함께 행사할 수 있다. 즉 보통주 인수 대금을 납입할 때는 채권과 우선주를 반드시 실물로 제시해야 한다. 분리불가형 신주인수권은 분리하여 매각할 수 없으며, 별도로 부여할 수도 없다.

주식시장의 거래가 활발할 때는 투기적 거래자들 사이에 분리형 신주인수권의 인기가 높아진다. 따라서 즉시 실현 가능한 가치 대비 상당히 할증된 가격에 거래된다. 분리불가형 신주인수권을 발행하는 이유는 '워런트가 분리된' 선순위 증권이 지나치게 낮은 가격에 거래되는 것을 막기 위해서다. 투기적 거래자들은 워런트를 분리하여 가격에 관계없이 팔아 치우려고 할 것이다. 일정 기간 경과 후 워런트를 분리하는 타협안은 증권이 투자시장에 제대로 알려지기까지는 시간이 필요하다는 가정을 근거로 한다.

이익참가부 증권

이익참가 특권의 특징 대부분은 앞서 설명하였다. 이익참가 방식으로는 두 가지를 언급하였다. 보통주에 지급되는 배당금은 보편적인 이익참가 방식이며, 덜 보편적인 방식으로는 이익 분배가 있다. 배당률과는 관계없이 이익에 따라 분배금이 결정되는 방식이다.

이익참가부 증권의 대부분은 우선주이다. 이익참가부 증권은 흔하지 않고, 증권 보유자에 대한 지급 방식 등에서 보편적인 채권 유형도 여러 측면에서 큰 차이가 있다.

관련 보통주와 비교한 특권부 증권

앞서 자산의 하나로서 특권부 증권을 논의하면서 그레이엄은 특권부 증권이 안정성과 이익실현 기회가 결합된 매력적인 투자 대상이라는 점을 밝혔다. 특권부 선순위 증권이 해당 기업의 보통주보다 유리하다는 결론에 도달할 수도 있다. 이는 오로지 상대적 요소를 바탕으로 내린 결론이므로, 특정 증권의 절대적인 매력을 주장하는 것에 비하여 판단 오류를 범할 위험은 더 작을 수 있다.

| 주 | 그레이엄의 제자인 워런 버핏 역시 이 접근법을 도입한다. 워런 버핏은 경기침체가 심각할 때 매력적인 회사가 발행한 전환권부 선순위 증권을 매수한다.

1) **'패리티', '할증', '할인'** | 전환사채나 우선주 가격이 교환비율 기준으로 현재 보통주 가격과 정확히 같을 경우 두 증권이 패리티 가격에 거래된다고 말한다(증권의 액면가인 '파par'와 혼동해서는 안 된다). 선순위 증권가격이 패리티 가격보다 높으면 할증Premium되어 거래된다고 하고, 전환 패리티 가격과의 차이를 할증폭 혹은 '스프레드Spread'라고 한다. 전환사채 가격이 패리티 가격보다 낮으면 할인Discount되어 거래된다고 한다.

2) **신뢰할 수 있는 분석이 성과로 이어지는 분야** | 보통주로 전환가능한 선순위 증권이 있는 경우 보통주에 투기적 거래자들의 관심이 집중되면서 보통주 가격이 선순위 증권과 거의 동등한 수준에서 형성된다(심지어는 더 높은 수준에서 거래되기도 한다).

3) **결론** | 일반적으로 보통주와의 패리티 가격 수준에 거래되는 전환가능 증권은 투자 대상으로서 보통주에 비해 분명히 긍정적이다. 한편, 적절한 할증 금액을 지불하고 선순위 증권의 안정성을 획득하는 것도 유리하다.

4) **전환switching** | 현실적으로 보통주 주주로서 지위를 유지하려는 보통주 보유자는 보통주가 전환가격 기준으로 패리티 부근에서 거래되고 있다면, 언제나 해당 기업의 전환권부 선순위 증권으로 갈아타야 한다.

이러한 교환에 얼마만큼의 웃돈을 지불할지는 개인이 판단할 문제다. 투자자는 기업의 미래에 대한 신뢰가 있기 때문에 대개 가치 하락에 대비한 보험으로, 큰 금액을 지불하려고 하지 않는다. 하지만 경험에 따르면 스스로 필요하다고 생각하는 것보다 더 많은 금액을 지불하는 것이 현명할 수 있다. 지극히 평균적인 전환가능 증권으로도 누릴 수 있는 보통주 대비 전략적 이점(보통주의 모든 기회와 우선적 지위)을 확보하기 위해서이다.

헤지

우량한 전환가능 증권이 지닌 보통주 대비 이점은 시장이 하락할 때 더욱 분명하게 드러난다. 선순위 증권의 가격은 일반적으로 타격이 덜하다. 이는 기존에 패리티 부근에 형성된 가격 대신 상당한 스프레드가 형성될 수 있다는 뜻이다. 이러한 가능성은 '헤지'라는 특수한 형태의 운용 기회를 이끌어낸다. 주가가 상승세를 지속하면 투자자는 선순위 증권을 전환하여 최초 스프레드에 거래비용을 더한, 약간의 손실만 감당하고 거래를 종료할 수 있다. 반대로 시장이 크게 하락하면 선순위 증권을 매도하고 보통주를 환매수하여 상당한 이익을 실현한 후 헤지 포지션을 되돌릴 수 있다.

1) **헤지의 기술적 측면** | 헤지에는 간단한 설명으로 충분히 다룰 수 없는 기술적 측면이 많아서 운용이 쉽지 않고, 헤지 전략이 항상 성공하는 것도 아니다. 그레이엄은 경험이 풍부한 헤지 거래자가 고려해야 할 여러 가지 사항을 언급하지만, 동시에 헤지에 대한 자세한 논의는 이 책의 범위 밖에 있다고 밝힌다.

2) **중간 형태의 헤지** | 전환가능 증권을 매수하고 관련 보통주의 일부, 예를 들면 전환으로 취득할 수 있는 보통주의 절반만을 매도하는 헤지 전략이다. 이런 경우 보통주 가격이 큰 폭으로 상승하든 하락하든 모두 이익을 실현할 수 있다. 가격의 미래 움직임에 대한 관점은 필요하지 않다.

Chapter 26

안정성이 불분명한 선순위 증권

요약

이 장에서 그레이엄은 안전하지 않다고 간주되는 선순위 증권을 조사한다. 등급이 낮은 채권이나 투기적 우선주가 여기에 해당한다. 투자자는 이런 유형의 증권을 매수하지 않고, 투기적 거래자의 관심은 대개 보통주에 집중된다.

그레이엄은 증권을 선별하는 계량평가 기준을 논의하지는 않지만, 안정성이 불분명한 선순위 증권과 보통주의 차이를 분명히 구분한다. 배당금 요소가 유리하게 작용하는 만큼, 신중하게 선별한 채권은 긍정적인 투자 대상인 경우가 있다는 것이다. 그레이엄은 안정성이 불분명한 증권에 노출될 것을 권하지는 않지만, 풍부한 운전자본과 낮은 가격은 긍정적인 평가 요소가 될 수 있다고 보았다. 마지막으로 우선주 가격이 왜곡되는 세 가지 단계를 기술한다.

개요

그레이엄의 표현에 따르면 '비주류'에 속하는 증권에 관해 논의한다. 이들은 저등급 채권이나 저등급 우선주처럼 안정성이 불분명한 증권들로, 미국 증권시장에서 상당한 부분을 차지한다. 그럼에도 불구하고 비주류라는 명칭을 부여한 이유는 투자자와 투기 거래자 모두의 관심에서 벗어나 있기 때문이다.

저가 채권의 제한된 이익, 그러나 진짜 단점은 따로 있다

비주류 증권은 대량으로 발행되어 많은 사람이 보유하고 있다. 반면, 수요는 별로 없어 가격이 내재가치보다 낮게 형성된다. 낮은 매수가격으로도 상쇄하기 어려울 만큼 매력도가 낮을 수도 있다.

투기적 채권을 보는 두 가지 관점

투기적 채권을 보는 한 가지 관점은 낮은 가격과 높은 수익률로 부족한 안정성을 보완할 수 있는지 여부를 평가하는 것이다. 다른 관점은 가격이 싸서 손실 위험이 덜한 만큼 취약한 이익 가능성을 보상받을 여지가 없다는 것이다.

- **보통주 관점으로 접근하는 것이 바람직하다** | 그레이엄에 따르면 투기적 성격이 강한 증권일수록 보통주와 같은 방식으로 분석할 필요가 있다. 미래 전망이 긍정적인지, 부정적인지 여부를 판단하기 위해서는 보통주 분석과 마찬가지로 손익계산서와 재무상태표를 신중하게 검토해야 한다.

보통주와 투기적 선순위 증권의 중요한 차이점

그레이엄은 고정가치 증권에 적용한 선별 기준(8~11장 참고)과 같은 기준을 투기적 선순위 증권을 위해 따로 제시하지는 않는다. 하지만 투기적 선순위 증권과 보통주를 구별하는 특징을 몇 가지 소개한다.

1) **기업의 실적 약세와 낮은 채권가격** | 경기 변동을 고려할 때 채권가격이 낮다고 해서 반드시 미래 실적이 만족스럽지 못할 것이라고 볼 수는 없다. 경기 하락세가 바닥을 지나면 보통주와 마찬가지로 채권가격도 회복할 가능성이 있다.

2) **법적 지위, 계약상 지위로 인한 저평가** | 그레이엄은 저가 투기적 채권을 신중히 선별해 포트폴리오를 구성한다. 그리고 이 채권 가운데 대부분이 살아남아 계속해서 표면이자를 지급한다고 가정한다. 이 포트폴리오는 비슷한 가격대의 보통주보다 투자자에게 더욱 유리할 것이다.

3) **투기와 투자를 명확히 구분 짓는 계약 조건** | 우선주는 투자 대상과 투기 대상으로서의 특징이 확연히 구분된다. 우선주는 배당금 지급을 강제할 수 없다는 점에서 채권에 비해 투자 대상으로서 불리하다. 한편 배당금 지급 가능성이 있다는 점에서는 보통주에 비해 투기 대상으로서 유리하다.

운전자본과 감채기금이 투기적 선순위 증권의 안정성에 미치는 영향

풍부한 운전자본은 보통주보다 선순위 증권에 유리한 조건이다. 채권 이자 지급능력과 만기 시 원금 상환능력을 뒷받침하기 때문이다.

1) **풍부한 순유동자산의 중요성** | 저가 채권이라도 발행기업의 순유동자산Net current asset이 충분하다면 기업의 실적이 부진하거나 변동성이 커도 상환 가능성은 충분하다고 볼 수 있다.

2) **순유동자산 포지션의 한계** | 순유동자산의 중요성이 과장되어서는 안 된다. 순유동자산 규모가 채권 발행액보다 크다고 해서 채권의 안정성이 보장되는 것은 아니다. 유동자산은 영업손실이 발생하면 감소할 수 있으며, 지급불능 사태가 발생하면 신뢰할 수 없는 수치가 될 수 있다.

투기적 우선주(단계별 가격 움직임)

투기적 우선주는 투기적 채권에 비해 가격 움직임이 더욱 비논리적이다. 투기적 우선주는 다음 세 단계를 거치며, 가격이 왜곡될 수 있다.

1) 발행 단계에서 투자자는 내재가치가 정당화할 수 없는 높은 가격에 증권을 매수하도록 설득당한다.

2) 증권의 가치가 가격에 미치지 못한다는 사실을 인식한다. 가격이 투기적 수준으로 내려가고 적정가치 이하로 하락한다.

3) 보통주처럼 투기적 거래가 가격을 끌어올린다. 예를 들어 누적 배당금 규모가 지나치게 강조된다.

선순위 증권의 최대 가치 원칙

그레이엄은 다음과 같은 원칙을 제시한다. "본질적으로 선순위 증권의 가치는 (유통되는 후순위 증권이 없는 상황에서) 보통주가 선순위 증권의 지위를 차지할 경우 갖게 될 가치보다 높을 수 없다." 왜냐하면 보통주는 회사 전체에 대한 소유권을 나타내며, 먼저 발행된 우선주와 보통주를 합한 가치와 새로운 보통주의 가치는 동일하기 때문이다.

미지급 배당금을 과도하게 강조

우선주의 미지급 배당금Accrued dividend 규모가 큰 기업은 우선주와 보통주 모두 시장에서 조작 대상이 되어왔다. 도박 분위기에 취한 대중에게 미지급된 우선주 배당금이 우선주와 보통주 모두의 가치를 끌어올리는 요인이라는 터무니없는 논리가 통했기 때문이다. 이 논리에 의하면, 미지급된 우선주 배당금이 아예 없는 기업의 보통주는 누적 배당금이 지급될 일이 없기 때문에 (같은 가격에서도) 매력이 떨어져야 한다.

자본구조 변화가 증권의 총 시장가치에 미치는 영향

앞서 제시한 원칙에 따라 발행된 보통주와 우선주 가치의 합은 발행 자본금과 같아야 하지만 실제로는 그렇지 않은 경우가 있다. 자본구조를 다양화하는 것이 보통주만 발행하는 것보다 유리하기 때문이다. 40장에서 이 내용을 좀 더 자세히 살펴볼 것이다.

보통주 투자 이론: 배당 요소

SECURITY

A Summary of Benjamin Graham and David Dodd's original work

ANALYSIS

Chapter 27

보통주 투자 이론

요약

그레이엄은 다소 강한 어조로 보통주 분석에 관한 논의를 시작한다. 먼저 보통주는 투기적 요소가 강하며, 오로지 시세차익을 위해 매수하는 경우가 일반적이라는 주장에서 출발한다. 그레이엄은 위험 부담은 작으면서도 적절한 수익을 제공하는 보통주를 선별하기 위해 안정적 이익 이상으로 안정적 배당에 초점을 둘 것을 제안한다. 또한 장부가치가 시장가격과 유사한 종목을 찾으라고 투자자에게 권고한다.

다음으로 그레이엄은 제1차 세계대전 이전까지의 투자 역사를 설명한다. 당시 투자자들은 안정적이고 보수적인 보통주를 선호했다. 투자자들은 보통주 투자 수익을 채권의 표면이자와 비교했고, 미래 실적에 대한 기대를 투기와 도박으로 여겼다. 이어서 제1차 세계대전 이후의 급격한 변화를 기술한다. '새 시대 이론'은 기존의 접근법보다 좀 더 급진적이었고 이익을 강조하였다. 새로운 접근법에 따라 투자자들은 보통주의 잠재적 가치를 평가할 때 오로지 미래 전망과 이익 모멘텀에 집중했다.

두 가지 접근법의 차이를 살펴본 후 그레이엄은 새로운 이론에 우려를 표한다. 그는 과거 이익, 특히 시간이 흐르며 폭발적으로 증가한 이익을 기준으로 주식을 분석하는 것은 위험한 일이라고 지적한다. 이러한 성장세는 안정적이지 못하며, 지속될 수도 없기 때문이다. 그레이엄은 성장을 주도한 동력이 약해지면 투자자의 원금도 회사의 이익과 함께 사라질 것이라고 경고한다.

개요

그레이엄은 강력한 경고와 함께 보통주 분석을 시작한다. 보통주 투자에는 투기적 요소가 많기 때문에, 분석으로도 결론을 내리지 못하거나 분석 결과가 만족스럽지 않을 수 있다. 이 점을 도입부에서 분명히 한 뒤 다음 세 가지 전제를 논의한다.

1) 보통주는 기본적으로 중요하며 높은 관심 대상이다.

2) 보통주 주주는 해당 보통주의 가치를 알고 싶어 한다.

3) 인간은 이익을 추구하는 끊임없는 탐욕을 논리 뒤에 감추고 있다.

보통주 분석의 일반적 장점

그레이엄은 보통주를 무작위로 선정해 분석할 경우 도출되는 결론 역시 투기적일 수 있다고 지적한다. 그레이엄은 특별한 보통주를 선별해 분석해야 한다고 주장한다. 예를 들면 부채가 없는 기업, 높은 이익과 안정성, 경쟁우위, 건전한 재무제표가 특징인 기업이 발행한 주식이다. 이처럼 예외적인 보통주를 찾기 위해 그레이엄은 역사적 접근법을 통한 새로운 규칙과 원칙 정립에 나선다.

보통주 분석 역사

보통주는 과거 30년간(1910~1940년) 상당한 이익과 배당금을 제공하며 인기를 끌었다. 상세한 재무정보를 제공하는 기업이 늘어나며, 투자자들은 판단을 뒷받침할 더 많은 통계자료를 얻게 되었다. 그러나 1927~1929년에는 투자자 대부분이 분석의 중요성을 무시하고, 단순히 이익만을 추구하는 투기적인 탐욕과 막연한 예언에 기대어 보통주를 매입했다.

분석을 어렵게 하는 두 가지 요소

그레이엄은 보통주 분석을 어렵게 하는 두 가지 요소로 1) 유형자산 가치의 불안정성과 2) 무형자산 가치에 대한 지나친 강조를 지적한다. 이 주장을 입증하는 근거로 4개 기업의 수십 년 치 주가자료, 주당순이익, 배당이력을 제시한다. 주가의 움직임을 살펴본 뒤 그레이엄은 다음과 같은 결론에 도달한다. 일반적으로 다음과 같은 특징을 보인 기업의 주가는 안정적이며, 예측 가능했다.

1) 적절한 배당금을 꾸준히 지급했다.

2) 이익이 안정적이고 평균적으로 배당금을 크게 초과했다.

3) 재무제표상 동등한 가치를 지닌 실제 자산이 주가를 뒷받침한다. 즉 장부가치가 주가와 비슷한 수준이다.

제1차 세계대전 이전 보통주 투자 개념

제1차 세계대전 이전까지 분석가의 주요 관심사는 배당금을 꾸준히 지급하고, 안정적인 이익을 내는 보통주를 찾는 것이었다. 그 밖의 요소에 대한 분석은 기업의 가치를 할인하는 데 이용되었다. 일반적으로 과거 실적을 특히 중요시했고, 미래 이익 성장 가능성은 거의 주목받지 못했다.

1) **미래에 대한 기대를 투기적 특성으로 간주** | 제1차 세계대전 이전에는 분석가가 미래 실적이 개선될 것이라는 예측에 따라 주가를 할증할 때 그것을 투기적인 태도로 간주하였다. 불확실한 미래의 특성상 기대를 현실화할 능력이 실제로 기업에 있는지 여부를 알 수 없다는 생각이었다.

2) **채권투자와 유사** | 보통주와 채권은 투자 기법이 매우 유사했다. 구체적으로는 2등급 채권에 대한 투자 기법과 유사했다. 보통주의 높은 배당수익률과 시세차익 가능성을 기대하며, 투자 원금을 보상받기에는 이익 수준이 낮은 종목에 투자했다.

3) **'보통주 매수는 기업의 일부를 사는 것'으로 인식** | 전쟁이 일어나기 전까지 사업가들은 기업 전체를 평가했던 것과 같은 방식으로 보통주를 평가했다. 예를 들어 회사를 직접 매수하려는 사업가는 먼저 모든 자산(혹은 재무제표의 자기자본)을 대상으로 순자산Net worth가치를 평가하는 데서 출발해 회사의 이익에 비해 가격이 적절한지 여부를 검토한다. 그레이엄에 따르면 이런 유형의 투자자는 주식의 장부가치와 채권의 액면가를 같은 시각으로 본다. 투자자는 회사가 어느 정도 이익을 내는지 파악한 다음 액면가(혹은 장부가치) 대비 할증이나 할인가격을 지불하기

로 결정한다. 따라서 분석가의 임무 중 하나는 재무제표에 기입된 자산가치가 실제 자산가치를 제대로 반영하는지 판단하는 것이다. 이것은 벤저민 그레이엄과 워런 버핏의 보통주 내재가치 산출 방식에 대한 훌륭한 단서가 된다.

새 시대의 이론

그레이엄은 1920년대 주식시장의 활황기를 거치며 투자자들이 보통주 가치를 대하는 방식에 독특한 변화가 있었다고 보았다. 이 변화로 인해 '보통주 가치는 기업의 미래 이익에 전적으로 좌우된다'라는 새로운 인식이 형성되었다는 것이다. 다음 관찰 결과는 이 새로운 논리를 뒷받침한다.

1) 배당은 보통주 가치에 그다지 영향을 미치지 않는다.

2) 자산가치와 이익 창출능력 사이에는 유의미한 관계가 없다.

3) 성장 모멘텀을 보여줄 때를 제외하면 과거 실적은 의미 없다.

새로운 보통주 투자 철학을 이해하기 위해 그레이엄은 새로운 이론의 배경과 파급 효과 그리고 논리적 타당성을 검토한다.

인식 변화 원인

그레이엄은 보통주 가치평가 방식이 급격히 달라진 것은 과거 데이터를 활용해 얻는 결과가 종잡을 수 없는 데다, 미래 이익 잠재력은 저항할 수 없을 만큼 매력적이기 때문이라고 해석한다. 1920년대의 불안정성은 신경제의 특징이었다. 대형 기업은 부실을 겪거나 규모가 작아졌고, 이제까지 별다른 성공을 거두지 못했던 기업이 크게 성장하며 인상적인 실적을 기록하며 시장을 지배하기도 했다. 이처럼 불안정한 상황에서 지속적인 수익을 기대할 수 있는 탄탄한 기업을 찾는 기존 방법이 폐기된 것은 당연하다. 1930년대 초반에는 많은 기업이 청산되었다. 청산 사례에서 재무제표상의 고정자산은 거의 가치가 없었다. 이 경험을 통해 투자자들은 장부가치나 순자산가치를 더 이상 중요시하지 않게 되었다.

새로운 주목 대상이 된 이익 추세

앞서 살펴본 바와 같이 전통적인 보통주 평가 방식은 폐기되었다. 그 자리를 대신한 것이 과거 데이터를 이용하여 기업의 이익 모멘텀을 추정하는 새로운 전략이다. 이익 모멘텀이 있는 기업은 보통주 소유주의 이익을 증가시킬 잠재력이 있다.

보통주는 장기투자 수단이라는 이론

1929년 주식시장 붕괴가 가까워지면서 보통주를 가장 수익성이 높은 장기투자 수단으로 보는 일반적 이론이 등장했다. 이 이론의 근거는 다음과 같았다. 첫째, 보통주 가치는 해당 종목이 미래에 벌어들일 수 있는 이익에 의해 결정된다. 둘째, 우량한 보통주는 이익(혹은 주당순이익)이 증가세를 보이는 종목이다.

이 이론은 그럴 듯해 보이지만 간과한 점이 있다. 먼저 미래에 벌어들일 이익이 주가를 결정한다고 했지만, 주가는 사실 투자자가 미래에 손에 쥘 수 있을 것으로 기대하는 이익과 관련이 있다. 또한 이 접근법은 미래 실적 향상에 의존한다는 점에서 투기적이다.

새 시대 투자법은 전쟁 전 투기와 유사

그레이엄은 '새 시대'의 접근법을 자세히 살펴본 뒤, 이것이 전쟁 전에 유행한 투기적 접근법과 매우 유사하다는 결론에 어렵지 않게 도달한다.

주식의 매력은 주가와 무관하다는 인식

그레이엄은 '보통주의 투자 매력이 가격과는 전적으로 무관하다는 생각은 터무니없이 어리석은 것'이라고 지적한다. 이것은 그가 『증권분석』 전체를 통해 강력하게 주장한 내용이다. 그레이엄은 다음과 같은 비유로 이를 설명한다. 어떤 주식이 최고 이익의 35배 수준에 거래되고 있다면 투자자는 '1,000달러 수익을 얻기 위해 3만 5,000달러를 지불하는 것이 타당한가?'라는 현실적인 관점에서 주가를 보아야 한다. 하지만 당시 투자자들은 주당순이익이 1달러에 불과한 보통주를 실제로 35달러에 매수했다.

새로운 이론을 채택한 투자신탁회사

1920년대 주식시장의 활황기 이전까지만 해도 투자 전문가들은 건전하고 책임 있는 태도로 사업을 운영했다. 이들은 시장이 침체되어 가격이 하락했을 때 자산을 매입하는 데 주력했다. 투자를 분산했고, 저평가된 종목을 찾기 위해 통계분석을 실시했다. 그레이엄은 대공황에 앞서 이러한 행위가 갑자기 사라졌다고 지적한다.

- **증권분석을 포기한 투자신탁회사** | 투자신탁회사들이 새 시대 접근법을 채택한 주요 이유 가운데 하나는 1920년대에 상세한 분석 없이도 성공을 경험했기 때문이다. 그레이엄은 사실 판단

과 위험분석을 게을리하여 고객의 자본을 안전하게 지키지 못하는 전문가들을 혐오한다.

부당한 결론을 뒷받침하기 위해 동원한 타당한 전제

1924년 출판된 에드거 로렌스 스미스Edgar Lawrence Smith의 저서 『장기투자 수단으로서의 보통주Common Stocks as Long-term Investments』는 '이익을 모두 배당으로 지급하는 것은 아니므로 보통주 수익률은 채권 수익률보다 높다'라는 주장을 전제로 한다. 배당금을 지급한 뒤 사내에 유보한 나머지 이익이 보통주의 시장가격을 끌어올린다는 것이다. 그레이엄은 에드거의 기본 논지에는 동의하면서도 많은 투자자가 이 개념을 지나치게 확대 적용하는 데는 강력히 반대하였다. 맹목적으로 이익을 추구하는 사람들은 주식이 채권 수익률을 상회한다면 얼마를 지불해 주식을 사든 상관없다는 어리석은 결론에 도달했다.

투자자들이 이익 증가와 하락에 지나치게 집중한다는 점도 문제였다. 그레이엄은 세 기업의 실적을 비교하여 이를 설명한다. A 회사의 주가는 이익의 44배, B 회사는 11배, C 회사는 7배에 거래되고 있었다. 분석 결과, 새 시대의 투자 이론은 이익이 증가하는 기업을 극단적으로 선호한다는 사실이 드러났다.

평균 이익 vs. 이익 추세

그레이엄은 평균 이익과 이익 추세는 증권분석에서 미래 이익을 예측하기 위한 투기적 수단에 지나지 않는다고 주장한다. 실제로 이익 성장이 가속화되는 기업은 아직 경쟁업체의 시장 진입이 이루어지지 않은 경우가 많다. 그레이엄은 '사업에 심각한 차질이 임박했을 때 오히려 이익곡선은 가장 인상적인 모습을 보일 것'이라고 지적한다.

Chapter 28

새로운 보통주 투자 규범

요약

보통주 선별과 관련한 개요를 제시한다. 그레이엄은 정보와 자기 규율을 바탕으로 판단하는 투자자라면 성공적으로 보통주를 선별할 수 있다고 주장한다. 이런 투자자는 모든 선택에 매번 신중하고 각별한 주의를 기울인다. 그레이엄은 인구 증가와 미국 경제의 지속적인 성장세를 고려할 때 주식시장은 계속해서 성장할 것이라고 전망한다.

그레이엄은 '성장주Growth stock' 선별 관행을 논의한다. 가치투자의 창시자로서 그레이엄은 기존 관행에 회의적인 입장을 나타내며 몇 가지 이유를 제시한다. 그레이엄은 투자 대상으로서 성장주를 정확히 규정, 평가, 분류하는 것은 불가능하다고 생각한다.

다음으로 안전마진이 큰 보통주 선별에 관해 논의한다. 주로 내재가치 대비 크게 할인된 가격에 거래되는 종목을 매수함으로써 안전마진을 확보할 수 있다.

이에 대해 다음 두 가지 접근법이 가능하다.

1) 시장이 술렁이고 하락할 때 주식을 광범위하게 매수한다.

2) 내재가치 대비 크게 할인된 가격에 거래되고, 미래 실적 전망이 밝은 개별 종목을 선택해 매수한다. 그레이엄은 내재가치를 산출하는 공식을 구체적으로 제시하지는 않지만, 지수(또는 주식군)의 평균 주당순이익에 자본환원율을 적용해 정상가치Normal value(아래 개요에서 보충 설명함)를 산출하는 개념을 논의한다. 이렇게 산출한 정상가치를 실제 시장가격과 비교해 시장 대비 저평가 혹은 고평가 여부를 확인한다.

개요

그레이엄은 앞서 보통주 평가 기법에 관련해 상당히 부정적으로 설명했다. 하지만 적절한 보통주를 선별하는 것은 여전히 가능하다고 단언하며 다음 세 가지 원칙을 제시한다.

1) 투자 대상을 분산해 보통주 포트폴리오를 구성한다.

2) 보통주 가치 산정에도 채권과 마찬가지로 계량적 평가 요소와 정성적 평가 요소를 모두 활용한다.

3) 보통주의 미래 전망을 평가할 때는 채권보다 더욱 많은 노력이 필요하다.

세 가지 기본 접근법

기본 전제는 장기 성장

그레이엄은 거시경제 관점에서 성공적인 보통주 투자 전략에 관한 논의를 시작한다. 그레이엄은 미국의 부와 이익 창출능력은 계속해서 긍정적으로 향상된다고 전제하며, 이러한 성장세는 결국 보통주 시장에 반영된다고 믿는다.

그레이엄은 이러한 과정이 자연스럽게 진행되는 가운데 반드시 시장의 변동이 일어난다고 주장한다. 투자자는 불황기에도 여전히 보통주 시장에서 이익을 누릴 수 있다. 첫째, 투자 대상을 분산해 포트폴리오를 다각화한다. 둘째, 과도한 프리미엄에 거래되는 보통주를 단호히 거부하는 것이 방법이다.

마지막으로, 그레이엄은 과거 이익 성장을 근거로 장기적 안정성과 이익을 판단할 수는 없다고 지적한다. 이와 관련해 흔히 '성장주'로 여겨지는 종목에 관해 구체적으로 살펴보는데, 폭발적인 이익 성장세를 기록하는 회사들이다.

개별 종목의 성장성을 근거로 선별

그레이엄은 이익을 낼 수 있는 가장 유력한 투자 수단은 '성장주'라는 일부 투자자들의 주장에 관해 논의한다. 그레이엄은 이런 접근법을 성공적으로 활용할 투자자도 있겠지만, 그것이 누구에게나 가능할지는 의문이라고 지적한다. 그레이엄은 다음 네 가지 질문을 제기한다.

1) 성장 기업이란 무엇인가? | 그레이엄은 성장주를 '경기순환 주기마다 이익이 성장하는 기업'이라는 매우 모호하고 일반적인 표현으로 정의한다. 기업의 이익이 시장에 비해 빠르게 성장하는 기업이라고 정의하면 좀 더 정확할 것이다.

2) 투자자는 성장 기업을 구분해낼 수 있는가? | 그레이엄은 어

렵다고 주장한다. 현실적으로 일반투자자는 회사의 성장세가 언제, 어디서 수그러들지 판단할 수 없다는 것이다. 그 결과 투자자는 '이익곡선의 고점'에서 주식을 매수할 가능성이 크다.

3) **주가는 성장 잠재력을 반영하는가?** | 그레이엄에 따르면 성장주 투자자에게 가장 어려운 것은 아직 실현되지 않은 미래 실적에 얼마를 지불해야 적절한지 여부를 결정하는 것이다. 이익이 연간 30% 성장하는 기업이라면 이익의 30배를 지불해야 하는 것인가? 이 질문에는 중대한 문제가 있다. 이익의 성장세가 얼마나 오랫동안 지속될지는 예측이 불가능하기 때문이다. 한편 높은 이익 성장률(30%)은 일시적이며, 지속되기 어렵다는 것은 거의 모두가 동의하는 사실이다.

4) **성장주 매수를 투자로 볼 수 있는가?** | 그레이엄은 이 질문에 대한 답을 구하려면, 우선 두 가지 문제를 확인해야 한다고 말한다.

① **철저한 분석과 숙고 끝에 성장주 선별이 이루어지는가?** 그레이엄은 성장주 투자자들 가운데는 이를 스스로 적절히 수행하는 사람들이 있으므로, 이 질문에는 '그렇다'라고 답할 수 있다고 말한다.

② **성장주에 지불하려는 가격은 합리적인 판단력을 지닌 사람이 해당 회사 전체를 매수한다고 가정할 때 기꺼이 지불할 금액과 동등한 수준인가?** 예를 들면 현재 이익은 1,000달러에 불과하지만 전년 대비 이익 성장률은 30%인 회사를 사들이는 비용으로 20만 달러(주가수익비율 200배에 해당)를 기꺼이 지불할 수 있는가? 확실한 답을 제시하지는 않지만, 그레이엄의 의

견은 '그렇지 않다'라는 쪽으로 기우는 것이 분명해 보인다. 그레이엄은 회사 전체에 대한 완전한 소유권을 갖는 것과 비교해 20% 이상 비싼 가격을 보통주에 선뜻 지불한다면 그것은 투기라고 지적한다.

안전마진 원칙에 따른 종목 선별

보통주 매수를 고려할 때 개인투자자가 취하는 행동양식은 일반적으로 두 가지다. 즉 시장이 침체되어 있을 때 저평가된 주식을 광범위하게 사들이거나, 시장이 활황일 때 저평가된 개별 주식을 매수하는 것이다. 어떤 접근법을 택할지에 따라 고려할 요소도 달라진다. 두 가지 접근법을 모두 선택해도 마찬가지다.

1) **시장 전반의 등락을 활용하려는 시도를 저해하는 요소** | 주식시장의 그래프를 관찰하면 고점에서 저점까지 급격한 등락을 보이는 모습을 어렵지 않게 볼 수 있다. 그렇다면 고점과 저점을 구분하는 직선을 그린 다음, 간단하게 직선 아래에서 매수하고 직선 위에서 매도한다면 어떨까? 그레이엄은 (S&P500처럼) 주도주Leading stocks로 이루어진 지수를 선택해 하나의 집단으로 분석할 경우 좀 더 다듬어진 형태로 이 방법을 적용할 수 있다고 보았다. 또한 이 주식집단의 기본 가치, 혹은 정상 가치는 평균 이익을 구한 다음 장기 이자율(10년 혹은 30년 만기 미국 국채 금리)로 자본화하여 산출할 수 있다. 이것은 가치투자자에게 극히 중요한 개념이다.

그레이엄은 여기서 주식의 내재가치는 금리와 직접적으로 연결되어 있음을 강조한다. 예를 들어 지수를 구성하는 종목의 평균 주당순이익이 10달러라고 하자. 30년 만기 국채 금리가 3%라면, 그레이엄은 10달러 주당순이익을 국채 금리 3%로 자본환원(33.3배)하도록 권고한다. 자본환원율은 1을 금리 3%로 나누어 구한다(1÷0.03=33.3). 그레이엄의 계산에 따르면 이 특정 시점에 지수의 정상(혹은 기본) 가치는 333.33달러로 산출된다. 지수의 평균 주당순이익에 자본환원율 33.3을 곱하여 얻은 수치이다. 그레이엄은 이처럼 가격의 기준선을 설정한 후 지수의 실제 시장가격과 기준가격을 비교한다. 실제 시장가격이 기준가격보다 낮으면 투자자는 지수가 저평가되었다고 간주할 수 있다. 반대의 경우, 지수가 고평가되었다고 간주한다. 그레이엄은 이 접근법에 세 가지 단점이 있다고 지적한다.

① 일반적인 시장 패턴은 예측할 수 있더라도, 실제 매수나 매도 시점을 선정하는 데는 취약하다.

② 시장의 양상은 미래에 달라질 수 있고, 과거와 같은 방식으로 반응하지 않을 수 있다.

③ 이 접근법을 실행하려는 투자자에게는 단호함과 경계심이 요구된다. 인간의 심리와는 정반대의 행동을 요구하기 때문이다.

2) **저평가된 개별 종목 접근법** | 그레이엄은 (가격 대비) 양적, 질적 장점을 모두 보유한 개별 종목의 보통주를 찾아낼 가능성은 낮다고 설명한다. 그레이엄은 이런 주식을 찾아낸다면 그것은 투기가 아니라 투자로 분류해야 한다고 말한다. 긍정적인 계량적 요소(과거 재무 성과에 비해 적절한 주가)를 지닌 종목을 찾는 것은 어렵지 않지만, 이러한 요소에 더해 미래 전망도 양호한 회

사를 찾기는 어렵다는 것이다. 이런 종목은 때때로 악재가 발생했을 때, 혹은 어떤 이유로 시장에서 차별받는 일이 발생했을 때 저평가될 가능성이 있다.

그레이엄은 보통주 매수를 생각할 때 가장 중요한 잣대는 '투자자로서 즉시 해당 기업 전체를 기꺼이 매수할 수 있는 조건인지 여부'라고 강조한다. 이러한 접근법은 투자자들을 언제나 올바른 방향으로 이끌 것이다.

Chapter 29

보통주 분석에서 배당 요소

요약

그레이엄은 보통주 가치평가 방법에 관한 중요한 의견을 독자에게 제시한다. 먼저, 보통주도 채권과 유사한 방식으로 평가해야 한다고 주장한다. 채권의 표면이자 대신 배당금을 평가하는 것이다. 보통주와 관련한 그레이엄의 우려는 기업이 주주에게 이익을 분배하는 방식에 집중된다. 그레이엄은 기업이 이익의 상당 부분을 배당을 통해 주주에게 직접 분배해야 한다고 강력히 주장한다. 예를 들어 주당순이익이 꾸준히 7달러를 기록한다면 5달러는 주주에게 배당금으로 지급해야 한다는 것이다.

그레이엄은 대다수 기업의 경영진이 유보이익을 주주가치 증대에 활용하지 않는다고 지적하며, 배당금 총액이 많은 것이 적은 배당금을 꾸준히 지급하는 것보다 중요하다고 강조한다. 유보이익은 기업인수를 위한 준비금(상대적으로 가치를 거의 창출하지 않는 활동)으로 사용하거나 과도한 보수를 지급하는 데 활용된다. 그레이엄은 이익의 상당 부분을 유보하는 동시에 추가 가치를 창출할 능력이 있는 기업도 존재하지만, 흔하지는 않다고 설명한다.

개요

그레이엄은 보통주의 계량적 가치를 판단하는 요소로 다음 세 가지를 간략하지만 중요하게 언급한다.

1) 배당률과 배당이력

2) 이익 창출능력(손익계산서)

3) 자산가치(재무상태표)

보통주 투자에서 배당수익 요소

대부분의 현대 투자자가 보통주를 채권과는 다르다고 보지만, 그레이엄의 생각은 다르다. 경영진이 지속 가능한 배당금을 상당한 규모로 지급할 경우 보통주 주가는 채권가격과 유사하게 움직인다는 것이다. 이를 입증하기 위해 그레이엄은 10년 동안 지속적으로 주당 7달러와 6달러를 배당금으로 지급한 두 기업의 사례를 제시한다. 당시 두 회사의 주당순이익은 (주당 5~19달러 사이에서) 끊임없이 변동했다. 이익이 꾸준히 등락하는데도 불구하고 회사는 배당금 수준을 그대로 유지하였고, 주가도 큰 변동이 없었다. 보통주 배당수익률과 유사한 표면이자율을 지급하는 채권가격의 움직임을 보통주 주가가 반영하는 현실도 그레이엄의 주장을 뒷받침한다.

배당금 지급유예 관행

경영진이 이익의 일부(배당금으로 지급하지 않은 금액)를 사내에 유보하기로 결정할 때 내세우는 표면적 이유는 주주에게 유익한 방식으로 자본을 활용하겠다는 것이다. 그레이엄은 사업 모델과 이익도 같은 회사라고 하더라도 배당 정책이 다르면 시장에서 거래되는 가격이 다르다고 강조한다. 시장은 배당이 큰 기업을 더 우호적으로 평가할 것이다.

1) **배당금 지급유예의 의심스러운 효과** | 그레이엄은 다음과 같은 중요한 질문을 제기한다. 회사는 지급의 확실성을 높여 배당의 안정성을 보장하기 위해 적은 배당금을 지급해야 할까? 아니면 불규칙적인 배당이더라도 배당금을 많이 지급하는 편이 나을까? 예를 들어 회사의 주당순이익이 연간 5~15달러 사이에서 등락할 경우 평균 주당순이익은 10달러 수준이 될 것이다. 이상적인 상황은 경영진이 2달러를 사내에 유보하고 8달러를 배당금으로 지급하는 것이다. 이렇게 하면 이익이 작은 시기나 배당금이 이익을 초과할 때 유보금을 활용할 수 있다. 그러나 이런 경우는 현실적으로 드물다. 대신 회사는 이익 10달러당 1달러를 배당금으로 지급할 것이다. 그레이엄은 투자자에게 유리한 방법은 무엇일지 묻고, 뒤이어 이 질문에 대한 답을 제시한다.

이익 재투자의 장점

그레이엄의 시대에는 이익을 재투자(또는 사내유보)하는 것이 주주에게 유리하다는 의견을 뒷받침하는 두 가지 주장이 있었다. 첫째, 기업에 이로운 것이 주주에게도 이로운 것이다. 둘째, 이익을 사내에 유보한 기업은 시장 상황이 어려울 때 더욱 민첩하게 움직여 경쟁력을 유지할 수 있는 여력이 있다.

그레이엄은 주주와 기업 자체의 이해에는 커다란 차이가 있다고 강조하며, 첫 번째 주장을 반박한다. 예를 들면 회사와 경영진은 값비싼 유리벽으로 둘러싸인 신축 건물을 구입하고 싶을 수 있다. 유보이익에서 건물 매수 자금을 조달하면 직원들의 근무 환경은 개선되겠지만, 주주의 미래 이익에는 가치를 창출하지 못한다.

그레이엄은 당시 연구 결과, 유보이익이 많은 기업의 경우 이익은 그에 비례하여 확대되지 못했음이 드러났다고 설명한다. 그레이엄은 배당금을 더 많이 지급하는 기업이 그렇지 않은 기업보다 더 나은 투자 대상이라고 결론짓는다.

| 주 | 흥미롭고 역설적인 정보를 덧붙이자면 벤저민 그레이엄의 제자로 유명한 워런 버핏은 버크셔 해서웨이를 소유하면서 단 한 차례 배당금을 지급했다. 버핏은 회사를 1964년 주당 11.5달러에서 2013년 주당 16만 달러로 성장시켰다. 버핏은 기업의 자기자본이익률ROE(주당순이익÷장부가치)을 면밀히 검토하는 것으로 알려져 있다. 그레이엄이 제기한 우려 때문이다. 다시 말해 기업의 자기자본이익률이 장기간에 걸쳐 양호한 수준을 유지한다면 이는 경영진이 유보이익을 적절히 재투자하여 주주가치를 향상시킨다는 뜻이다. 시간이 흐르며 자기자본이익률이 점차 감소한다면 그레이엄이 제기한 우려가 원인일 수 있다.

자의적이고 때로는 이기적인 판단에 근거한 배당 정책

일반적으로 회사의 경영진과 이사회가 낮은 배당률을 선호하는 데는 많은 이유가 있다. 그레이엄은 이사회 구성원의 상당수가 임원이거나 임원의 친구이며, 회사에 많은 지분을 보유한 사람들이라고 지적한다. 따라서 이들은 배당금을 적게 받아 개인의 세금 부담을 최소화하기를 원할 것이다. 사업 규모를 더욱 키우려는 경영진은 유보이익을 이용해 꾸준히 사업을 확대하려고 할 것이다(이익은 증가할 수도 있고, 그렇지 않을 수도 있다). 또한 경영진은 유보이익을 이용해 싼 가격에 자사주를 매입할 기회를 노린다. 전체 주주(100명 가정)에게서 확보한 자본으로 자사주를 매입하는 것은 일부 주주(90명)에게 대가가 집중되는 행위이다. 마지막으로, 적은 배당금을 지급하는 경영진은 고위 임직원에게 과도한 수준의 임금을 지급할 가능성이 있다.

보통주 분석을 어렵게 하는 자의적인 배당 정책

유보이익 비중이 크고, 배당금을 적게 지급하는 기업은 보통주 가치를 평가하기가 매우 어렵다. 이것이 앞서 제기한 문제들을 반영하여 그레이엄이 내린 결론이다.

재투자의 원인은 '주식 물타기'

그레이엄에 따르면 많은 미국 기업이 유보이익 비중을 높이는 것은 영업권 상각 부담을 상쇄하려는 의도에서 기인한다. 일단 유형자산(유보이익)으로 재무상태표에서 영업권을 차감하고 나면 회사는 인지된 위험을 줄이고 유보이익 수준을 낮출 수 있다.

| 주 | 영업권 상각은 더 이상 요구되지 않으므로, 이와 관련한 우려는 이제 유효하지 않다.

결론

보통주 가치에 관한 그레이엄의 의견을 간단히 살펴본다. 그레이엄은 주당순이익이 7달러, 배당금(주주가 1주당 받는 연간 배당금)이 5달러인 주식은 약 100달러 수준에서 거래되어야 한다고 주장한다. 또한 주당순이익은 7달러로 같지만, 배당금은 4달러에 불과한 주식은 80달러에 거래되어야 한다고 주장한다. 그레이엄은 배당수익률을 단순 비교하여 주식의 가치를 산출하였다. 첫 번째 종목은 주가 100달러에 배당수익률 5%, 두 번째 종목은 주가 80달러에 배당수익률 5%이다. 이 단순한 비교가 독자들에게 보여주는 것은 그레이엄이 유보이익의 가치평가에 (매우 회의적이거나) 거의 의미를 두지 않는다는 사실이다.

또한 그레이엄은 배당금이 유사하다면 이익 창출능력이 더 큰 회사는 할증된 가격에 거래되어야 한다고 제시한다. 예를 들어 주당순이익이 8달러, 배당금이 5달러인 기업의 주식은 100달러보다 프리미엄에 거래되어야 한다. 주당순이익이 7달러인 기업보다 이익유보 능력이 더욱 클 것이기 때문이다. 여기서는 극히 일반적인 내용을 다루었으며, 많은 배당금을 지급하는 보통주를 평가하는 구체적 원칙을 제시하지는 않는다. 여기서 참고 목적으로 제시한 수치들은 정상적인 시장상황(평균 이자율 수준, 평균 주가 수준 등)을 가정하여 산출한 것이다.

제안 | 배당금 지급 원칙

기업은 이익의 상당 부분을 주주에게 지급해야 한다. 그레이엄은 이를 강력히 주장한다. 그레이엄은 적은 배당금을 꾸준히 지급하는 행위는 충당금 적립으로 이어질 가능성이 있다고 주장한다. 이는 가치를 거의 창출하지 못하는 준비금 적립으로, 사내 유보이익을 늘리는 행위는 가치를 거의 창출하지 못한다고 지적한다. 주주에게는 오히려 배당률이 표준화되지(혹은 일관되지) 않더라도 배당수익이 큰 편이 더욱 유리하다고 말한다.

요약

1) 배당을 적게 하는 정책이 주주에게 유리한 경우도 있다. 드물기는 하지만 이익을 유보하고, 잉여금을 이용해 순이익을 성장시키는 기업들이다.

2) 일반적으로는 이익의 대부분을 배당금으로 지급하는 기업이 투자자에게 유리하다. 그레이엄은 많은 기업이 유보이익을 회사의 이익을 성장시키는 데 활용하지 않는다고 지적한다. 유보이익은 기업이 영업을 지속하는 데 활용될 뿐이고, 유보이익 규모와 비례해 기업의 이익은 늘어나지 않는다.

1934년 이후 배당 정책

그레이엄은 1934년 이후 환경 변화를 간단히 기술한다. 많은 기업, 특히 성장 잠재력이 높지 않은 기업들의 배당수익률이 크게 높아졌다.

미분배 이익에 대한 과세

1936년 미국 의회는 기업의 유보이익에 세금을 부과하는 법을 통과시켰다. 기업이 주당 7달러EPS를 벌어들여 배당금으로 5달러를 지급했다면 유보한 2달러는 과세 대상이 된다. 법안의 의도는 개인의 배당금 수입을 늘려 국가의 조세 수입을 확대하려는 것이었다. 이 세금은 많은 반대에 부딪혔고, 결국 2년 만에 폐지되었다. 그레이엄은 이 세법과 관련해 개선안을 제시한다. 마지막으로 이익유보 결정은 정부가 아니라, 기업의 경영진과 주주의 재량에 따라야 한다고 주장한다.

Chapter 30

주식배당

요약

주식배당과 관련한 중요한 교훈을 제시한다. 현금배당은 투자자 대부분에게 익숙하지만, 주식배당은 조금 다르며 이해하기가 더 어렵다. 주식배당은 기본적으로 회사를 작은 부분으로 나누고 그 조각을 기존 주주에게 균등하게 분배하는 것이다. 예를 들어 다섯 조각으로 나눈 피자가 있다. 각 조각마다 임자가 있으니 피자의 주인은 총 다섯 명이다. 각 조각을 다시 반으로 나누면 이제 피자는 10조각이 되고, 한 사람이 두 조각씩 갖는다. 이것이 주식배당의 기본이다. 한 사람이 소유한 피자의 양은 변화가 없지만, 조각은 늘었다. 이것을 기업에 적용해보자. 주식시장은 조각이 나뉜 방식에 따라 이 분할을 다르게 평가한다. 피자 예시는 100% 주식배당에 해당하며, 2대1 주식분할과 같은 효과이다. 정상적인 시장환경이라면 주식 1주당 가치는 절반이 된다.

주식배당으로 자기자본이 늘어나지는 않지만, 현재 배당률이 유지될 경우 주주는 주식배당을 통해 미래에 더 많은 현금배당을 받을 수 있다. 바로 이 점이 주식배당의 가치평가를 더욱 어렵게 한다. 그레이엄은 주식배당과 현금배당이 합리적이고 지속 가능한 수준으로 이루어질 경우, 정기 주식배당은 보통주 주주가치를 향상시킨다고 설명한다. 주식배당이 적절한 상황은 무엇인지 개요에서 사례를 통해 살펴본다.

개요

현금이 아닌 추가 주식으로 배당금을 '지급'하는 주식배당의 의의를 논의한다. 주식배당은 특별배당과 정기배당으로 나뉜다.

1) **특별 주식배당**Extraordinary stock dividend은 일반적으로 여러 해에 걸쳐 유보이익을 상당한 규모로 축적한 뒤 이루어진다.

2) **정기 주식배당**Periodic stock dividend은 당기에 발생한 이익을 기준으로 지급된다. 회사의 정책에 따르며 여러 해에 걸쳐 반복될 가능성이 있다.

특별 주식배당

특별 주식배당을 실시하는 이유는 주로 주식의 시장가격을 낮추기 위해서이다. 예를 들어 주가가 500달러인 회사가 있다. 회사는 특별 주식배당을 실시해 발행주식 수를 늘리는 방법으로 주가를 낮출 수 있다. 회사가 50% 주식배당을 실시할 경우 주가는 주당 333.33달러로 내려간다. 100% 주식배당을 실시할 경우 주가는 주당 250달러가 된다. 추가로 발행되는 주식은 모든 주주에게 균등하게 분배되므로, 보유한 주식의 실제 가치가 상승한 주주는 없다.

1) **주식분할** ㅣ 주식분할Split-up을 이용해도 발행주식의 총 수를 늘릴 수 있다. 가치평가 관점에서 보면 기존 주주가치가 확대되지 않았다는 점에서 주식분할은 주식배당과 다르지 않다. 주식분할의 목적은 발행주식 수를 늘려 주가를 적정한 수준으로 낮추는 것이다. 주식분할은 흔히 2대1 액면분할(분할비율은 다양하게 변경 가능)이라고 한다. 2대1 액면분할을 실시하면 500달러짜리 주식의 가격은 250달러가 된다(100% 주식배당과 같은 효과이다).

2) **무액면주 주식분할과 주식배당** ㅣ 대부분의 투자자는 흔히 보통주의 액면가 개념을 혼동한다. 일부 주에서는 보통주에 액면가를 요구하지 않는다. 실제로 액면가는 단순히 회사 설립 시 납입한 최초 자본금 규모를 회계사에게 보여주는 역할을 한다. 보통주 액면가에 관한 회계 원칙 및 규정과는 상관없이, 무액면주식No-par stock은 회계처리 방식에서 주식분할과 주식배당의 차이가 없다.

3) **특별 주식배당과 주식분할의 문제점** ㅣ 주식배당과 주식분할은 주주가치에 실질적인 영향을 미치지 않는다. 그러나 주가를 낮추기 때문에 분할 이후 기업가치를 염두에 둔 투기가 일어날 가능성이 크다.

4) **현금배당률에 미치는 영향** ㅣ 그레이엄은 기업이 유보이익을 대규모로 쌓아두고 주식배당(본질적으로는 주식분할)을 실시한 뒤 즉시 정기 현금배당금Cash dividend 지급액을 늘리는 경우가 흔하다고 지적한다. 그레이엄은 이러한 관행이 경영진이 자신의 이익을 위해 투기적 가치를 창출하려는 행위라며 강하게 반대한다.

정기 주식배당

그레이엄은 특별 주식배당 못지않게 정기 주식배당에 대해서도 반대 의견을 고수한다. 두 가지 방식의 가장 두드러진 차이점은 일관성과 예측 가능성이다. 정기 주식배당의 경우 주주에게 돌아오는 배당 규모는 대개 더 작고 합리적인 수준으로 점차 가치가 증가한다. 예를 들어 주당순이익 12달러, 주당배당금 5달러, 연간 유보이익은 주당 7달러인 기업이 있다. 그레이엄은 이 기업에 5% 주식배당을 실시하는 방식으로 유보이익을 활용할 것을 제안한다. 회사가 다음 해에도 5% 현금배당을 지속한다면 주식을 계속해서 보유한 (주식배당 이후 1.05주) 투자자는 5.25달러를 현금배당 형태로 받게 된다. 배당금 지급을 지속한다는 가정하에 이 정책은 재무상태표에서 과도한 유보이익을 제거해 주주에게 돌려준다는 데 의의가 있다.

1) **변형한 정기 주식배당** | 당시에는 정기 주식배당이 유행이었다. 대부분 현금배당과 주식배당을 혼합해 실시했다.

2) **부당한 정기 주식배당** | 중요한 것은 유보이익을 초과하는 정기 주식배당을 해서는 안 된다는 사실이다. 예를 들어 회사의 주당순이익이 12달러, 유보이익이 주당 7달러인 경우 7달러를 초과하는 주식배당과 5달러 현금배당 지급을 병행하면서 현재의 이익과 자본을 지탱할 것으로 기대하기 어렵다. 앞에서 제시한 사례에서는 유보이익 7달러 가운데 단 0.25달러만을 활용했다. 주당순이익 12달러를 기준으로 관리 및 지속 가능한 수준이다.

- 악순환 위험 : 그레이엄은 과도한 주식배당을 실시한 회사의 사례를 제시한다. 이 회사의 배당금 지급 규모는 마침내 이익 창출능력을 지탱할 수 있는 수준을 넘어섰고, 주당순이익

은 10년에 걸쳐 서서히 감소했다. 물론 주가도 함께 하락했다.

3) **누적되는 악순환** | 그레이엄은 지속될 수 없었던 과도한 주식배당 사례를 추가로 제시한다. 회사의 배당률은 지속 불가능한 수준이었다. 하지만 이것이 인위적으로 조성한 일시적인 상황임에도 불구하고, 회사 주식은 시장에서 여전히 높은 가격에 거래되었다.

4) **주식배당은 시장가격을 감안해 실시해야 한다** | 당시 뉴욕증권거래소는 기업이 정기 배당으로 받은 주식의 회계처리 관행을 법규로 통제하려고 했다. 그레이엄이 앞서 지적한 문제점을 해결하기 위한 것이었다. 그러나 그레이엄은 이 법규가 효력이 없었다고 지적한다. 유보이익을 초과해 주식배당을 실시하면서 미래 이익 창출능력을 유지하는 것은 불가능하다는 간단한 법칙을 반영하지 못했기 때문이다.

5) **우선주로 지급 가능한 주식배당의 이점** | 그레이엄은 기업이 유보이익을 좀 더 효과적으로 분배할 수 있는 방법을 자신만의 방식으로 독특하고 사려 깊게 추천한다. 그레이엄은 보통주가 아닌 우선주 형태로 주식배당을 실시할 것을 제안한다. 우선주로 지급한 주식배당은 보통주 지급과는 달리 회사의 자본구조를 약화시키지 않는다.

이 기법을 적용하면 회사는 안전하고 관리 가능한 수준이 될 때까지 이익을 유보한다. 유보이익이 일정한 수준이 되면 회사는 우선주 형태로 주식배당을 실시한다. 주주는 배당받은 우선주에 다시 새로운 배당을 받게 되고, 이는 회사가 액면가에 우선주를 다시 사들이기 전까지 계속된다. 결국 최초에 보통주를 보유했던 주주는 원금의 액면가에 배당받은 우선주 가치를 추가로 누리게 된다. 이 기법은 경영진에게 원하는 기간 동안만 배당금을 지급할 수 있는 융통성과 통제권을 부여한다. 유보이익을 분배한 뒤 우선주를 다시 사들이면 장부에는 더 이상 지급 의무가 남지 않는다.

요약

1) 기업이 이익을 사내 유보할 때는 정당한 이유를 근거로 정당한 절차를 따라야 한다. 사내유보 시 주주는 기업에 구체적인 규칙과 규정을 제시할 것을 요구해야 한다.
2) 기업이 필요에 의해 이익을 유보해야 할 경우 '잉여금'이 아닌 '준비금Reserves'으로 계상해야 한다.
3) 기업이 이익을 사내 유보할 경우, 유보된 이익금은 추가 주식 형태로 정기적으로 분배되어야 한다. 배당으로 지급한 주식의 시장가치는 유보이익을 초과해서는 안 된다.

손익 항목 분석: 보통주 가치평가에서 이익 요소

SECURITY

A Summary of Benjamin Graham and David Dodd's original work

ANALYSIS

Chapter 31

손익 항목 분석

요약

손익계산서(그레이엄은 손익 항목income account으로 표시)에 나타난 이익 창출능력에 전적으로 의존해서는 안 되는 이유를 강조한다. 손익계산서는 재무상태표보다 변화를 줄 여지가 크고, 모든 자금흐름은 재무상태표와 손익계산서를 거치므로 분석가는 두 가지 재무제표를 모두 참고해야 한다. 그레이엄은 보통주 가치를 평가하는 공식을 두 부분으로 소개한다. 한 부분은 당기 주당순이익이고, 다른 부분은 배당률, 기업의 규모와 평판, 사업 유형 등 주식의 가치를 결정하는 다양한 요인들이다.

기업의 이익을 검토할 때는 주의를 기울여야 한다. 경영진은 다양한 회계처리 기법을 동원해 단기적으로 이익을 조작할 수 있다. 특히 비경상 항목과 특별 항목은 충분한 분석을 거치지 않은 투자자를 호도할 수 있다. 그레이엄에 따르면 뛰어난 분석가는 예리하고 집요한 수사관에 비유할 수 있다. 분석가는 회계 보고서를 살

샅이 검토함으로써 분석 대상 기간에 발생한 진정한 이익을 파악하고, 미래 이익 창출능력을 추정할 수 있는 지표를 찾을 수 있다.

개요

과거에 투자자들은 회사의 순자산(또는 자기자본)과 이익 창출능력에 대한 분석을 수반한 전체론적 접근법으로 기업의 가치를 평가했다. 그레이엄이 『증권분석』을 집필하던 당시에는 이익 창출능력을 과도하게 강조하는 분위기가 만연했다. 그레이엄은 최선의 가치평가를 이끌어내기 위해 분석가는 재무상태표와 손익계산서의 정보를 취합해야 한다고 강조한다.

이익 창출능력만을 강조할 때 문제점

그레이엄은 개인이 작은 사업체를 매수할 때도 회사의 순자산(또는 자기자본)과 이익 창출능력(또는 순이익)을 모두 고려한다고 지적한다. 또 다른 문제점도 지적한다. 손익계산서는 재무상태표보다 더욱 가변적이어서 기업의 가치를 변화시키고, 그 결과 기업을 불안정하게 보이게 한다. 따라서 (경험이 많은 투자자가 재무제표를 분석한다고 가정할 때) 손익계산서는 재무상태표보다 오해의 소지가 크다는 것이다.

드러난 이익에만 전적으로 의존하지 않도록 주의한다

기업의 모든 자금흐름은 손익계산서와 재무상태표 간의 상호작용이다. 따라서 분석가는 두 재무제표를 모두 참고해야 한다. 구체적으로 손익계산서의 회계기간은 통상 1년이고, 분석가는 한 해의 기초와 기말 재무상태표를 모두 검토해야 한다.

월스트리트의 보통주 평가 방법

그레이엄은 월스트리트에서 보통주 가치를 평가하는 표준 공식을 다음과 같이 소개한다.

• 주가 = 당기 주당순이익EPS × 질적 계수

개인이 이 공식을 실제로 적용할 때 질적 계수를 어떻게 결정할 것인가는 흥미로운 질문이다. 월스트리트에서는 굉장히 많은 요인이 질적 계수를 결정한다고 설명할 것이다. 예를 들면 기업의 배당률과 과거 배당이력, 기업의 규모와 평판, 사업 유형, 강세장과 약세장 여부 등의 요인이 있을 것이다. 그레이엄은 이 모든 요소를 능가하는 실질적 요소를 소개한다. 바로 '이익 추세Earnings trend'이다. 주당순이익이 전년 대비 30% 증가한 기업의 질적 계수는 주당순이익이 감소한 회사보다 훨씬 높을 것이다.

이익은 변동성이 크고 자의적 판단의 여지가 있다

그레이엄은 가치와 가격을 결정하는 '월스트리트'의 방법이 회사의 주당순이익과 직접적으로 연결되어 있음을 보여준 뒤, 몇 가지 사례를 통해 그 위험성을 보여준다. 경영진은 단기적으로 특정 기간의 이익을 부실표시Misrepresent하는 회계적 속임수를 동원할 수 있다. 하지만 장기적으로는 진실이 수면 위로 (재무상태표 혹은 미래 손익계산서에서) 드러날 것이다. 경영진이 단기적으로 이익을 부실표시하는 데 이용하는 기법 가운데 일부는 다음과 같다.

1) 특정 항목을 수익(손익계산서) 대신 잉여금(재무상태표) 계정에

기입한다.

2) 감가상각비를 부실표시한다.

3) 자본구조를 변경한다.

4) 대규모 자금을 사업활동과 무관한 용도로 활용한다.

분석가에게 갖는 의의

훌륭한 증권 분석가는 치밀하고 집요한 수사관에 비유할 수 있다. 분석가를 성공으로 이끄는 것은 기업의 회계에 관한 진실을 밝히는 능력이다. 분석가로서 위장된 진실을 밝힐 때는 정보 활용에 신중해야 한다. 정보는 해당 기업에 관한 지식의 한 조각이 추가된 것에 불과하다. 한 가지 사실에 몰입해 극단적인 입장을 취하는 것은 위험하다. 결국 분석가는 다음 질문에 답할 수 있어야 한다.

1) 분석 기간의 실제 이익은 얼마인가?

2) 미래 이익 창출능력 추정을 위해 과거 실적에서 무엇을 읽어낼 수 있는가?

3) 합리적인 가치평가를 위해 손익계산서에는 어떤 기준을 적용해야 하는가?

손익계산서 비판과 재작성

그레이엄에 따르면 상장기업은 장부를 '조작Cooking'하는 일이 거의 없다. 실제로 상장기업은 외부 독립 회계사의 감사를 받는다. 그러나 회계 규정을 모호한 방식으로 적용할 수 있다는 데서 문제가 발생한다. 바로 이 점 때문에 분석가는 다음 항목에 특히 주의를 기울일 필요가 있다.

1) **비경상(일회성)Non-recurrent 손익** | 일회성이거나 매우 드물게 발생하는 손익이다. 2013년 이후 특별비용Extraordinary charge으로 불리며, 회사의 손익계산서 하단에 세후 비용으로 별도 보고한다. 특별 혹은 비경상 항목으로써 일상적인 영업의 일부가 아니다. 따라서 회사의 영업이익이 과대계상Overstate될 수 있다.

2) 자회사 및 계열사 영업

3) 준비금

| 주 | 준비금과 관련해 수많은 회계 기법을 동원한 속임수가 가능하며 기업의 재무상태표상에 다양한 항목으로 이를 기입할 수 있다.

손익계산서 개관

회계 규정은 경영진으로 하여금 비경상 항목과 특수 항목을 이익Income과 잉여금Surplus(현재는 수익Gain이라고도 일컬음) 가운데 선택해 반영하도록 허용한다. 이러한 항목의 예를 들면 다음과 같다.

1) 고정자산 매각손익

2) 시장성 있는 유가증권 매각손익

3) 사채 할증상환 및 할인상환

4) 생명보험 계약 수익금

5) 세금 환급금 및 그 이자

6) 소송 결과 손익

7) 재고자산 특별감액

8) 매출채권 특별감액

9) 비업무용 자산 유지비용

이런 항목들을 기입하는 '더 나은' 회계처리 방식이 무엇인지에 대해서는 이론의 여지가 있다. 하지만 예비이익 창출능력Indicated earning power(비슷한 영업환경에서 기업이 벌어들일 것으로 예상되는 수익)을 파악하려면 경상영업 실적에서 위 항목을 분리해야 한다.

재무보고서는 자회사 영향을 모두 보여주어야 하는데, 자회사 영향은 대부분 연결재무제표에 반영된다. 준비금 항목은 신중하게 검토해야 한다. 경영진이 자의적으로 판단해 과대 혹은 과소 계상할 수 있기 때문이다. 무형자산 감가상각비 역시 산출이나 기입 방식에 관해 논란의 여지가 있다.

비경상 항목 | 고정자산 매각손익

당기순이익이 아닌 잉여금 계정에 반영해야 한다.

시장성 있는 유가증권 매각이익

경상 영업 실적과는 별도로 처리해야 한다.

1) 투자신탁회사의 시장성 있는 유가증권 매각손익 처리 방법 | 1930년 이전까지 이 항목은 경상이익으로 처리하였고, 매각되지 않은 유가증권은 각주 사항Footnote memorandum으로 표시했다. 그러나 1930년 대규모 매각손실이 발생했는데, 이를 자본금, 잉여금, 준비금에서 차감했다. 그리고 미실현평가손Unrealized depreciation은 각주사항으로 표시했다. 투자신탁회사는 주식 거래가 본업이므로 이를 영업손익으로 처리하는 것이 타당하다는 주장도 가능하다. 종합적으로 투자신탁회사의 영업 성과를 측정하는 유일한 수단은 원금가치의 변화이다. 이것은 일반 제조업체의 손익과 동일한 방식으로 처리할 수는 없다.

2) **은행과 보험회사의 유사한 문제** | 보험회사는 투자신탁회사와 유사하게 자본금과 선납 보험료를 투자에 활용할 수 있고, 그 투자 이익으로 보험금을 지급하고 수익을 남겼다. 은행의 경우 1933년 이후 법에 따라 계열사와 분리되고, 투자 가능한 증권의 종류에 제약이 가해지면서 은행은 스스로를 채권시장 변동의 직접적인 영향에 노출시켰다. 금융기관이 보유한 증권가치의 상승을 '이익 창출능력'과 혼동하거나 그렇게 해석해서는 안 되지만, 실제로는 그렇지 못했다. 이런 점에서 은행이나 보험회사는 소액투자자에게 적절한 투자 대상이라고 볼 수 없다.

선순위 증권 할인 매입이익

기업은 자사가 발행한 증권을 액면가 이하로 다시 사들일 수 있다. 여기서 얻은 이익은 일회적인 것이므로 비경상 항목으로 처리해야 한다. 선순위 증권을 할인된 가격에 매입하는 관행은 1931~1933년 대공황 기간에 특히 두드러졌다.

기타 비경상 항목

그 밖의 비경상 항목은 중요하지 않다.

Chapter 32

손익계산서의 특별 손실과 기타 특별 항목

요약

손익계산서를 조작하는 각종 회계처리 방법을 살펴본다. 먼저 매출채권 및 재고자산 평가감Mark down에 관해 논의한다. 그레이엄은 기업의 영업활동과 관련된 비용을 특별손실로 처리할 경우 영업이익이 과대계상으로 이어질 수 있다고 지적하며, 이를 영업비용으로 처리해야 한다고 주장한다. 재고자산의 가치를 산출하는 다양한 기법과 이연비용을 처리하는 회계 관행도 논의한다.

그레이엄은 비용을 여러 해로 나누어 반영하는 것이 좀 더 올바른 방법이라는 주장과 함께 적절한 비용 배분 기간으로 5년을 제시한다. 이를 통해 순이익과 영업이익을 좀 더 정확히 반영할 수 있다는 주장이다. 마지막으로 사채할인발행차금 상각Amortization on bond discount(무형자산 감가상각)을 다루며, 특정 회계기법을 제안하는 대신 최근 달라진 회계처리 방법과 그 이유를 설명한다.

개요

비경상 손실이 손익계산서에 실제로 영향을 미친다는 것은 31장에서 이미 확인했다. 이 장에서는 재고자산 및 매출채권 평가감을 영업 실적에서 특별 항목으로 공제할 수 있는지 여부를 논의한다. 대공황이 정점에 달한 1932년에 많은 기업이 이 방법을 택했다. 그레이엄은 재고손실의 경우 영업활동과 직접적으로 연관이 있으므로 특별 항목으로 처리해서는 안 된다고 지적한다.

조작된 이익

그레이엄은 인위적으로 '원가Cost price'를 낮추는 방법으로 매출채권과 재고자산을 평가감하고, 그것이 다음 해의 이익을 부풀리는 결과로 이어진 한 기업의 사례를 제시한다. 잉여금 계정에서 차감한 금액을 다음 해의 이익으로 처리한 가장 악의적인 회계조작 방법이다. 이런 회계 관행이 위험한 것은 대중이 알기 어렵고, 전문 분석가조차 파악하기 쉽지 않다는 데 있다. 그레이엄은 경영자 대부분은 정직하지만 느슨한 회계 관행은 전염성이 높다고 지적한다.

재고자산 손실 준비금

기업은 재고자산 손실을 흡수하기 위해 꾸준히 준비금을 적립한다. 실제로 재고자산 감모Inventory shrinkage가 발생하면 당연히 미리 책정해둔 준비금으로 상계한다. 이는 재고 손실이 항상 손익계산서에 반영되는 것은 아니라는 의미이다.

재고자산 회계의 기타 요소

재고자산을 처리하는 기본 절차는 다음과 같다. 먼저 회계연도 말에 취득원가와 시장가치를 비교해 둘 중 적은 금액으로 재고자산 가치를 평가한다. 다음으로 기초 재고자산에 그해 구입분을 더한 다음 기말 재고자산가치를 차감해 '매출원가Cost of goods sold'를 구한다.

1) **후입선출법**Last-in, first-out | 위의 기본 절차를 변형한 방법으로, 가장 최근에 취득한 재고에 지불한 실제 금액을 매출원가로 기록한다. 제품의 판매가격은 대체제의 현재 가격이나 제품의 최근 매출원가와 관련이 있다는 것이 이론적 근거이다. 재고자산가치에 변동이 있을 때 법인세를 줄이는 효과를 기대할 수 있다.

2) **정상재고법**Normal stock method, Basic stock inventory method | 재고자산 가치 변동을 최소화하는 좀 더 급진적인 방법은 실물 재고를 매년 일정 규모로 보유하는 것이다. 이 '영구재고Permanent stock'는 일정한 가치를 유지하며, 가격 변동을 겪지 않는다. 이처럼 재무상태표에 표시한 기초 재고자산의 가치를 일정하게 유지하기 위해 재고의 단위 가격을 더 이상 낮출 수 없을 정도로 크게 낮추는 관행이 있다.

유휴설비Idle plant비용

비업무용 자산 보유비용은 대개 이익에서 차감한다. 그레이엄은 이것이 회사의 핵심 재화와 서비스를 희생하여 비용을 호도하는 관행이라며 반대한다. 본질적으로 유휴설비비용은 회사의 정상적 영업활동의 일부가 아니다. 따라서 분석가는 이 비용을 영업이익에서 차감하는 경상비용과는 다른 범주로 적절히 분류해야 한다. 경영진은 유휴설비를 처분하여 언제든 손실을 중단할 수 있으므로 유휴설비비용은 이론상 일시적이다. 이에 그레이엄은 기업이 유휴설비 비용 지출을 결정한 경우 관련 자산을 영구부채Permanent liability로 간주하는 것은 비논리적이라고 지적한다.

이연비용Deferred charge

다음 비용은 1년이 아닌 여러 해에 걸쳐 처리해야 한다.

1) 설립비용(법무 관련 수수료 등)

2) 이전비용

3) 개발비용(신제품, 신공정, 신광구 개발 등)

4) 사채할인발행차금

이런 비용은 적정 기간으로 배분해 처리하는 것이 허용된다. 총액을 재무상태표에 이연비용으로 기입하고, 매년 이익에서 상각하는 방식이다. 처리 기간은 대부분 임의로 결정하는데, 일반적으로 5년이 기준이다. 그러나 일반적 관행은 이와 달라서, 그레이엄에 따르면 이런 비용을 단 한 해 동안 '잉여금Surplus(영업외활동에서 발생한 수익)'에서 상각하는 것이 일반적이다. 이는 영업비용을 과소계상understate하고 그 결과 향후 순이익을 과대계상Overstate할 수 있다는 점에서 부적절하다.

이러한 관행은 분석가들이 문제로 삼을 만큼 큰 영향을 미치지는 않는 경우가 많다. 그러나 때로는 중요한 문제가 될 수도 있는데, 그레이엄은 관련 사례를 제시하며 이것이 부적절한 관행이라는 자신의 주장을 뒷받침한다.

사채할인발행차금 상각

기업은 대개 액면가보다 낮은 가격에 채권을 발행한다. 이 할인액은 차입비용에 해당하며, 이자비용의 일부로 볼 수 있다. 이 비용은 채권의 유효기간 동안 매년 이익에서 상각해나가야 한다. 과거에는 사채할인발행차금을 잉여금에서 일시에 상각하는 것을 '보수적인' 회계처리라고 여겼다. 재무상태표의 자산계정에서 무형자산 가치가 줄어들기 때문이다.

최근에는 전혀 다른 이유로 잉여금 계정에서 상각하는 방식이 보편화되고 있다. 미래 이익에서 매년 차감하는 비용을 제거함으로써 주식의 가치를 끌어올리려는 의도이다. 이런 관행에 대해 뉴욕증권거래소와 증권거래위원회는 최근 상당한 비판을 제기하고 있다.

Chapter 33

본질을 호도하는 손익계산서의 장치 : 자회사 이익

요약

이 장은 크게 두 부문으로 구성된다. 먼저, 그레이엄은 오해를 유도하는 회계 관행이 재무제표상의 보고이익Reported earnings을 어떻게 왜곡할 수 있는지 보여준다. 예를 들면 기업은 실제로 발생하지 않은 이익을 만들어내고, 그러한 회계 관행을 대중에게 숨긴다. 그레이엄은 불건전한 회계 관행을 알아차리는 한 가지 방법으로 법인세를 역으로 계산할 것을 제안한다. 또한 부적절한 회계처리 전력이 있는 기업의 증권을 피하라고 권고한다. 조정을 통해 주관적으로 판단한 수준의 안전마진을 확보할 여지가 있다고 하더라도 부도덕한 경영진이 관련된 경우에는 경영진의 행위를 계량적으로 차감해 반영할 방법이 없다. 이런 상황은 아예 피하는 것이 유일한 방법이다.

다음으로 자회사의 이익을 살펴본다. 그레이엄은 여러 자회사에서 이익이 발생할 때 모회사가 어떻게 주주를 호도하는지 보여주는 사례를 제시한다. 연결기준 대상이 아닌 자회사 이익은 쉽게 조작할 수 있다. 자회사에 이익을 쌓아둔 다음, 모회사의 실적이 좋지 않은 해에 모회사에 특별배당을 지급하는 것이 한 가지 유형이다. 그레이엄은 상황이나 의도가 어떻든 진실한 이익을 공개하는 것이 경영진의 의무라고 예리하게 지적한다.

마지막으로, 그레이엄은 자회사 손실의 폭넓은 의의를 논의한다. 자회사에 발생한 손실은 모회사의 수익에 중요한 의미를 가질 수 있다. 분석가로서 이익과 회계 처리 관행을 어떻게 읽어내야 하는지 보여주는 여러 사례를 제시한 뒤, 그레이엄은 다음과 같이 권고한다. 모회사에 무수익 사업부가 있을 경우, 해당 손실은 정상이익Normal earnings에서 차감하는 방식으로 드러나야 한다.

개요

노골적으로 이익 항목을 부풀린 사례

드문 경우지만 경영진은 실제로 발생하지 않은 이익을 손익계산서에 포함하기도 한다. 대표적인 사례가 파크앤드틸포드Park and Tilford Inc.이다. 회사는 재무상태표에 영업권 및 상표권의 가치를 100만 달러 평가증Write-up(임의로 자산의 장부가액을 올림-옮긴이) 처리해 반영했다. 이는 회사 규모에 비해 큰 금액이었다. 게다가 이 무형자산 가치 증가분을 같은 기간의 비용에서 차감하였다. 이는 순유동자산이 160만 달러 감소한 것을 의도적으로 감추려는 교묘한 조치였을 것이다. 그레이엄은 이것이 불건전한 회계관행일 뿐만 아니라(각 항목은 서로 무관함), 기만적인 회계처리와 관련해 주주들에게 어떤 설명도 없었음을 지적한다. 이 회사의 경우 연차 보고서에 회계감사 확인서를 전혀 첨부하지 않았다.

재무상태표 분석 및 공개된 재무제표를 이용한 법인세 확인

앞서 제시한 사례는 손익계산서를 분석할 때 재무상태표도 함께 분석해야 하는 이유를 보여준다. 그레이엄은 이 점을 강조한다. 그레이엄은 단순히 손익계산서로 구한 주당순이익을 월스트리트에서 그대로 받아들이는 것을 두고 순진한 행태라고 지적한다.

기업이 발표한 이익의 신뢰성을 점검하는 수단 중 하나는 법인세다. 미지급법인세를 이용해 과세 대상 이익을 역으로 계산하고, 다시 이것을 주주에게 보고한 이익과 비교하는 것이다. 두 수치가 반드시 일치할 필요는 없다. 세법상 다양한 차이가 발생할 수 있기 때문이다. 그러나 두 수치의 차이가 크다면 주목해야 하며, 좀 더 조사가 필요하다. 그레이엄은 파크앤드틸포드의 사례가 기업의 재무제표에 대한 공인회계사의 독립감사가 필요하다는 사실을 강력히 시사하는 것이라고 주장한다(이 방식은 현재 실행 중이다).

기타 특수한 회계조작 사례

그레이엄은 불건전한 회계처리와 이익 왜곡이 문제가 된 유나이티드시가스토어United Cigar Stores의 사례를 제시한다. 회사는 '임차권 평가이익Appreciation of leaseholds'을 반영하는 독특한 회계처리 기법을 공개했다. 그레이엄은 이런 관행이 기만적이라고 지적하며, 차임평가이익을 발표 실적에 포함하면 안 되는 이유를 하나하나 제시한다.

실제 사례의 교훈

유나이티드시가스토어의 의심스러운 회계처리 사례를 통해 알 수 있는 것은 투자자로서 유사한 상황을 감지할 경우 해당 회사가 발행하는 모든 종류의 증권을 멀리해야 한다는 사실이다. 제아무리 안전하고 매력적으로 보이는 증권이라도 마찬가지이다.

그레이엄은 안전마진이 충분해 보이더라도 윤리적 문제가 있는 기업에 투자해서는 안 된다고 경고한다. 이때 안전마진이 충분하다는 판단은 잘못된 것이다. 부도덕한 경영진이라는 요소를 계량화하여 반영할 수는 없기 때문이다. 애초에 이러한 상황을 피하는 것만이 유일한 대처 방법이다.

배당받은 주식에 허위 가치 부여

유나이티드시가스토어를 자회사로 둔 토바코프로덕츠코퍼레이션Tobacco Products Corporation의 이익 조작 사례를 소개한다. 회사는 주당순이익을 11달러로 발표하면서 자세한 정보는 공개하지 않았다. 이익의 절반가량은 자회사가 지급한 배당금에서 기인했다. 지주회사에게 많은 배당이 이루어지는 것이 특별한 일은 아니지만, 이 경우에는 배당받은 주식의 가치가 자회사가 직접 평가한 가치의 세 배에 가까웠다. 그레이엄은 이런 일이 발생한 원인과 함께 후에 엄격한 규정으로 금지된 배경을 설명한다.

자회사의 연결재무제표

보고이익을 조정하는 또 다른 일반적인 방법은 연결재무제표와 관련이 있다. 한 개 이상의 자회사를 거느린 기업이 연결재무제표 작성 대상이다.

| 주 | '연결'은 간단한 의미로 모회사와 자회사의 재무제표를 하나로 모아 '집단' 또는 하나의 실체로 공개하는 것이다. 자회사의 가치는 물론 자회사의 이익, 손실은 연결 이전 모회사의 장부에 반영된다. 연결재무제표 작성에서 중요한 것은 자회사의 이익을 비롯해 어떤 항목도 이중으로 계상하지 않는 것이다.

과거와 현재 관행

1934년 법안 통과 이후, 모든 등록기업은 연간 보고서와 별도로 혹은 동시에 자회사 관련 정보를 제출하도록 요구되었다. 주주에게 재무제표를 제출할 때 모든 기업이 동일한 절차를 따른다.

연결 범위

그레이엄은 '연결재무제표'와 관련해 저마다 연결 범위가 크게 다르고, 기업과 업종에 따라 작성 관행에 차이가 있다고 설명한다. 예를 들면 국내 자회사만을 연결 대상으로 하는 경우도 있고, 완전가동 상태인 자회사나 완전통합 자회사만을 연결 대상으로 할 수도 있다.

| 주 | 현재 모회사의 지배를 받는 (일반적으로 자회사 지분 50% 이상 소유) 모든 자회사는 연결 대상이다. 오늘날 이익 조작은 불법이다.

비연결 자회사 손익 감안

비연결 자회사의 손익을 공개하는 다양한 절차를 업종별로 설명한다. 그레이엄은 보고이익에 비연결 자회사의 손익이 반영되지 않았을 경우 이를 감안해 조정해야 한다고 지적한다. 이때 기준은 지분율이라는 기술적 문제가 아니라 보유 지분의 중요도이다.

통계기관에 제안하는 절차

그레이엄은 오로지 주당순이익에만 집중해 보통주 분석을 지나치게 단순화하지 않도록 독자에게 경고한다. 각종 통계 지침서와 관련 기관들은 주당순이익을 중점적으로 다뤄왔다. 그레이엄은 그런 관행에서 벗어나야 한다고 지적하며 세부 지침을 제시한다.

자회사가 지급한 특별배당

모회사는 자회사가 지급한 특별배당으로 이익을 보완할 수 있다. 그레이엄은 이러한 관행 때문에 기업 이익의 잠재력이 제대로 드러나지 않는다고 지적한다. 자회사는 유보이익을 활용해 모회사의 분기 이익을 보완한다. 이런 관행은 분석 결과를 호도할 수 있으므로 평가 과정에서 이를 감안할 필요가 있다.

모회사-자회사 관계를 이용한 이익 왜곡

모회사와 자회사 관계를 이용한 철도회사의 이익 왜곡 사례 두 가지를 제시한다. 첫 번째 기업은 실제 2달러에 불과한 주당순이익을 5달러로 보고했다. 모회사가 자회사에 (모회사의 재무상태표에서 차감한) 자금을 '기부'한 다음, 자회사가 지급하는 배당금 형태로 같은 금액을 돌려받는 방식이었다. 그레이엄은 대중을 현혹하고 '내부자'에게 부당 이득을 안겨준다는 점에서 이것이 다른 기만적인 회계 관행과 다르지 않다고 보았다.

자회사 손실의 의의

그레이엄은 분석가가 직면할 수 있는 여러 가지 문제가 있지만, 그럼에도 증권분석에서 자회사 실적을 감안해야 한다고 주장한다. 그레이엄은 다음과 같은 질문을 제기한다. 자회사의 손실을 모회사의 이익에 반영해야 하는가? 다른 회사에 무수익 지분을 보유한 모회사의 가치는 할인해야 하는가?

그레이엄은 앞에서 다룬 유휴비용에 관한 논의(32장)를 참고로 이 질문을 다룬다. 그레이엄에 따르면 자회사 손실은 일시적이고 비경상적인 것으로 볼 수도 있다. 자회사는 청산이 가능하기 때문이다. 그렇다면 정상 이익에서 손실을 차감해서는 안 된다. 그레이엄은 이것이 쉽게 답을 구할 수 있는 문제가 아니라고 언급한다. 구체적으로 자회사는 모회사에 재화를 공급하는 창구가 될 수 있고, 원재료를 저렴하게 공급할 수도 있다. 또한 모회사 고정비의 상당 부분을 흡수하기도 한다. 이 모두가 모회사와 자회사의 경계를 희미하게 하는 요인이다. 추가 분석을 통해 자회사 손실의 상당 부분이 모회사가 이익을 실현하는 데 어쩔 수 없이 필요한 요소였다는 사실이 드러날 수도 있다. 다른 분석 요소들과 마찬가지로 보고된 숫자를 넘어선 검토가 이루어져야 한다.

그레이엄은 추가 조사가 필요했던 몇 가지 사례를 제시한다. 특별히 정해진 절차가 없는 상황에서 그레이엄은 다음과 같이 일반적인 조사 방향을 제시한다. 적절한 회계처리라는 관점에서 보면 모회사가 무수익 사업부를 계속해서 지배하는 한, 해당 사업부의 손실은 반드시 모회사의 정상 이익에서 차감하는 형태로 드러나야 한다는 것이 분명하다.

그레이엄은 독자의 이해를 돕기 위해 다음과 같은 요약 지침을 제시하며 이 장을 마무리한다.

1) 먼저 모든 분석에서 자회사 손실을 차감한다.

2) 자회사 손실 금액이 상당할 경우 분석가는 해당 손실이 단기에 그칠 것인지 여부를 검토한다.

3) 단기에 그치는 것이라면 자회사 손실 전부 혹은 일부는 비경상 항목에 해당한다고 간주할 수 있다.

Chapter 34

감가상각비 및 유사비용과 이익 창출능력의 관계

요약

34~36장에서는 유형자산 감가상각비Depreciation charge와 무형자산 감가상각비Amortization charge 등 유사비용에 관해 논의한다. 그레이엄은 설명의 편의를 위해 '감가상각Depreciation'이라는 용어를 고정자산 가치의 감소와 관련된 모든 항목에 폭넓게 적용한다. 그레이엄은 감가상각비 및 유사비용의 세 가지 문제점과 관련하여 고려해야 할 사항을 소개하는 것으로 이 장을 시작한다. 이 장은 앞으로 이어질 35~36장을 위한 기본 틀 역할을 한다.

그레이엄은 감가상각 처리 기준을 자산의 취득원가로 해야 하는지, 아니면 현재 시가를 기준으로 해야 하는지에 관한 논의에서 출발한다. 분명히 후자가 (회사의 세금 부담을 줄이는 것은 물론이고) 감가상각비를 더욱 정확히 반영하지만, 적용이 어렵다는 점에서 이는 흥미로운 논의 대상이다.

감가상각률Depreciation rate에 대한 설명과 다양한 상각처리 관행을 논의한다. 감가상각비는 합병 시 중대한 영향을 미치는 비용이지만, 더욱 문제가 되는 것은 숨은 감가상각비다. 단기 이익을 부풀리기 위해 감가상각비를 처리하는 문제를 용인하거나 감가상각비를 생략하는 관행이 있어 왔다. 석유업과 가스업의 무형자산 상각을 다루며 감모Depletion 개념을 소개한다. 예를 들어 원유나 가스 매장량은 점차 고갈되기 때문에 감가상각과 마찬가지로 해당 자산의 가치를 상각해 이익에서 차감해야만 한다. 투자자에게는 매우 복잡할 수 있는 주제인 만큼 그레이엄은 다양한 접근법으로 감모상각을 설명한다.

개요

손익계산서를 비판적으로 분석하기 위해서는 감가상각비 및 유사비용으로 차감한 금액에 특히 주목해야 한다. 이는 시간의 흐름에 따라 예상되는 가치 하락을 비용으로 표시한 것이다.

| 주 | 상각을 뜻하는 영어 표현 가운데 'depreciation'은 자동차, 토지, 건물 등 유형자산의 가치 하락을 가리키고, 'amortization'은 특허, 리스, 자본자산 등 무형자산의 가치 하락을 가리킨다. 회사가 1만 달러를 지불하여 자동차를 구입했다면 재무상태표에 1만 달러 유형자산을 기입한다. 이 자산(자동차)을 5년에 걸쳐 감가상각할 경우 회사는 (재무상태표의) 자산 항목에서 2,000달러를 제하고 손익계산서에 같은 2,000달러씩 비용으로 기록할 것이다. 이는 선형적으로 이루어지는 감가상각이다. 따라서 재무상태표의 자산가치가 0이 될 때까지 회사의 이익에서 매년 2,000달러 차감될 것이다. 자동차를 구입한 시점에 지출한 1만 달러는 손익계산서에 비용으로 기입하지 않았다는 점이 중요하다. 자동차 구입비는 자산의 내

용연수 기간 전체에 걸쳐 반영된다. 감가상각은 실제로 더욱 복잡할 수 있다. 하지만 여기서는 유형자산 및 무형자산 감가상각 개념과 그것이 손익계산서에 반영되고, 재무상태표에서 차감되는 방식에 익숙하지 않은 독자들에게 도움이 되고자 기본적인 예를 소개했다.

감가상각 관련 주요 질문

자본자산Capital asset의 내용연수가 유한할 경우, 내용연수 기간에 걸쳐 이익에서 차감하는 방식으로 비용을 상각하기 위해 충당금Provision을 설정해야 한다. 이것이 기본 개념이지만, 다음과 같은 복잡한 문제가 대두된다.

1) 회계 원칙에 따라 자산의 취득원가가 아닌 다른 값을 감가상각의 기준가액으로 인정할 수 있다.

2) 기업이 감가상각비를 재무상태표에서 손익계산서로 처리할 수 있는 다양한 방법이 있다.

3) 회계 원칙에 따라 시간의 흐름에 따른 실제 자산가치 감소를 반영하지 않는 감가상각비 인식이 가능하다. 이 경우 분석가는 자본적 지출Capital expenditure을 가늠하기 어렵다.

그레이엄은 34장부터 36장에 걸쳐 이 세 가지 문제를 중점적으로 다룬다. 먼저 제조업체 전반을 살펴보고, 석유와 광업, 공공 유틸리티 기업의 특수한 측면을 논의한다.

감가상각 기준

1) 원가 이외의 감가상각 기준가 | 자산을 정기적으로 상각하지 않고 내용연수가 끝났을 때 한 번에 상각하는 방법을 지지

하는 회계학파도 있다. 일시상각 기법을 채택할 경우 해당 자산의 가치 변화에 따라 감가상각비가 달라질 뿐만 아니라, 자산을 더 이상 사용할 수 없게 되었을 때 그것을 대체할 자산의 성격에 따라서도 감가상각비가 달라질 것이다. 그레이엄은 이 개념을 변형해 제시한다. 특정일을 기준으로 모든 고정자산의 감가상각비 기준을 취득원가가 아닌 대체원가Replacement cost로 대신하고, 그 이전의 감가상각비는 현재 회계기준에 따라 처리하는 것이다.

1929년 증시 대폭락에 앞서, 자산의 평가증을 통한 감가상각비 재평가 사례를 소개한다. 그레이엄은 회계학계에서 이 같은 재평가를 지지하지 않는 비판적 의견도 있음에 주목한다. 새로운 기준으로 감가상각비를 재평가할 때 중요한 점은 다음과 같다.

① 새로운 가치는 기존 가치보다 현실을 더욱 공정하게 반영한다.

② 새로운 가치를 기준으로 한 적절한 감가상각비를 손익계산서에서 비용으로 차감한다. 새로운 자산은 아직 취득하지 않았다. 대부분 경우 기업은 끊임없이 달라지는 대체원가를 감가상각비에 반영하는 데 별다른 관심이 없다.

2) **감가상각비를 줄이기 위한 평가감** | 최근 고정자산가치의 평가감 처리가 흔히 관찰된다. 이는 보수적인 회계처리를 위해서가 아니라 앞으로 보고될 이익을 늘려 주식의 표면적 가치Apparent value를 끌어올리려는 의도이다. 그레이엄은 고정자산에 대한 과도한 평가감은 용납될 수 없으며, 회계 종사자들도 이를 용인해서는 안 된다고 주장한다. 회계사는 이러한 평가감

처리가 있는 회계 보고서는 인증을 거부해야 한다.

3) **재무상태표와 손익계산서의 괴리** | 광업회사와 석유회사에서 특히 보편화된 회계 관행으로 고정자산의 가격을 평가증 처리하지만, 그에 상응하여 감가상각비를 늘리지는 않는다. 순이익에서 차감하는 감가상각비가 늘어나는 부담은 지지 않으면서 재무상태표에 표시되는 자산가치는 높게 평가되는 이점을 누리기 위한 것이다. 어떤 회사도 재무상태표와 손익계산서에 각각 다른 회계처리 방법을 적용해서는 안 된다는 것은 분명하다. 이를 바로잡을 방법은 평가증을 제거하고 취득원가로 되돌아가는 것이다.

감가상각률 | 표준 관행과 비표준 관행

1) **상장 서류상의 감가상각비** | 대부분의 제조업체는 표준지침에 따라 감가상각 대상 자산의 유형별로 적절한 감가상각률을 적용한다.

| 주 | 자산의 종류가 다르면 감가상각 내용연수도 다르다. 일반적으로 건물의 내용연수는 20년, 자동차는 5년이다.

2) **다른 회사와 비교한 감가상각비** | 분석을 통해 기업의 감가상각 방식이 표준지침과 다르다는 것을 발견할 경우, 그러한 방식을 허용하는 것이 적절한지 여부를 검토해야만 한다. 이런 기업의 경우 같은 업종에 있는 타 기업과 비교하면 감가상각비 처리에 상당한 차이가 있음이 드러난다.

3) **합병 시 감가상각비가 문제가 되는 경우** | 두 기업이 합병을 계획할 때 감가상각비 처리 방법의 차이가 문제될 수 있다. 감

가상각비는 회사의 이익에 직접적인 영향을 미치기 때문에 감가상각 방법 역시 합병 조건에 영향을 미칠 수 있다.

4) **감가상각비 숨기기** | 그레이엄은 아메리칸캔American Can의 사례를 통해 증권분석에서 어느 것도 당연시해서는 안 된다는 것을 보여준다. 회사는 그동안 세부적인 감가상각 방침을 주주들에게 밝히지 않았다. 1937년, 회사는 감가상각비만큼의 금액을 영업비용으로 '대체'해 차감해왔음을 주주들에게 처음으로 공개했다. 하지만 정확한 금액은 밝히지 않았다. 그 후 아메리칸캔이 감가상각 방침의 세부 사항을 공개하기 시작하자 회사가 기존에 감가상각비를 과소계상해왔고, 따라서 이익 창출능력이 부풀려졌다는 사실이 분명해졌다.

5) **회계 기법으로 과도한 감가상각비를 숨긴 사례** | 내셔널비스킷컴퍼니National Biscuit Company는 회계 기법을 이용해 감가상각비를 숨긴 또 다른 사례이다. 1922년 이전, 회사는 계속해서 공장 수를 늘렸지만 감가상각비는 동일하게 유지되었다. 회사의 재무 지침서는 이렇게 명시하고 있었다. "매년 30만 달러씩 감가상각하고 대체 및 건물 개축비용은 모두 영업비용에서 직접 차감한다." 그레이엄은 이익이 순식간에 두 배로 늘어나고, 순설비자산이 빠르게 늘었다면 감가상각비도 증가하는 것이 일반적이라고 지적한다. 이 회사의 경우는 그렇지 않았다.

6) **감가상각비 미기재** | 증권거래위원회가 규제에 나서기 이전까지 일부 회사들은 감가상각 차감 후 이익을 보고하면서 감가상각비 금액을 명시하지 않았다. 다행히 현재는 공개 대상 정보이다.

석유회사와 광업회사의 무형자산 상각

석유회사와 가스회사에는 무형자산 상각과 관련한 특별한 요소가 있다. 이들 회사는 유형자산의 감가상각 외에도 광석이나 석유 매장량과 같은 자산의 감모상각도 감안해야만 한다.

광업회사는 개발비 부담이 있고, 석유회사는 무형의 시추비용과 미생산 유전 임차권 관련 비용이 추가된다. 이런 항목은 회사의 진정한 이익을 가늠하는 데 중요한 요소이다. 하지만 분석가로서 수많은 유형의 비용을 정확히 처리하기란 어려운 일이다.

1) **광업회사의 감모상각비** | 감모란 자본자산이 판매 목적의 제품으로 전환되면서 가치가 소진되는 것을 가리킨다. 철강, 석유 및 가스, 황, 목재 등을 생산하는 기업이 감모상각을 실시한다. 이러한 기업들의 제품 보유분이나 자산 매장량은 서서히 소진되기 때문에, 그 가치를 점진적으로 상각해 이익에서 차감해야 한다. 일반 기업의 재고자산과 유사하다. 많은 회사가 임의의 기준에 따라 감모상각비를 산출한 탓에 주주 보고서에서 감모비용을 누락해왔다.

2) **투자자 스스로 계산해야 한다** | 광업회사 투자자는 자신의 투자 지분에 해당하는 광업자산 감모상각비 부담이 얼마나 되는지 일상적으로 계산해보아야 한다. 광업자산의 장부가치는 감모상각비 산출에 도움이 되기보다는 오히려 혼란을 가중시킬 수 있다. 감모상각비를 이익에서 차감하는 회사도 있고, 그렇지 않은 회사도 있다.

3) **석유회사의 감모상각비와 유사비용** | 석유업의 감모상각비는 실제 사업을 영위하는 데 드는 비용과의 관련성이 광업회사

보다 높다. 대형 석유회사는 대개 새로운 임차권 계약과 신규 유정 매입에 해마다 상당한 자금을 지출한다. 이는 원유 생산 활동이 계속됨에 따라 줄어드는 매장량을 보완하기 위한 것이다. 일반적으로 감모상각비는 매장량과 생산량을 유지하기 위한 현금지출이다.

신규 유정의 경우 총생산량의 80%가 첫해에 나오기도 한다. 이는 거의 비용 대부분을 최초 한 해 동안 상각해야 하며, 해당 유정에서 기인한 '이익'의 대부분이 사실은 투하자본에 대한 수익이라는 의미다. 투자액을 감모상각을 비롯한 기타 비용으로 신속하게 상각하지 않으면 회사의 이익과 자산 계정의 가치가 크게 부풀려진다. 그레이엄은 일부 석유회사들이 자산에 대한 감모상각비와 감가상각비를 확대하거나 축소함으로써 실제 자산의 내용연수를 왜곡하는 것에 대한 의견을 제시한다. 대개 이익을 조작해 주가를 통제할 목적으로 벌어지는 관행이다.

4) 변형된 회계처리 방법이 분석가와 투자자에게 갖는 의의 | 그레이엄은 기업마다 회계처리 방법에 차이가 커서 매우 혼란스럽고, 이것이 투자자의 분노를 살 수 있다고 지적한다.

- **표준 제시 |** 분석가는 고정자산의 실제 가치를 반영하는 균일하고 적절하게 보수적인 무형자산 상각률을 적용해야 한다. 그레이엄은 가능하다면 다음과 같은 기준에 따라 감가상각비와 유사비용을 처리할 것을 제안한다.

  ① **유형자산 감가상각 :** 언제나 취득원가나 그보다 현저하게 적은 비용을 상각해야 한다.

  ② **무형 시추비용 :** 시추비용을 자본화한 뒤, 그 비용을 원유

가 생산됨에 따라 상각한다. 이는 비교 목적에서나 현재 이익을 공정하게 반영하기 위해서 선호되는 방식이다. 상각 방법이 서로 다른 기업을 비교할 경우 자산을 (내용연수 1년 이상 가정) 취득한 첫해에 100% 감가상각을 실시한다면, 분석가는 최선의 판단을 내려야 한다.

③ **자산 폐기**Retirement **및 임차권 포기** : 이 경우 자산에서 발생한 손실은 잉여금이 아닌 그해 이익에서 차감한다. 대부분 회사들이 이러한 방식을 따른다. 임차권 포기의 경우도 절차는 같다.

④ **원유 매장량 감모상각** : 원유의 현재 시장가치를 기준으로 한 감모 처리가 적절하다. 그러나 유감스럽게도 이와 같은 적절한 감모상각비 가치평가 사례가 부족해 추적하기 어렵다.

그레이엄은 네 번째 항목과 관련해 만족할 만한 답을 찾지 못했다. 따라서 다음과 같은 현실적인 타협안을 제안한다.

첫째, 종합석유회사의 경우 회사가 발표한 감모상각비를 최선의 수치로 받아들인다.

둘째, 원유생산이 (사실상) 유일한 사업인 회사라면 분석가는 원유 매장량이 모두 개발되었을 때 시장이 지불할 가격을 계산할 수 있다. 이는 앞에서 설명한 광업회사의 감모상각비 처리 절차와 유사하다.

기타 자본자산 상각 유형

1) **임차권과 임차자산개량권** | 자산을 임차한 가격이 자산을 소유할 때 드는 실제 비용보다 훨씬 적고, 임차 계약기간이 장기라면 상당한 가치를 상각처리해야 한다. 유전은 표준 사용료

를 기준으로 임차한다. 표준 사용료는 대개 생산량의 8분의 1에 해당한다. 이 임차권은 실제 지불하는 임차료보다 훨씬 가치가 높을 수 있다. 회사가 임차권에 대한 대가를 지불할 때 그 비용은 임차 기간 동안 상각해야 할 자본투자로 여겨진다. 이 상각비는 사실상 자산에 대해 지불하는 임차료의 일부이며, 따라서 당기 영업비용에 반영해야 한다.

임차인이 자산을 수리해 개량하면 관련 비용은 임차 기간 동안 0으로 평가감해야 한다. 임차 계약이 종료되면 결국 임대인이 해당 자산 및 계류자산Tethered asset을 소유하기 때문이다. 이런 목적으로 연간 발생하는 지출을 '임차자산개량권Leasehold improvements 상각'이라고 일컫는다. 연쇄점Chain store 운영 기업은 대개 상당한 자금을 임차자산개량에 투자하기 때문에 연간 상각비가 손익계산서에서 매우 중요한 요소가 될 수 있다.

2) **특허권 상각** | 이론적으로 특허권Patent은 광업자산과 같은 방식으로 처리해야 한다. 즉 투자자의 지분에 해당하는 금액을 특허권의 잔존 내용연수 동안 이익에서 상각해야 한다. 특허권의 장부가치는 상각과는 거의 무관하다.

3) **영업권 상각** | 상대적으로 중요성이 낮은 사안이다. 몇몇 회사가 다년간 연간 이익에서 영업권Goodwill을 차감하는 방식을 따라왔다. 현대 회계에서는 영업권의 손상 여부를 지속적으로 점검하지만, 영업권을 상각하지는 않는다.

Chapter 35

공공 유틸리티 부문의 감가상각 정책

요약

공공 유틸리티 부문의 감가상각과 관련해 이론과 실제의 차이를 설명한다. 그레이엄은 많은 기업이 감가상각비를 왜곡하고, 이익을 왜곡표시Misstatement하기 위해 의도적으로 기만적인 회계 관행을 답습해왔다고 지적한다. 그레이엄은 일곱 가지 감가상각 방법을 두 개 범주로 구분하여 소개한다. 특히 폐기충당금법을 집중적으로 비판한다.

분석가로서 회계상 보고된 감가상각비와 기업의 법인세 산정액 기준으로 산출한 감가상각비 가운데 무엇을 이용해야 하는지에 관한 논의가 이어진다. 그레이엄은 법인세 기준 감가상각비를 선호하는 이유로 다섯 가지 근거를 설득력 있게 제시한다. 마지막으로 기업의 감가상각 정책과 해당 주식의 시장가격을 비교하여 관찰한다.

개요

감가상각비 누락Omission

공공 유틸리티 부문은 적절한 감가상각이 중요한 분야이지만, 역사적으로 이론과 실제 사이에 커다란 괴리가 있었다. 감가상각은 단순히 장부상 기록을 위한 것이 아니라, 자본가치의 실제 하락을 진실하게 반영하는 것이다. 시간이 흐름에 따라 감가상각비는 결국 실제 현금지출과 등가를 이룬다. 감가상각비는 임금 및 임대료와 마찬가지로 사업경비Business expense에 해당한다.

기타 기만적 관행

감가상각비의 일부만을 이익에서 차감하는 것은 매우 흔한 관행이다. 해당 금액을 잉여금 계정에서 차감하므로 당기이익을 왜곡 표시한다. 이 관행은 장부상 균형을 깨뜨려 추후 잉여금 계정이 고갈되면 비용이 급격히 늘어나게 된다.

교묘한 회계처리 사례

감가상각비를 크게 낮추어 반영한 회사가 있다. 3년 뒤 회사는 실수를 공개했지만 문제해결 방법은 상당히 특이했다.

잉여금 및 충당금 항목에서 이전되며 드러난 부적절한 감가상각

그레이엄은 브루클린유니온가스Brooklyn Union Gas 사례를 통해 감가상각비가 제대로 차감되지 않을 경우 손익계산서에 미치는 영향을 보여준다. 이 사례는 감가상각비가 유보이익 및 우발손실 충당금Contingency reserve 항목에서 대거 이전되면서 그동안 이익이 과대계상되었음이 드러난 경우이다.

다양한 감가상각 정책

그레이엄은 일곱 가지 감가상각 정책을 제시한다.

1) 감가상각의 핵심

① **정액법**Straight-line method : 유형별 감가자산의 가치를 추정 내용연수 동안 각 기간마다 일정액 평가감한다.

② **감채기금법**Sinking-fund method : 초반에는 적은 금액을 차감하고, 후반에 더 많은 비용을 인식한다. 감가자산 폐기 전까지 이자 수입이 발생한다고 간주하기 때문이다.

③ **종합법**Over-all method : 자산군별로 다른 감가상각률을 적용하는 대신 감가자산 전체에 단일한 연간 감가상각률을 적용한다. 실제 감가상각비를 간단히 추정하는 것이 목적이다.

2) **폐기충당금법**Retirement reserve method | 폐기충당금을 적립하는 목적은 자산의 폐기 시점과 폐기 이후 활용 가능한 자금을 확보하기 위해서다. 감가상각과 충당금 적립이 적절히 이루어졌다면 기간에 관계없이 결과는 일치해야 한다. 사실상 폐기충당금 대부분은 단순히 자산가치의 당기 손실을 축소하고 이익을 부풀려 계상하는 데 이용된다. 폐기충당금은 다음과 같이 다양한 방법으로 산출할 수 있다.

④ **총액 대비 비율** : 차감 비율이 적절한 경우 정상 감가상각률의 근사치를 구할 수 있지만, 일반적으로 그렇지 않다. 한

사례에서 그레이엄은 총액 대비 8%를 차감했지만, 실제로는 과세 목적으로 30%를 감가상각비로 차감했다.

⑤ **단위 수량당 정률법**Fixed rate per unit of product : ④번 방법과 유사하며, 문제점도 같고 비판의 요지도 같다. 총 상품의 일정 비율 대신 전력 판매량 1,000킬로와트시(kWh)당 2.7달러를 감가상각한 사례를 제시한다.

⑥ **총 유지보수비용 대비 종합 비율** : 유지보수비용이 많아질수록 감가상각 충당금 적립액은 적어진다.

⑦ **재량에 의한 차감** : 연간 감가상각비 차감액은 경영진의 재량에 따라 결정한다. 해마다 같을 수도 있고, 다를 수도 있다.

감가상각을 처리하는 두 가지 기준

연차 보고서 작성 방법과는 무관하게 사실상 모든 기업이 법인세 산정 시 정액법 기준으로 감가상각을 실시한다. 이런 관행은 투자자에게 문제가 된다. 투자자는 감가상각이 시간의 흐름에 따른 자산가치 하락을 선형적으로 반영하는지, 비선형적으로 반영하는지 여부를 판단해야 한다.

1) 일반적으로 세무 기준을 채택하는 이유 | 그레이엄은 손익계산서(수익 기준-옮긴이)가 아닌 법인세(세무 기준-옮긴이)를 기준으로 한 감가상각비를 참고해야 하는 주요 이유를 다음 다섯 가지로 제시한다.

① 정액법은 분명하고 논리적인 회계 이론을 따른다. 과도하게 감가상각비를 차감하면 재무부가 수용하지 않는다.

② 대규모 자금을 잉여금에서 충당금으로 이전할 필요가 있

었던 많은 사례를 통해 '폐기충당금' 개념이 전반적으로 부적절하다는 것을 보여준다.

③ 1934년 이후 폐기충당금이 전체적으로 증가했다. 이는 과거 충당금이 지나치게 적었고, 따라서 이익이 과대계상되었음을 보여주는 지표로 볼 수 있다.

④ 주정부 및 연방정부 위원회가 관할권 내 기업들에 세무기준 감가상각 방법 채택을 요구한다.

⑤ 앞서 살펴본 것처럼 현실적인 대안을 제시할 때, 고정가치증권 투자자는 언제나 더욱 엄격한 기준을 적용하여 건전성을 점검해야 한다.

법인세 기준을 거부하거나 의문을 제기해야 하는 경우

그레이엄은 일반적으로 법인세 기준 감가상각이 옳다고 보지만 연차 보고서나 제3의 기준을 찾아야 하는 경우도 있다고 지적한다. 실제 사례를 몇 가지 소개하면서 구체적인 지침을 제시하기는 어렵다고 시인한다. 주식투자는 개별 기업을 잘 알아야 하기 때문이다.

다양한 감가상각 정책의 실질적 효과

유틸리티 회사의 감가상각은 독자에게 흥미롭지 않은 주제일지 모른다. 하지만 이는 유틸리티 회사의 실질적인 주가 움직임에 가장 중요한 요소이다. 예를 들면 1934년 이전 부적절한 감가상각을 실시한 회사들은 대개 주식시장에서 고평가되었다. 부풀린 이익으로 부당하게 투자자들의 관심을 끌었기 때문이다.

Chapter 36

투자자 관점에서 본 감가상각비

요약

가상의 트럭 운송회사 세 곳을 예로 들어 고정자산의 장부가치에 근거한 감가상각이 이익을 왜곡하는 방식을 설명한다. 이 사례는 주식을 평가할 때 유형자산 및 무형자산 감가상각, 평가감 등의 개념을 이해하는 것이 중요하다는 사실을 보여준다. 독자는 이익에만 집중하고 그 외의 숫자들은 간과하는 관행을 확인할 수 있다. 그레이엄은 자신의 주장을 입증하기 위해 이 사례를 거듭 활용한다.

다음으로 '지출한 감가상각비' 개념을 설명하는데, 이는 사업을 운영하기 위한 유지비용으로도 볼 수 있다. 회사가 발표한 숫자를 무턱대고 신뢰하는 것은 추천하지 않는다. 대신 그레이엄은 투자자가 독자적으로 생각하고, 스스로 추정하는 것이 중요하다고 강조한다. 그레이엄은 이러한 평가가 실제로 가능하기 위해서는 해당 기업의 사업 내용을 제대로 알아야 한다고 인정한다.

평가감과 결손 처리, 그 결과로 축소해 반영한 감가상각비가 이익을 조작하는 방식을 보여주는 여러 가지 사례가 제시된다. 그레이엄은 주가를 끌어올리기 위해 고정자산을 평가증하는 관행이 과거에 있었지만, 이제는 그 반대 경우가 더 흔하다고 설명한다. 그러나 주가를 조작하려는 경영진의 시도라는 점에서 두 관행의 의도는 결국 같다고 지적한다. 특허권도 검토 대상이다. 고정자산의 장부가치와 실제 가치의 차이를 중점적으로 설명한다. 유형자산 및 무형자산 감가상각을 처리하는 몇 가지 방법을 추가로 소개하면서 단일 혹은 복수의 특허권 가치 추정에 착오가 발생하기 쉽다는 사실을 다시 한 번 경고한다.

개요

감가상각 및 감모상각이 회계 관점에서 기술적으로는 의미가 있을 수 있다. 하지만 주식 매수자에게 현재 상황을 반영해 보여주지는 못한다는 주장을 제기한다.

가상의 사례에서 드러난 문제점

그레이엄은 단순화한 가상의 사례를 설정해 주장을 뒷받침한다. 회사 A, B, C는 모두 트럭 운송업에 종사한다. 각각 트럭 한 대를 보유하며, 무액면주 100주를 발행하였다. 감가상각 전 연간 이익은 2,000달러이다.

- A 회사는 트럭을 1만 달러에 구입했다.
- B 회사는 트럭을 5,000달러에 구입했다.
- C 회사는 트럭을 5,000달러에 구입했지만, '극도로 보수적인

회계처리'에 따라 매입 직후 트럭의 가치를 1달러로 평가감하였다.

한편, A 회사는 지나치게 비싼 가격에 트럭을 구입했다고 가정한다. 각 트럭의 성능은 동일하며, 이밖에 다른 조건은 세 기업이 동등하다. 4년간의 내용연수 동안 손익계산서는 다음과 같이 작성되었다.

(단위 : 달러)

항목	A 회사	B 회사	C 회사
EBITDA	2,000	2,000	2,000
감가상각(25%)	2,500	1,250	0
EBIT	−500	750	2,000
주당순이익	0	7.5	20

EBITDA : 법인세·이자·감가상각비 차감 전 영업이익
EBIT : 이자 및 세전이익

1) **시장의 전형적 평가** ǀ 평가의 불합리성이 분명히 드러난다. 회계상 가치가 작은 자산을 가진 기업이 가치가 더 큰 자산을 가진 기업보다 더 높이 평가받는다. C 회사가 취득 직후 자산의 가치를 0에 가깝게 평가감한 단 하나의 행위가 이와 같은 결과를 낳았다.

2) **좀 더 합리적인 접근법** ǀ 문제는 투자자가 이런 기업을 평가하는 방법이다. 각 자산의 공정가치를 보유현금에 합산해 평가에 반영하면 좀 더 현실적인 접근법이 될 것이다. 투자자는 어떤 감가상각 방법을 적용하는 것이 적절한지 생각해야 한다.

이론의 실제 적용

이익 수치만 보면 돈을 벌지 못하는 것처럼 보이지만 현금 창출 규모가 큰 한 회사의 사례를 소개한다. 회사가 생산설비에 지출한 비용과 감가상각비로 할애한 비용을 비교하면 이유를 알 수 있다. 감가상각은 현금지출이 아니며, 손익계산서에 비용으로 인식되기 때문이다. 결과적으로 회사는 이익을 전혀 보고하지 않지만, 현금계정은 계속해서 확대된다. 표시된 이익을 감가상각비로 상쇄하기 때문이다.

1) **감가상각비의 적절성을 판단하는 방법** | 투자자와 분석가는 기업의 실제 상황을 반영하여 조정한 감가상각비를 추정해야만 한다. 감가상각비를 정확히 알기란 사실상 불가능하다. 그레이엄은 활용할 수 있는 정보를 바탕으로 대략적인 추정치를 도출할 것을 주문한다. 추정값은 정확하지는 않아도, 적어도 비정상적 상황에서 회사가 발표하는 숫자보다는 실제에 더 가까울 것이다.

2) **'지출한 감가상각비' 개념** | 실제 지출한 비용으로 축소해 감가상각비를 인식하려는 것은 기존 방식이 현금흐름을 적절히 반영하지 못하기 때문이다. 즉 자산의 내용연수가 경과함에 따라 재무상태표에 반영된 자산의 가치도 계속해서 감소한다. 투자자는 유형자산 및 무형자산의 가치가 시간이 흐름에 따라 서서히 감소하는 것을 보게 될 것이다.

개별 자산의 경우 이것이 현실이지만, 전체 자산의 가치를 대충 훑어보아서는 현실을 제대로 반영할 수 없다. 자산이 결국 폐기되면 다른 자산으로 대체되기 때문이다. 예를 들어 어느 기업이

자동차 5대를 보유하고 있고, 각 자동차는 1년 간격을 두고 차례로 취득했다. 이때 자산의 장부가치는 변화가 없고, 재무상태표상에는 5년 동안 (합계 기준으로) 아무런 가치 변화도 나타나지 않을 것이다. 자동차 한 대의 가치가 소멸하면 새로운 자동차의 가치가 그것을 대체하기 때문이다.

3) **노후화에 따른 장기 감가상각** | 다음으로 그레이엄은 전체 시설자산Property, Plant and Equipment, PP&E의 노후화에 대한 충당금으로 얼마를 반영해야 하는지 논의한다. 이론은 미리 정한 내용연수가 지나면 완전히 자산을 교체하는 트럭 운송업체의 경우와 유사하다. 예를 들어 공장은 닳아 없어지지는 않지만, 업황과 기업의 위상 변화에 따라 효용을 잃기도 한다. 이는 회계 문제가 아닌 투자 측면의 위험이자 사업상의 위험이므로, 감가상각비가 아닌 주가에 반영되어야 한다. 따라서 자산의 장부가액Carrying value에도 적절한 조정이 필요하다. 경영진은 분기별로 자산가치 손상을 점검해야 한다.

4) **이익 창출능력 평가에 적용** | 철도회사와 유사한 성격의 회사는 감가상각과 관련해 다른 접근 방식이 필요하다. 자산의 내용연수는 무한하다고 볼 수 있지만 상당한 유지, 개선, 보수 작업이 요구되기 때문이다. 앞서 설명했듯이 이 경우에는 오로지 지출한 감가상각비만을 이익에서 차감해야 한다.

5) **이익 창출능력 평가의 문제점** | 그레이엄은 감가상각비 정보에 의존한 이익 창출능력 평가의 어려움에 관해 다시 한 번 논의한다. 이익 창출능력을 파악하기 위해 자산을 평가하는 투자가는 회사와는 다른 감가상각 충당금을 적용해야 한다고 거

듭 강조한다.

아파트 및 사무용 건물에 대한 감가상각

부동산과 채권의 감가상각을 다룬다. 물리적 자산인 건물의 경우 닳아 없어지지는 않지만, 노후화되어 쓸모없게 되는 건물의 특성이 감가상각에 반영되어야 한다. 액면가 대비 크게 할인된 가격으로 취득한 채권의 경우, 투자자는 전통적 감가상각 기준인 장부가치보다 훨씬 적은 금액을 기준으로 결손과 감가상각을 처리할 것이다. 즉 자산을 취득한 가격보다 더 큰 비용을 상각할 수는 없다.

부적절한 감가상각 충당금

그레이엄 주장의 핵심을 이루는 중요한 내용이다. 단순히 내용연수 막바지에 이익 창출능력이 좋아 보이게 할 목적으로 초반에 자산을 대규모로 평가감해서는 안 된다. 이는 사업의 진정한 현금흐름을 왜곡하고 대중을 기만하는 전술에 지나지 않는다. 대규모 결손 처리로 미래 감가상각비를 낮춘 실제 사례가 제시된다.

1) **감가상각 계정이 가공한 이익** | 트럭을 구입한 C 회사의 사례를 다시 살펴보자. 기업은 감가상각을 반드시 실시해야 하고, 회계장부에서 자산을 누락해서도 안 된다. 자산을 실제로 장부에 기재하지 않는다고 해서 회사가 더 많은 돈을 버는 것은 아니다. 오히려 이익 변동성은 확대되고, 시간이 지날수록 실적을 예측하기는 더욱 어려워 보일 것이다.

2) **고정자산을 제거한 기타 사례** | 고정자산가치를 1달러까지 평가감한 회사들의 사례를 추가로 소개한다. 그 결과 모

두 감가상각비가 적정 수준 이하로 축소되었다.

역 주식 물타기

평가증 또는 평가감 방식으로 조작한 자산가치는 주식의 가치와도 밀접하게 연관된다. 과거에는 주식의 가치를 실제보다 훨씬 높게 부풀려 평가하는 소위 주식 물타기 관행이 있었다. 고정자산의 장부가치를 부풀리는 방식으로 주가를 끌어올려 큰 비난을 받은 관행이다. 이제 이 관행이 뒤집혀 많은 투자자가 장부가치가 아닌 이익에만 주의를 기울인다. 그레이엄은 '후속 회계연도'에 이익을 부풀리기 위해 자산의 상당 부분을 내용연수 초반에 평가감하는 월스트리트의 부적절한 관행을 재차 지적한다. 이처럼 교묘한 속임수로 증권의 가치를 실제로 끌어올릴 수 있다는 생각은 터무니없다.

인수자의 광물 매장량 상각

감가상각 충당금에 대한 투자자와 기업의 입장 차이는 광물 매장량에 대한 감모상각 처리에서 가장 뚜렷하게 드러난다. 광산회사가 감모상각비로 차감한 금액은 기술적 요인을 고려한 것으로 주주의 상황과는 무관할 가능성이 크다.

인수자의 무형자산 상각비 계산법

광산회사가 연차 보고서에서 감모상각비를 차감하지 않은 경우 일반적인 접근이 가능하다. 즉 광산의 내용연수가 한정되어 있을 때 투자자가 직접 계산한 금액을 감가상각비로 이익에서 차감한다. 이때 투자자는 다음 세 가지 사항을 고려해야 한다.

1) 실제 광산 인수비용

2) 감가·감모상각 전 이익

3) 광산의 최소 혹은 추정 내용연수

인수자의 원유 매장량 상각

그레이엄은 석유업체를 예로 들어 위 원칙을 적용한다. 배럴당 감가상각비 및 감모상각비는 추정 잔여 매장량을 해당 자산의 장부상 순가치로 나누어 구할 수 있다고 강조한다.

인수자의 특허권 상각

제조업체의 수많은 중요 특허권이 1달러와 원가 가운데 더 적은 금액 기준으로 장부에 인식되고 있다. 표준회계 관행은 특허권 취득 이후 17년의 특허권 기간 동안 일정한 금액을 해마다 비용으로 상각하는 것이다.

| 주 | 오늘날 무형자산 상각 원칙은 다소 다르다. 요약하면 내용연수와 회사의 특허권 기간 중 더 짧은 기간이 기준이다.

투자자의 관점에서는 전혀 다른 접근법이 필요하다. 투자자에게는 특정 가격에 해당 주식을 매수할 때 해당 특허권에 지불하는 금액은 얼마인지가 중요하다. 추후 상각 시 기준이 되는 비용이다.

1) **일반 원칙** | 현실적으로 위에서 제시한 계산법 가운데 특정한 한 가지 방법을 전체 종목에 적용할 수는 없다. 특허권과 무형자산 항목이 다양한 대형 기업의 경우는 더욱 어렵다.

2) **사례** | 그레이엄은 특허권이 만료된 후 이익이 큰 폭으로 증가한 기업과 감소한 기업의 사례를 각각 제시한다. 결론은 계량

적 요소로 특허권을 평가해서는 안 된다는 것이다.

3) **특수 사례** | 단일 혹은 복수의 특허권을 보유하고, 사용료를 수취하는 것을 주요 사업으로 하는 특수한 기업의 경우에는 일부 제한 조항이 설정될 수 있다. 특수 조항은 특허권의 장부가치가 아니라, 특허권에 지분을 갖는 대가로 투자자가 지불한 금액과 관련이 있다. 그레이엄은 세 가지 사례를 들어 자신의 요점을 설명한다.

Chapter 37

과거 실적 기록의 중요성

요약

손익계산서 분석과 관련해 그레이엄은 두 가지 특정 항목을 언급한다. 첫째, 당해 연도의 정상 실적을 검토한다. 둘째, 과거 실적을 이용해 미래를 설명한다. 그레이엄은 계량 분석과 정성적 분석을 병행해야 한다고 강력히 주장한다.

그레이엄은 또한 분석가로서 평균이익과 비교하여 이익 추세를 어떻게 검토해야 하는지 설명한다. 그레이엄은 주식시장이 추세에 지나치게 무게를 둔다고 지적하면서, 오로지 당기이익만을 근거로 가치평가가 이루어져서는 안 된다는 주장을 거듭 제기한다.

그레이엄은 기업이 계속해서 성장할 수 있으며, 무한정 번영할 수 있다고 생각하는 분석가에게 경고한다. 한편 이익이 하락할 때는 정성적 관점에서도 분석이 이루어져야 한다고 지적한다. 이익 분석은 숫자를 평가하는 것 못지않게 정성적 요인에 대한 평가여야 한다.

개요

손익계산서를 비판적으로 검토함으로써, 전 기간에 걸쳐 정보에 근거한 공정한 점검이 가능하다. 이것은 증권분석 행위의 일부분에 불과하다. 좀 더 어렵고 중요한 부분은 과거 실적으로 미래를 설명할 수 있는지 여부를 검토하는 것이다. 그레이엄은 이 과정이 미흡하다고 보았다. 복잡한 검토 과정은 대개 신뢰할 수 없고, 가치 없는 결과물로 이어지기 때문이다. 과거 실적은 기업의 안정성을 보여주는 동시에 향후 방향에 대한 단서를 제공할 수 있다.

이익 창출능력 개념

이익 창출능력은 기본적으로 평균 주당순이익으로서 분석을 위해서는 다년간의 실적을 관찰하는 것이 필요하다. 검토 대상 기간 전체의 실적이 평균치를 기준으로 고르게 분포되어 있는지 확인해야 한다. 이것이 연도별로 이익의 편차가 큰 것보다 좋다. 반복되는 실적이 일회성 실적보다 더욱 설득력이 높기 때문이다.

계량적 분석은 정성적 분석으로 보완해야 한다

그레이엄은 투자자가 이익을 검토할 때 반드시 알아야 할 중요한 원칙을 다음과 같이 제시한다. "계량적 자료는 기업에 대한 정성적 검토가 뒷받침할 때에만 유용하다." 이 주장을 설명하기 위해 한 철강회사의 사례를 소개한다. 그레이엄은 당기 및 과거 실적과는 별개로 '정상 이익'을 산출한다. 그레이엄은 정성적 분석의 일부로 미국 전체 철강 생산량과 해당 철강회사의 시장 내 지위를 고려할 것을 제안한다. 재무제표에 보고된 이익은 상대적 비교 없이는 검토할 수 없다.

당기 실적은 주요 평가 기준이 될 수 없다

보통주의 시장가격은 장기 평균 이익보다는 당기이익에 좌우된다. 비상장기업이라면 연간 평균 실적의 두 배가 되는 이익을 올렸다고 해서, 특별한 이익을 거둔 해를 기준으로 시장에서 해당 기업의 가격이 매겨지는 일은 없다. 월스트리트는 다르게 작동한다. 주가는 이익이 이례적인지 여부와 관계없이 대개 이익과 매우 밀접하게 움직인다. 이것이 월스트리트와 일반 시장의 중요한 차이다. 투기 성향이 있는 대중은 월스트리트와 같은 시각을 공유한다. 따라서 일시적으로 이익이 침체되었을 때 저가에 주식을 매수하고, 반대의 경우 고가에 매도하는 전략은 타당해 보인다.

- **'주식시장을 이기는' 고전적 공식** | 시장평균을 능가하는 수익률을 내는 것으로 널리 인정된 공식이지만 적용이 간단하지만은 않다. 우선, 시장에서 적절한 매수·매도 시점을 결정하기가 어렵고, 주식의 내재가치는 계속해서 변하기 때문이다. 추세는 정성적 상황에 관계없이 계속되거나 유지될 가능성이 있다는 것이 월스트리트의 기본 가정이다. 경험에 비추어볼 때 대개의 경우 이 가정은 사실과 다르다. 분석가로서 때로는 평균보다 최근 이익에 더 무게를 둘 수도 있겠지만, 그러려면 설득력 있는 단서가 있어야 한다.

평균 이익 vs. 이익 추세

월스트리트에서는 이익 추세를 매우 강조한다. 다음표는 평균 이익과 이익 추세 사이에는 근본적인 차이가 있음을 보여주는 사례이다.

(단위 : 달러)

회사	연간 주당순이익						7년 차(당기)	평균	추세
	1	2	3	4	5	6			
A	1	2	3	4	5	6	7	4	우수
B	7	7	7	7	7	7	7	7	중립
C	13	12	11	10	9	8	7	6	부진

A 회사의 경우 이익 추세는 분명히 고려 대상이 되어야 하지만, 이 추세가 앞으로도 계속될 것이라고 보아서는 안 된다. 오히려 추세 지속을 방해할 만한 요인이 무엇인지 생각해야 한다. 경쟁, 규제, 수확 체감의 법칙Law of diminishing returns은 모두 성장세 지속을 저해하는 요인이다. 분석가는 추세 지속을 당연하게 받아들이는 대신 A 회사에 반드시 신중하게 접근해야 하며, 적절한 안전마진을 추구해야 한다. 이런 종목들은 대개 크게 할증되어 거래된다.

1) **실적이 상승 추세일 때 접근법** | A 회사에 대한 정성적 분석 결과가 긍정적이라면 회사가 현재 달성할 수 있는 실적을 보수적으로 추정해 그것을 미래 실적의 근거로 삼아야 한다. 현재 업황이 이례적으로 좋은 상황이 아니라면, A 회사의 이익 창출 능력은 7달러, 투자가치는 140달러(이익의 20배)로 설정할 수 있을 것이다. 투자가치는 분석가의 접근법과 자본환원율(미래 추정 이익을 현재가치로 전환하기 위해 적용하는 할인율 – 옮긴이)에 따라 달라진다.

2) **실적이 하락 추세일 때 접근법** | C 회사의 경우 분석가는 불

리한 추세와 그 이유에 큰 비중을 두어야 한다. 그러나 이 추세가 지속될 것이라고 성급하게 판단해서는 안 된다. 회사에 대한 정성적 분석이 필요하며, 이는 합리적인 사업가가 비상장기업의 장단점을 검토하는 과정과 유사하다. 그레이엄이 사례로 제시한 한 회사의 경우, 경기침체로 경쟁업체들이 극심한 어려움을 겪는 동안 이 회사의 이익은 미미하게 하락하는 데 그쳤다. 이런 경우는 이익 추세가 아닌 평균 이익에 초점을 맞추어 이익 창출능력을 산출해야 한다.

적자는 계량적 요소가 아닌 정성적 요소

회사가 그해 적자를 기록하면 적자 규모를 주당 손실로 산출하거나 이자 지급의무와 비교하여 계산하는 것이 관례이다. 이는 적절하지 않다. 분석가가 주의를 기울여야 할 것은 따로 있다.

적자를 기록한 해가 다수 포함된 일정 기간을 대상으로 평균 이익을 구할 때는 그 평균이 실제로 이익 창출능력을 반영하는지 여부에 의문을 제기해야 한다. 실적 변동성이 심한 기업일 경우 특히 그렇다. 또한 10년 치 실적에 이례적인 수치가 있는지도 검토해야 한다. 만일 그렇다면 모든 종목에 이례적인 수치를 상대적으로 반영해야 한다. 1930년대 대공황이 한 가지 예가 될 수 있다.

분석가의 사전에 직관은 없다

반대할 다른 근거가 없는 한 과거 실적은 미래를 판단하는 기준으로 통용된다. 분석가에게 허용되는 것은 오로지 합리적인 추론일 뿐이다. 1915년(그레이엄의 집필 당시) 이후 담배 소비량의 급증이나 엽궐련 산업의 위축을 미리 예측한다는 것은 비합리적이다.

- **미래 분석은 예언이 아닌 통찰이어야 한다** | 요약하면, 투자자는 실적이 개선될 것이라는 기대에 의지해 할증된 주가를 정당화해서는 안 된다. 미래 분석은 이익을 낼 수 있는 현재 능력과 현재 시장에서 해당 종목이 거래되는 가격에 관한 통찰을 바탕으로 해야 한다. 그레이엄은 자신의 주장을 뒷받침하는 한 기업의 사례를 제시한다.

대규모 이익은 보통 일시적이다

많은 분석가가 과거 실적 추세를 근거로 기업의 성장세가 무한정 지속될 것으로 기대한다. 그러나 예를 들어 수명이 짧은 기기를 생산하는 회사의 당기이익 및 평균 이익 대비 주가비율은 일반적인 수준과는 다를 것이다. 매력도가 높은 업종도 마찬가지이다. 새로운 산업에 현금흐름이 몰리면 생산능력 과잉과 치열한 경쟁으로 이어져 장기적으로 개별 기업의 이익을 저하할 수 있다.

Chapter 38

과거 실적을 의심하고 거부해야 하는 구체적 이유

요약

과거 실적에 의문을 품어야 한다는 주장을 이어간다. 그레이엄은 모든 상황에서 미래 이익에 대한 정성적 평가가 이루어져야 한다고 주장한다. 동시에 비경상적인 실적이 이익 창출능력을 얼마나 왜곡하는지 강조한다. 수익과 비용 모두에 해당하는 지적이다.

상세한 분석을 통해 주식의 실제 가치와 시장가격 사이에 커다란 괴리를 발견할 수 있다. 오로지 바로 이전의 실적과 과거 실적만을 근거로 미래를 판단하는 것은 제대로 된 처방이 아니다. 성공적인 분석을 위해 다른 무엇보다 중요한 것은 균형 있는 총체적 판단이다.

개요

개별 기업을 분석할 때는 상황의 불리한 변화를 미리 파악하기 위해 영업 실적에 영향을 미치는 요소들을 반드시 검토해야 한다. 다양한 요소가 있겠지만, 예를 들어 광업회사의 경우 분석가는 1)

광산의 내용연수, 2) 연간 생산량, 3) 생산비용, 4) 판매가격에 초점을 맞출 것이다.

산출률Output rate과 운영비용Operating costs

앞서 광산의 내용연수를 살펴본 데 이어, 그레이엄은 연간 생산량과 생산비용을 검토하여 광업회사의 실적과 수익원을 분석한다. 그레이엄의 분석은 미래 이익의 극히 일부분만이 저원가 자산에서 나온다는 것을 보여준다. 나머지 미래 이익을 뒷받침하는 것이 고원가 생산이라면 당기 실적의 투기성과 위험성은 더욱 커질 것이다.

- **프리포트설퍼컴퍼니**Freeport Sulphur Company | 비슷한 사례로, 이 회사 이익의 상당 부분은 수년간 단일 자산에서 창출되었다. 그 자산의 가동이 중단된다면, 비슷한 실적이 계속된다는 보장이 없다. 미래 전망을 근거로 높은 밸류에이션을 부여하는 것은 투기적 성격이 짙다는 것이 핵심이다. 그레이엄은 주식시장이 건전한 판단 및 사업에서 쌓은 경험이 가리키는 바와 어긋난다면 보통주 매수자는 돈을 잃을 수밖에 없다고 지적한다.

미래 제품가격

판매가격 요소를 살펴본다. 분석가로서는 '미래가격은 건전한 예측의 영역 밖에 있다'라는 것을 제외하고는 미래가격에 대해 거의 언급하지 않는 편이 현명할 것이다. 건전한 영역 밖에서의 예측이 유효한 경우도 있겠지만, 그 예측은 반드시 사실이 뒷받침되어야 한다.

- **저원가 생산업체의 시위 번회** | 개별 기업을 분석할 때에는

전반적인 비용 수준과 함께 예상되는 기업의 변화 방향을 검토해야 한다. 원가는 판매가격을 결정하는 요소이다.

비정상적 가격과 IRT 시스템 사례로 본 주가와 실제 가치의 관계

뉴욕 시의 IRT 시스템Interborough Rapid Transit System은 주가와 기업의 실제 가치가 크게 벌어진 사례이다. 과거와 당기이익을 볼 때 미래도 번창할 것으로 기대되었지만, 면밀하게 분석한 결과 다른 전망이 나왔다. 회사는 새로운 수송설비를 건설 중이었고, 이 설비 운영에 대해 까다로운 조건으로 뉴욕 시와 계약을 맺은 상태였다. 계약 내용이 회사의 잠재이익을 제한하고 있어 회사의 이익 창출능력은 조만간 극심하게 하락할 것으로 예상되었다. 상황이 유리하게 전개될 경우에도 회사가 이익을 가져갈 수 있게 될 때까지 30년 이상 소요될 것이었다.

이 분석은 현재 주식이 실제 가치보다 훨씬 높은 가격에 거래되고 있음을 보여준다. 그뿐만 아니라, 이익이나 가치에 고정된 상한선이 있을 경우 실제 이익이 상한선에 미치지 못하는 위험도 있음을 보여준다. 그 후 회사의 이익이 실제로 비경상적이고, 일시적인 것이었음이 드러났다. 이익 창출능력이 하락하면서 회사는 빠르게 극심한 재정난에 빠졌다.

Chapter 39

보통주 주가수익비율 : 자본구조 변화를 반영한 조정

요약

가치평가 수단으로서 주가수익비율을 논의한다. 그레이엄은 이익을 근거로 한 가치평가는 타당하지 않다고 지적하며, 일반적인 가치평가 원칙이나 공식은 그 자체로 비논리적이라고 주장한다. 또한 주가는 신중하게 계산된 것이 아니라, 인간 반응의 결과일 뿐이라고 강조한다. 그레이엄은 이 주제와 관련해 '주식시장은 저울이 아니라 투표기'라는 유명한 말을 남긴다. 여기서는 시간(단기적으로는 투표기, 장기적으로는 저울)에 관해서는 다루지 않았지만, 이 장 전체에서 이 개념을 읽어낼 수 있다는 데는 의심의 여지가 없다.

그레이엄은 '유리한 환경에 있는 우량한 기업'의 경우 과거 5~10년간 평균 이익의 20배를 주가수익비율의 상한선으로 제시한다. 일반 기업이라면 이익의 12~12.5배를 지불하면 주식을 살 수 있을 것이다. 건전한 투자자에게 가격은 필요조건이지만 충분조건은 아니다. 재무구조, 유리한 사업 환경, 올바른 경영진이라는 조건도 만족해야 한다. 건전하고 보수적인 투자 기준을 만족하는 종목은 추가 상승 가능성도 크다. 그러나 그 반대의 경우, 즉 투기 목적으로 매력적인 종목이 투자 대상으로도 매력적인 것은 아니다.

그레이엄은 다음 세 가지 범주의 기업을 검토한다.

1) 주가가 높아 투기 대상이 되는 기업이다.

2) 이익이 불안정해 투기 대상이 되는 기업이다.

3) 안정적인 이익, 주가 대비 합리적인 평균 이익, 보수적인 재무구조, 풍부한 운전자본 등 계량적 시험을 통과한 좋은 투자 대상이다.

마지막으로, 자본 변화와 이익참가 지분을 종합적으로 고려해 투자자가 산출한 이익이 왜곡되지 않도록 한다.

개요

1927~1929년의 강세장이 시작되기 전에는 주당순이익의 10배가 보통주 주가의 기준으로 통용되었다. 정확한 배수는 기업의 성격과 과거 실적에 따라 달라진다.

| 주 | 주당순이익이 1달러면 주가는 약 10달러라는 일반적인 투자 원칙을 이야기한다. 이 기준은 1927년 초부터 달라지기 시작했다. 우량주로 인정받는 주식은 더 높은 배수에 거래되었고, 공공 유틸리티 및 연쇄점 등 선호 종목 주식의 주가배수는 그보다 더욱 높았다. 이를 정당화하는 것은 과거에 길게 혹은 짧게 지속된 상승 추세가 앞으로도 계속될 것이라는 가정이었다.

1932년 이후, 장기 금리가 급락하면서 주가수익비율은 전반적으로 높아졌다.

정확한 평가는 불가능하다

증권분석을 통해 적절한 가치평가란 무엇인지에 대한 일반 원칙을 얻을 수는 없다. 그런 원칙은 현실적으로 존재하지 않는다. 당기이익을 기준으로 가치평가를 한다는 개념도 터무니없다. 현재 이익은 계속해서 달라지기 때문이다. 주가는 신중하게 계산된 것이 아니라, 인간 반응의 결과다. 주식시장은 저울이 아니라 투표기다.

주가평가에서 분석가의 역할은 제한적이다

그레이엄은 사실관계와 인간의 행동 양상은 변화하므로, 증권분석가는 가치를 평가할 때 일반적인 원칙을 따라서는 안 된다고 거듭 강조한다. 그럼에도 제한적이나마 다음과 같은 분석가의 역할이 있다고 제시한다.

1) 투기적 가치평가와는 다른 보수적 관점 혹은 투자 관점에서 가치평가 기준을 설정할 수 있다.

2) 주식의 가치를 평가하는 기준으로 자본구조와 수익원의 중요성을 지적할 수 있다.

3) 재무상태표에서 이익의 전체적 그림에 영향을 미치는 특이한 요소를 찾아낼 수 있다.

투자를 위한 주가수익비율 상한선 기준

보통주 투자자와 투기적 거래자 모두 과거 이익보다는 미래에 의존한다. 이들 모두에게는 일정 기간 동안에 실제 이익 전망을 뒷받침할 만한 보수적인 이익 추정이 필요하다. 다만, 다음과 같은 경우에는 가장 최근 한 해의 이익을 지표로 미래 이익을 추정할 수 있다. 첫째, 그해 전반적 업황이 이례적으로 좋은 것은 아니다. 둘째, 회사의 이익이 지난 몇 해 동안 상승 추세였다. 셋째, 해당 업종에 대한 조사 결과 지속적인 성장세를 확신할 수 있다.

투자자는 대개 과거 5~10년간의 평균 이익을 검토한다. 당기이익이 평균보다 앞서거나 회사의 전망이 평균 이상으로 좋다면, 좀 더 후한 가치평가도 고려할 수 있다. 보통주 주가배수의 상한선은 평균 주당순이익의 20배를 넘지 않을 것을 제안한다. 이 규칙이 자의적일 수도 있지만, 안전마진을 확보해야 한다는 점을 고려하면 반드시 자의적인 것만도 아니다.

| 주 | 이익이 일정하게 유지되며, 이익을 주주를 위한 잉여현금흐름Free cash flow으로 취급한다고 가정할 때 주가수익비율PER 20배는 수익률 5%에 해당한다.

1) **투기 거래라면 더 높은 주가수익비율도 가능하다** | 평균 주당순이익 20배 이상의 가격을 지불하는 것이 잘못이라는 의미는 아니다. 여기서 주장하는 바는 이것이 상당히 높은 수익률을 거둘 가능성을 배제하지 않은 투기적 행위라는 것이다. 투기에서 좋은 운이 계속되는 사람은 거의 없다는 사실에 주의하자.

2) **투자등급 보통주가 갖추어야 할 기타 요건과 파생 명제** | 주당순이익의 20배는 매수 상한선이므로, 일반 기업의 매수 가격은 이보다 훨씬 낮아야 한다. 주당순이익의 12~12.5배 수준을 필요조건으로 제시할 수는 있지만, 이것이 충분조건은 아니다. 재무구조, 어둡지 않은 전망, 올바른 경영진을 비롯해 다른 많은 요소도 만족스러워야 한다. 그레이엄은 '매력적인 투자 대상인 보통주는 투기 대상으로도 매력적'이라는 흥미로운 주

장을 제시한다. 이것은 사실이다. 보수적인 투자자가 요구하는 조건을 만족하는 보통주라면 원금의 가치를 모두 회수할 수 있을 뿐만 아니라, 미래 전망도 만족스러울 것이기 때문이다. 이런 보통주의 시장가치는 상승 가능성이 크다는 합리적인 추론이 가능하다.

보통주 투기와 보통주 투자

그레이엄은 매력적인 보통주를 정의하는 월스트리트의 기준을 좋아하지 않는다. 그레이엄은 이들 주식을 세 가지 범주로 나누어 자신의 주장을 뒷받침한다. 첫째, 평균 주당순이익의 20배를 크게 상회하는 주식들이다. 이런 주식들은 높은 주가 자체만으로도 투기 거래 대상이 된다. 다시 말해 미래에 큰 폭의 성장을 기록해야만 그처럼 높은 주가를 정당화할 수 있다. 둘째, 평균 주당순이익이 높아서가 아니라, 이익의 불안정성이라는 투기적 요소로 인해 투기 거래 대상이 되는 주식들이다. 셋째, 투자 대상으로서의 자질을 가늠하는 계량적 시험을 통과한 주식들이다. 계량적 시험 통과 요건은 다음을 포함한다.

1) 상당히 안정적인 이익을 기록해왔다.

2) 주가 대비 만족스러운 평균 이익을 기록해왔다.

3) 재무구조가 충분히 보수적이며, 운전자본이 풍부하다.

자본 변화 고려

주당순이익 기준으로 과거 이익을 검토할 때는 반드시 자본의 변화를 반영해 이익을 조정해야 한다. 주식분할이나 주식배당을 반영해 자본을 조정하지 않는다면 혼란이 발생할 것이다. 채권, 우선주 등 다양한 증권이 전환되면서 유통 주식 수도 달라질 것이다.

이익참가 지분 고려

보통주 주주의 이익을 계산할 때는 이익참가 지분을 반드시 고려해야 한다(앞에서 설명했듯이 이익참가 지분은 회사의 이익이 증가할 때 이익분배에 참가할 수 있는 권리를 갖는다). 실제로 돈이 지급되었는지 여부는 중요하지 않다. 경영진에게 이익을 배분받을 권리를 부여한 계약도 고려 대상이다.

일반 원칙

선순위 전환가능 증권이 있는 보통주의 내재가치는 전환가능 증권이 전부 행사되었을 때 정당화되는 수준 이상으로 평가할 수 없다. 주식매수 선택권 행사나 기타 선순위 증권의 이익참가특권으로 인해 주식의 가치가 희석될 때 정당화되는 수준 이상으로 평가될 수 없다.

Chapter 40

자본구조

요약

자본구조(주식과 채권 발행을 통한 자금조달 구조)가 기업의 총가치에 영향을 미치는지 여부를 검토한다. 그레이엄은 기타 요소는 모두 동일하고, 자본구조만 다른 가상의 회사 세 곳을 예로 든다. 상세한 분석을 통해 그레이엄이 내린 결론은 다음과 같다. 어떤 기업이든 '안전한 환경에서, 투자 목적으로 매수할 수 있을 정도의 규모로 발행된 선순위 증권'을 포함하는 것이 최적의 자본구조라는 것이다. 이 결론의 현실적 의의는 안전한 상황에서는 부채가 없는 경우 오히려 자기자본이 비효율적으로 사용된다는 것이다. 반면, 부채가 지나치게 많은 경우 이자보상비율이 매우 낮고, 위험성이 높아 안전마진을 확보할 여지가 사라진다.

이론상이든 실질적으로든 타인자본 의존도가 높은 기업은 시장의 상황에 따라 실제 가치보다 높거나 낮게 거래될 수 있다. 예를 들어 '좋은 시절'이라면 부채가 과중한 자본구조를 가진 기업의 주식은 실제 가치 이상에서 거래될 것이다. 반대의 경우에는 이하에서 거래될 것이다. 그레이엄은 투기 행위가 투자자에게 유익한지 여부에 관한 질문을 한다. 그레이엄은 직접적인 답을 제시하는 대신, 그것이 가능할 수 있는 상황을 소개한다. 그러나 동시에 투기적 거래자가 직면하게 될 딜레마를 경고한다. 바로 이미 확보한 이익을 걸어야만 추가 이익을 추구할 수 있다는 사실이다.

개요

이익 창출능력이 동일한 기업들이 단지 보통주와 채권을 바탕으로 한 자본구조가 다르다는 이유로 시장에서 서로 다른 평가를 받는 것으로 보인다.

(단위 : 달러)

회사	보통주 이익	보통주 가치	채권 가치	회사 총가치
A	1,000,000	12,000,000	–	12,000,000
B	760,000	9,000,000	6,000,000	15,000,000
C	520,000	6,000,000	12,000,000	18,000,000

세 회사의 이익 창출능력은 모두 100만 달러이며, 자본구조를 제외한 모든 점이 동일하다. 다만 B 회사는 600만 달러, C 회사는 1,200만 달러 채권을 표면금리 4%에 발행했다. 이것이 B 회사의 보통주 이익이 76만 달러(1,000,000-4%×6,000,000)에 불과한 이유이다.

보통주 가치는 주당순이익의 12배로 가정한다. 그레이엄은 여기서 다음과 같은 질문을 제기한다. "기업의 적정가치는 선순위 증권과 보통주의 상대적 비율을 조정함으로써 자의적으로 끌어올리거나 내릴 수 있는 것인가?"

자본구조를 임의로 변경해 기업의 가치를 조정할 수 있는가

이 질문에 대한 답을 구하기 위해 그레이엄은 다시 한 번 A 회사와 B 회사를 검토한다. 이자보상비율이 4배이므로 B 회사의 채권은 액면가 100 근처에서 거래된다고 가정한다({1,000,000÷(6,000,000×4%)} =4.17). A 회사와 B 회사 모두 주당순이익의 12배에 거래될 수 있다는 가정도 현실적이다. A 회사의 경우 부채가 없고 위험은 더 작은 만큼 주식의 가치도 더 높아야 한다. 하지만 아래 표에서 보듯 B 회사의 주식이 이익의 증가에 더욱 민감하게 반응하는 것도 사실이다.

이익(가정, 달러)	주당순이익(달러)		기본 가정 대비 주당순이익 변화	
	A 회사	B 회사	A 회사	B 회사
1,000,000	10	7.60	(기본 가정)	(기본 가정)
750,000	7.5	5.10	–25%	–33%
1,250,000	12.5	10.10	+25%	+33%

이 결과를 바탕으로 B 회사가 A 회사보다 300만 달러, 즉 25% 더 높은 가치가 있다는 애초의 결론으로 되돌아간다. 자본구조에 기인한 차이이다.

최적 자본구조 원칙

이러한 가치평가 방법이 비논리적으로 보일지 모르지만 주식시장의 생태가 이를 실제로 뒷받침한다. 보통주 매수자는 보통주에 있는 채권의 요소를 좀처럼 인식하지 못한다. 설령 인식한다고 해도 그 요소에 기꺼이 추가로 값을 지불하려고 하지 않는다. 여기서 다음과 같은 중요한 원칙에 도달한다. 어떤 기업이든 최적의 자본구조는 '안전한 환경에서, 투자 목적으로 매수할 수 있을 정도의 규모로 발행된 선순위 증권'을 포함해야 한다.

안전한 환경이란 채권의 가치(B 회사의 경우 600만 달러)를 하회하지 않는 운전자본과 13장에서 다룬 기타 조건들이 뒷받침하는 환경일 것이다. 이런 상황에서 오로지 자기자본으로만 이루어진 매우 보수적인 자본구조는 오히려 자기자본의 생산성을 낮출 것이다.

우량한 산업채의 공급 부족을 야기하는 기업 관행

투자자는 일반적으로 자금이 풍부한 기업이 발행한 채권을 선호한다. 선택지가 더욱 다양하고, 비우량 채권을 판매할 가능성도 작기 때문이다.

타인자본 의존도가 높은Top-heavy 기업평가

그레이엄은 자본구조에 대한 논의에서 한 단계 더 나아가 C 회사를 검토한다. 채권은 액면가에 거래되고, 주가는 주당순이익의 12배라는 가정에 따라 기업의 총가치는 1,800만 달러로 평가하였다.

그런데 채권이 액면가에 거래된다는 가정은 명백히 잘못된 것이다. 이자보상비율이 2배에 불과할 것이기 때문이다({1,000,000÷(12,000,000×4%)}=2.08). 즉 C 회사의 채권은 위험성이 높아 액면가에 거래되지 않을 것이다. 이 경우 주주가 8% 투자수익률과 의결권, 회사 이익의 절반을 가져갈 때 채권 소유자는 4%에 불과한 수익률에 만족해야 할 것이다.

이 사례는 금리 효과도 보여준다. D 회사도 C 회사와 마찬가지로 1,200만 달러 규모의 채권을 발행했지만, 표면금리가 6%라고 가정하자. D 회사의 이자보상비율은 더욱 낮을 것이다({1,000,000÷(12,000,000×6%)}=1.39). 이자보상비율이 2배인 C 회사의 표면금리 4% 채권은 수용하지만, 이자보상비율이 너무 낮다는 이유로 D 회사의 6% 채권은 수용하지 않는 투자자가 있다고 가정하자. 이는 현명하지 못한 결정이다. 이 사례에서 중요한 것은 안전마진 원칙이다. 단순히 표면금리가 낮은 채권을 선택하는 방식으로는 안전마진을 확보할 수 없다. 같은 논리를 배당과 우선주에도 적용할 수 있다.

C 회사의 채권은 안정성이 낮으므로 액면가보다 크게 할인된 가격에 거래될 것이라고 예상할 수 있다. 정확한 가격은 예측하기 어렵지만 회사의 전체 가치는 1,500만 달러 미만(B 회사)이거나 심지어 1,200만 달러보다 작을 수 있다. 또한 이런 채권의 존재 때문에 주식 역시 주당순이익 12배 미만에 거래될 것이다. 드문 경우이겠지만 회사가 시장에서 1,800만 달러 이상으로 평가받는 것도 가능하다. 그러나 이런 상황은 건전하지 못하며, 투자자에게 추가 위험을 야기할 것이다.

투기적 자본구조의 레버리지 효과

투기거래자에게는 보통주의 고유한 특징이 이점이 될 수 있다. C 회사의 이익이 25% 증가한다고 가정하면 보통주 1주당 순이익은 (5.2달러에서 7.7달러로) 50% 증가할 것이다. 이런 이유로 자본구조가 투기적인 기업은 시장이 강세일 때 상대적으로 높은 가격에 거래될 수 있다. 반면, 시장 침체기에는 같은 기업도 저평가될 수 있다.

하지만 실제 이점은 주가의 하락폭보다 상승폭이 더욱 클 것이라는 데 있나. 1921~1929년의 사례를 보면, 회사의 총이익이 2.6배

증가하는 동안 주가는 400배 상승했다. 1929년경 주식은 매우 높은 배수에 거래되었는데, 자본구조에서 추가 원인을 찾을 수 있다. 기업이 주로 선순위 증권을 발행해 자금을 조달함으로써 보통주 주당 이익은 14배 증가했다.

투기적 자본구조는 기업가치의 과도한 저평가로 이어질 수 있다

A.E. 스탤리컴퍼니A.E. Staley Company는 C 회사의 실제 사례가 될 것이다. 1933년 경제공황 시기에 회사는 타인자본 의존도가 높은 자본구조 때문에 주가가 과도하게 하락한 상태였다. 그러나 업황이 개선되면 이익이 빠르게 증가할 수 있어 회사 주가는 급반등할 여지가 있었다. 결국 주가는 6년 만에 10배 상승했다.

자본구조에서 보통주 비중이 미미한 종목의 투기적 매력

A.E. 스탤리컴퍼니 사례에서 투자자는 비정상적이고 일시적인 상황을 기다렸다가 이용할 수 있다는 결론을 쉽게 얻을 수 있다. 이것을 투자라고 할 수는 없겠지만, 현명하고 과학적인 투기라고 볼 수 있다.

- **현실적 측면** | 현실적으로 자본구조가 투기적인 회사의 보통주는 일반적인 상황에서 매수한다고 생각해야 한다. 분산투자, 그리고 제대로 된 기업을 선별하는 양호한 판단력 또한 필요하다.

  선순위 자본을 채권이 아닌 우선주 형태로 조달한 회사를 선별해야 한다. 이런 기업은 설령 불황이 오더라도 파산 위험이 제한적이어서 주주가 경기 회복을 기다릴 여유가 있다(채권에 대한 표면이자는 지급의무가 있는 것이 일반적이지만, 우선주 배당금 지급은 생략할 수 있다).

그러나 투자한 증권의 가격이 오르는 즉시 투자자는 딜레마에 빠진다는 사실을 잊어서는 안 된다. 증권을 계속 보유하여 추가 이익을 추구하려면 이미 확보한 이익을 걸어야만 한다.

Chapter 41

저가 보통주 : 수익원 분석

요약

저가 보통주

저가주에 관해 다루며 투기 성향의 대중이 저가주를 선호하는 이유에 관해 이야기한다. 연구 결과 저가주는 좋은 투기 거래 대상임에도 불구하고, 매수자는 대개 돈을 잃는다. 매수 이유가 잘못되었기 때문이다. 앞에서 다룬 투기적 자본구조에 관한 논의를 계속하는 가운데, 생산원가가 높은 기업을 예로 들어 비교한다. 이들 기업은 투기적 자본구조가 아닌 기업이나 저원가 기업에 비해 판매가격 상승률과 이익 증가율이 높을 것이다.

수익원에 관해서도 소개한다. 고유의 영업활동이 아닌 채권, 임대, 리스 등이 주요 수익원이라는 공통점이 있는 세 개 회사를 사례로 제시한다. 그레이엄은 다음과 같은 조언을 한다. 투자자는 투자에 앞서 수익원을 검토해야 하며, 기업 소유주는 비합리적인 재무구조의 해소를 요구해야 한다.

개요

앞장에서 논의한 투기적 자본구조를 갖춘 기업 대다수는 일반적으로 '저가' 종목이다. '가격이 낮다'라는 정의는 다분히 자의적이다. 주가가 10달러 미만인 종목은 당연히 저가주에 해당한다. 20달러를 넘는 종목은 저가주 범주에서 제외해야 한다. 따라서 이론상 저가주를 구분하는 경계선은 10~20달러 사이가 될 것이다.

저가주의 산술적 이점

저가주는 상승 가능성이 하락 가능성보다 더 크다. 또한 주가는 10달러에서 40달러로 상승하기가 100달러에서 400달러로 상승하는 것보다 쉽다. 바로 이런 이유 때문에 투기 성향의 대중은 절대가격이 낮은 주식을 선호한다.

그레이엄은 한 연구 결과를 인용해 저가주의 가격 변동폭이 더 큰 경향이 있다는 자신의 논지를 뒷받침한다. 또한 같은 연구에 따르면 강세장에서 저가주는 고가주보다 더욱 큰 폭으로 상승하며, 경기침체 국면의 약세장에서도 우월한 가치를 잃지 않는다. 연구에서 제시하는 결론은 절대주가의 차이만 있는 유사한 기업이라면 저가주가 훨씬 훌륭한 투기 대상이라는 것이다.

| 주 | 이론상 주가만으로는 기업에 관한 정보를 알 수 없다. 1,000주를 100달러에 발행한 기업과 1만 주를 10달러에 발행한 기업의 시가총액은 정확히 같다. 그레이엄의 지적과 논리는 시장에 참여하는 개인의 심리를 바탕으로 한 것이다

저가주 매수자 대부분이 손실을 보는 이유

매수자가 저가주를 선호하는 것은 이론적으로 타당해 보일 수 있지만, 그것이 반드시 최선의 방법은 아니다. 돈을 잃을 가능성도 있기 때문이다. 대중이 매수하는 것은 자신들에게 판매된 주식이다. 판매활동의 초점은 매수자가 아닌 매도자의 이익 추구에 있다. 그 결과, 대중은 그릇된 사실에 이끌려 저가주를 사게 될 수 있다. 주식이 저가에 거래되는 것은 부실한 재무상태가 원인일 수 있다. 또는 단순히 발행주식 수가 지나치게 많아서일 수도 있다. 이런 종목은 주가는 낮지만 시가총액은 실제 가치보다 훨씬 크다.

주식시장을 관찰하면 실적 부진으로 법정관리를 앞둔 종목의 거래량이 증가하는 경향을 볼 수 있다. 기업 내부자들이 자산을 처분하면서 발생하는 현상인데, 이 과정에서 신중하지 못한 대중에게 매수를 부추기기 위한 노력이 다각도로 이루어진다. 반면, 40장에서 보듯 투기 대상으로서 충분한 매력을 지닌 저가주도 있다. 이런 주식에는 매도 압력이 없으며, 매수를 부추기는 시도도 없다. 또한 언론의 주목을 끄는 일도 발생하지 않는다. 대중이 부적절한 저가주를 매수하고, 진정으로 유망한 저가주가 제공하는 기회를 무시하는 이유가 바로 여기에 있다.

투기적 자본구조를 갖춘 저가 종목

그레이엄의 정의에 따르면 투기적 자본구조는 선순위 증권 비중이 상대적으로 크고, 보통주 비중은 작은 것이 특징이다. 이런 종목의 보통주는 대부분 저가에 거래되지만, 반드시 그런 것은 아니다. 보통주의 시장가치가 기업가치의 극히 일부만을 반영할 때는 예외이다.

큰 생산 규모, 높은 생산원가는 투기적 자본구조와 동등한 효과

그레이엄은 가상의 구리 회사 세 곳을 설정해, 생산원가가 큰 기업은 선순위 증권 소유자가 표면이자 형태로 이익을 먼저 가져가는 것과 동등한 효과가 있음을 보여준다. 이에 대한 단순한 효과로 보통주 주주에게 돌아가는 이익이 작아진다.

- **일반 원칙** | 위 사례에서 다음과 같은 원칙을 도출할 수 있다. 구리가격이 오르면(구리 채광업체 세 곳 모두에 긍정적) 저원가 회사보다 고원가 회사의 이익 증가율이 더욱 클 것이다. 이러한 전망은 주가에 반영된다. 투기적 자본구조를 갖춘 기업의 보통주를 매수하는 것도 이와 유사하다. 기업의 매출이나 이익 개선을 기대한다면 투기적 자본구조를 갖춘 기업의 보통주를 매수해 이익을 거둘 수 있다.

수익원

기업의 수익원을 이야기할 때는 사업 유형을 생각하는 것이 일반적이다. 업종의 주가수익비율은 각 시기별로 달라지고, 이런 변화는 반복된다. 따라서 분석가는 가치평가 시 특정 원칙을 고집해서는 안 된다. 물론 과거 실적이 좋고 미래가 유망할수록 주식은 더 높은 배수에 거래될 수 있다. 하지만 투기가 아닌 투자가격으로서 주가수익비율은 최대 20배를 넘지 않아야 한다는 원칙(39장에서 소개)은 여전히 유효하다

세 가지 특수 사례

고유사업이 아닌 특정 자산에서 발생한 수익을 분석해야 하는 기업의 사례이다.

1) **노던파이프라인컴퍼니**Northern Pipeline Company | 수익 구성을 살펴보면 상당 부분이 임대료와 이자 소득임을 알 수 있다. 이런 회사는 수익을 창출하는 자산의 실제 가치를 근거로 수익을 평가해야 한다. 채권에서 발생한 이익은 하락 추세에 있고, 변동성이 큰 파이프라인 사업의 이익보다 더 높게 평가해야 한다.

2) **래카와나증권회사**Lackawanna Security Company | 수익원을 자세히 검토한 결과, 회사가 매우 저평가되어 있음이 드러났다. 노던파이프라인과 마찬가지로 회사 이익의 상당 부분은 보안·경비 사업이 아닌 채권투자에서 창출되었다.

3) **토바코프로덕츠 코퍼레이션 오브 버지니아**Tobacco Products Corporation of Virginia | 이 회사는 주가수익비율 10배에 거래되고 있었다. 납부의무 이행에 문제의 여지가 없는 우량 회사와 맺은 99년 리스 계약에서 나오는 임대료 수입이 유일한 수익원이었다. 우량한 투자등급 채권을 보유한 것과 마찬가지라는 점에서 회사는 저평가된 것으로 판단할 수 있다.

상황의 상대적 중요성

위에서 언급한 사례는 상대적으로 드문 경우이다. 하지만 발생 빈도를 볼 때 논의할 실질적인 가치는 충분하다.

행동 방안 제안

이 사례를 통해 제시하는 요점은 다음과 같다. 첫째, 이러한 논의를 통해 증권 분석가는 저평가 여부를 확인하고, 수익을 낼 기회를 얻을 수 있다. 둘째, 기업 소유주의 관점에서 보면 재무구조 전체가 잘못된 것일 수 있다. 위에서 사례로 제시한 세 기업 모두 고등급 채권을 소유하는 데 자본금을 활용해왔다는 근본적인 문제가 있다. 기업 소유주는 이 같은 재무구조가 비합리적임을 인식하고 규제를 요구해야 한다. 실제로 세 회사 모두 이런 문제를 바로 잡았다. 노던파이프라인의 경우, 파이프라인 사업에 필요하지 않은 자본금을 처분해 기업 소유주들에게 분배했다.

앞서 기업의 소득원을 분석하는 과정에서 관심은 손익계산서에서 재무상태표로 옮겨갔다. 재무상태표 분석을 통해 회사가 이익유보금으로 무엇을 하는지 분석할 수 있다. 다음 장에서 이에 관해 살펴볼 것이다.

재무상태표 분석 : 자산가치의 의의

SECURITY

A summary of Benjamin Graham and David Dodd's original work

ANALYSIS

Chapter 42

재무상태표 분석 : 장부가치의 중요성

요약

그레이엄은 월스트리트에서 재무상태표에 충분히 주의를 기울이지 않는다고 지적하며, 재무상태표가 다섯 가지 측면에서 투자자를 위한 지침 역할을 할 수 있다고 주장한다. 또한 우선주의 함의를 비롯해 보통주의 장부가치를 정의하고 논의한다. 장부가치의 실제 활용에 대해서도 다룬다. 장부가치는 본래 기업의 가치를 측정하기 위해 이용했지만, 이제는 문제가 간단하지 않다. 다양한 회계기법을 이용해 장부가치를 간단히 조작할 수 있기 때문에 장부가치를 기업의 가치와 등가로 보는 것은 타당하지 않다. 그레이엄은 장부가치와 주가 사이의 괴리가 큰 특수한 사례를 소개한 뒤, 장부가치 단독으로는 기업가치의 지표가 될 수 없다는 결론을 재차 강조한다.

마지막으로 보통주 장부가치 활용을 추천할 수 있는지 여부에 관해 논한다. 그레이엄이 투자자에게 할 수 있는 유일하고 진정한 조언은 '자신이 무엇을 하고 있는지 알아야 하며, 그 행동이 합리적이라는 확신이 들어야 한다는 것'이다.

개요

그레이엄은 월스트리트에서 재무상태표에 충분한 주의를 기울이지 않는 것이 실수라고 지적한다. 재무상태표는 다음 측면에서 투자자들에게 지침이 될 수 있다.

1) 기업에 투입된 자본 규모를 보여준다.

2) 기업의 재무상태, 즉 운전자본에 여유가 있는지 아니면 빠듯한 상황인지 보여준다.

3) 자본구조에 관한 자세한 정보를 담고 있다.

4) 보고이익의 유효성 여부를 교차 검토하는 중요한 수단이다.

5) 이익의 원천을 분석하는 근거가 된다.

주식의 장부가치는 다소 단순한 척도이지만 다양한 방식으로 정의된다. 일반적으로는 장부가치 평가 대상을 유형자산으로 제한하고 영업권, 상표권Trade names, 특허권, 프랜차이즈, 임차권 등 무형자산은 평가에서 제외한다. 이런 이유로 장부가치를 '자산가치'라고 하며, 무형자산을 포함하지 않았음을 분명히 하기 위해 '유형자산 가치'라고도 한다. 보통주 장부가치는 흔히 '자기자본'이라고 한다.

| 주 | 그레이엄은 일반적으로 무형자산에 큰 가치를 두지 않지만 위와 같은 이유로 장부가치를 산출할 때 무형자산 가치를 차감하기를 원한다. 워런 버핏의 의견은 다르다. 현재는 장부가치를 계산할 때 대개 무형자산을 포함한다. 이때 주식의 장부가치는 간단히 '자기자본÷발행주식수'로 계산해 구할 수 있다. 여기서 자기자본은 총자산에서 부채를 뺀

나머지 금액이다. 이 책은 그레이엄의 저서를 바탕으로 한 만큼 그의 의견에 무게를 두고 논의한다.

장부가치 계산

보통주 주당 장부가치는 유형자산을 모두 합산한 뒤 모든 부채와 선순위 증권을 차감한 금액을 주식 수로 나누어 구한다. 그레이엄은 여러 상황에서 간단히 활용할 수 있는 다음과 같은 공식을 제시한다.

$$\text{보통주 주당 장부가치} = \frac{\text{보통주} + \text{잉여금 항목} - \text{무형자산}}{\text{발행주식 수}}$$

잉여금 항목은 유보이익, 주식발행 초과금Premiums on stock issues, 각종 준비금을 포함한다.

보통주 장부가치 산출 시 우선주 처리

보통주의 장부가치를 계산할 때 우선주 가치는 차감해야 한다. 이때 우선주 가치는 일반적으로 액면가나 재무상태표에 표시된 가치를 적용한다. 결과는 대체로 정확하다. 즉 자의적인 요소도 발견된다는 뜻이다. 그레이엄은 액면가에 후취 배당금을 합산하여 우선주 가치를 산정하고, 그 금액을 우선주의 시장가격과 비교하는 방법을 제안한다. 둘 중 더 큰(혹은 가장 보수적인) 금액으로 우선주 가치를 산정한다.

우선주 장부가치 산출

우선주의 장부가치를 계산할 때는 보통주와 같이 취급해 위의 공식에 따라 처리한다. 후순위 증권은 고려하지 않는다.

유동자산가치와 현금자산가치

장부가치와 유사한 두 가지 개념을 소개한다. 유동자산가치와 현금자산가치이다. 주식의 유동자산가치는 모든 부채와 선순위 청구권을 차감한 유동자산만의 가치이다. 무형자산뿐만 아니라 고정자산, 잡자산Miscellaneous asset(동전 수집품, 미술품 등 고유 사업과 무관하나 가치를 지닌 각종 자산)도 제외한다. 제조업체의 유동자산가치는 다음과 같이 산출할 수 있다.

현금
+ 콜론(Call Loans)
+ 매출채권
+ 재고자산
− 미지급금
− 미지급항목
− 우선주
= 유동자산가치

| 주 | 이처럼 다소 지루한 계산법을 소개하는 이유는 이것이 선행되어야만 다음 장에서 제시하는 개념을 완전히 이해할 수 있기 때문이다. 여기서는 유동자산가치를 명확히 정의하지는 않는다.

주식의 현금자산 가치는 모든 부채와 선순위 청구권을 차감한 현금자산만의 가치이다. 현금자산은 현금을 비롯해 즉시 현금화할 수 있는 현금 등가물(양도성 예금증서, 시장가치로 평가한 시장성 있는 유가

증권marketable securities 등)로 정의한다.

1) **장부가치의 현실적 의의** | 본래 보통주의 장부가치는 기업의 재무상태를 검토할 때 가장 중요한 요소였다. 장부가치는 원래 기업의 가치를 보여주기 위한 것이지만 현실과는 거리가 멀다. 따라서 장부가액Carrying value(재무상태표상 숫자)은 의의를 상실했다. 또한 고정자산의 장부가치를 평가증하거나 감가상각비를 피하기 위해 0으로 낮추는 관행이 나타나면서 장부가치를 활용하기는 더욱 의심스러워졌다. 그레이엄은 장부가치와 시장가격의 괴리가 큰 네 개 기업을 사례로 들어, 액면 그대로의 장부가치는 정상적 상황에서든 특별한 경우든 기업의 가치를 평가하는 척도가 될 수 없다고 결론짓는다.

2) **재무적 시각 vs. 경영적 시각** | 그레이엄은 금융적 사고와 일반 경영적 사고는 크게 다르다고 주장한다. 한 사업가에게 1만 달러에 5% 지분을 매각하겠다고 제의하면, 사업가는 가장 먼저 호가 1만 달러에 20을 곱해 해당 기업 지분 전체를 인수하는 데 20만 달러가 제시된 것으로 추정한다. 그런 다음 중요한 고려 사항은 해당 기업을 20만 달러에 인수하는 것이 '이로운 거래'인지 여부가 될 것이다. 주식시장에서는 이 기초적인 접근법을 통해 기업이 어느 정도 가치에 거래되는지를 이해하려는 시도가 거의 이루어지지 않고 있다. 1929~1930년 동안 제너럴일렉트릭General Electric에 '투자'한 수천 명 가운데 자신의 매수 금액이 시장가치 25억 달러를 근거로 한 것임을 아는 사람은 극소수였을 것이다. 이 가운데 20억 달러 이상이 실제 기업에 투자된 자본 대비 할증 금액이었다.

3) 조언 | 그레이엄은 장부가치 활용에 매우 회의적이지만, 주식을 매수·매도하기 전에 잠깐이나마 장부가치를 훑어볼 가치가 있다고 주장한다. 장부가치 활용을 완전히 배제하기에 앞서, 그 개념을 이해할 필요가 있다는 것이다.

주식 매수자는 주식의 가치가 전적으로 해당 기업과 관련이 있으며, 지불한 가격을 대가로 어떤 유형의 자원을 얻을 수 있는지 알아야 한다. 기업이 장부가치보다 비싸게 거래되는 것은 자본 대비 이익이 크기 때문이다. 그러나 이익이 큰 분야는 점차 경쟁이 치열해지기 때문에 높은 자본이익률이 무한정 지속될 수는 없다. 비정상적으로 이익률이 낮아 장부가치보다 크게 낮은 가격에 거래되는 기업은 반대 이유로 정상 이익을 회복할 것이다. 그레이엄은 이 이론이 유효하다고 하더라도, 장부가치를 보통주 선별 시 고려해야 할 핵심 요소라고 보기에는 효과의 확실성이나 신속성이 충분하지 않다고 보았다.

그레이엄은 또한 무형자산이 많은 기업은 경쟁에 덜 취약하며, 일반적으로 작은 기업이 더 빠른 성장률을 기록할 것이라고 언급한다. 전반적으로 그레이엄은 장부가치와 시장가격 사이에 만족할 만한 규칙은 찾지 못했다. 가장 핵심적인 조언은 앞에서 제시했다. 매수자는 자신이 무엇을 하고 있는지 확실히 알아야 하며, 스스로 만족할 수 있을 만큼 합리적으로 행동해야 한다는 것이다.

Chapter 43

유동자산가치의 중요성

요약

42장에서 다룬 유동자산가치에 대한 논의를 계속한다. 그레이엄은 유동자산가치가 장부가치보다 중요하다고 주장하며 세 가지 가설을 제시한다.

첫 번째로 이론상 청산가치는 자산에서 부채를 차감해 산출할 수 있지만 그 숫자를 액면 그대로 받아들여서는 안 된다. 모든 부채는 그대로 반영하지만 자산의 가치는 의심해야만 한다는 것이다. 다양한 자산군의 가치를 평가하기 위해 경험칙이 활용되기도 한다. 그레이엄은 화이트모터컴퍼니White Motor Company의 사례에서 유동자산가치는 청산가치를 대략적으로 보여주는 지표임을 확인한다.

다음으로 청산가치 이하에 거래되는 주식을 살펴보며 두 번째 가설을 검토한다. 그레이엄은 이 과정을 통해 재무상태표의 중요성을 입증하고자 한다. 주가가 청산가치보다 낮아야 하는 타당한 이유가 없는 상황이라면 경영진은 회사를 청산하거나, 청산가치와 주가에 괴리가 발생한 원인을 면밀히 검토해 주가를 끌어올릴 방법을 찾아야 한다.

세 번째 가설과 관련해 그레이엄은 다음과 같은 결론을 내린다. 싼 주식, 즉 현재 이익 규모가 작고 유동자산가치 대비 주가비율이 낮은 종목을 이익 성장이 기대되는 상황에서 매수하면 기회가 될 수 있다는 것이다. 그레이엄은 상황 개선을 기대할 수 있는 다섯 가지 사례를 제시한다. 한편, 이 같은 저가 종목 매수의 최적의 시점은 시장 전반의 주가 수준이 지나치게 높지도 낮지도 않은 때라고 주장한다.

개요

보통주의 유동자산가치는 유동자산과 고정자산가치를 모두 포함하는 장부가치보다 중요한 수치일 가능성이 크다. 이들 가치를 검토하기 위해 그레이엄은 다음과 같은 가설을 세운다.

1) 유동자산가치는 청산가치를 대략적으로 반영하는 지표이다.

2) 많은 보통주가 유동자산가치 이하에 거래된다. 즉 청산 시 실현 가능한 가치보다도 낮게 거래된다는 뜻이다.

3) 많은 주식이 지속적으로 청산가치보다 낮은 가격에 거래되는 현상은 근본적으로 비합리적이다. 이는 ① 시장의 판단, ② 경영진의 방침, 혹은 ③ 회사의 자산에 대한 주주의 태도에 잘못이 있다는 뜻이다.

청산가치

기업의 청산가치는 모든 자산을 매각하고 모든 부채를 상환했을 경우 기업의 소유주가 이론상 받을 수 있는 금액이다. 기업의 전부 혹은 일부를 매각할 수도 있고, 다양한 자산을 현금화할 수도 있다. 청산은 비상장기업에서 일상적인 일이지만 상장기업의 경우는 다르다.

실현 가능한 가치는 자산의 특성에 따라 다르다

기업의 재무상태표를 통해 청산가치를 정확히 알 수는 없지만 유용한 단서를 얻을 수 있다. 청산가치 계산의 첫 번째 원칙은 부채는 그대로 인정하지만, 자산가치에 대해서는 반드시 의문을 제기해야 한다는 것이다. 이는 장부에 나타난 부채는 모두 액면 가치대로 차감하지만, 자산의 가치는 자산의 성격에 따라 달라진다는 뜻이다. 예를 들면 현금은 장부가액만큼 가치를 갖는 반면, 재고자산가치는 시장가격의 50~75%에 불과하다.

1) **청산가치 산출의 목적** | 실제 기업의 사례를 볼 때, 모든 부채를 차감한 뒤 회사가 보유한 현금의 가치보다도 주가가 낮다면 주식은 저평가되었다고 볼 수 있다. 유동자산가치를 활용해 청산가치를 파악하는 목적은 청산가치를 정확히 산출하려는 것이 아니라 대략적으로 가늠하려는 것이다.

| 주 | 현대의 많은 독자는 21세기에는 이런 시나리오가 존재하지 않는다고 생각하겠지만, 사실은 다르다. 2008년 주식시장 붕괴 당시, 수많은 상장기업의 주식은 회사가 보유한 현금가치보다 낮은 가격에 시장에서 거래되었다.

2) **유동자산가치는 청산가치를 대략적으로 가늠하는 수단** | 실제 기업의 청산가치를 산출할 때는 해당 기업이 소유한 다양한

유형의 자산을 고려해야 한다(통조림 재고의 가치는 신선과일과는 다르게 평가될 수 있음). 그레이엄은 화이트모터컴퍼니의 청산가치를 주당 31달러로 추정하고 유동자산가치를 34달러로 산출한다. 이를 바탕으로 유동자산가치는 청산가치를 대략적으로 반영하는 지표라는 첫 번째 가설이 유효하다고 결론짓는다.

청산가치 이하로 거래되는 종목이 만연하다

몇 년 동안 주식은 매우 낮은 가격에 거래되었다. 1932년에는 한때 뉴욕증권거래소에 상장된 제조업체의 40% 이상이 순자산가치 이하로 호가가 매겨졌고, 상당히 많은 종목이 실제로 현금자산 가치 이하에 팔렸다. 기업의 소유주는 계속기업(기업의 본래 목적을 달성하기 위해 계속적인 재투자를 통해 구매, 생산, 영업 등의 기본 활동을 해나가는 기업) 상태로 보유한 주식을 매도하는 것보다 회사를 청산할 때 더 많은 이익을 얻는다는 뜻이다.

이처럼 밸류에이션이 크게 하락한 이유 가운데 하나는 손익계산서에 지나치게 무게를 두었기 때문이다. 당기이익이 없는 회사에 대한 주식시장의 인식은 매우 부정적이다. 주식 매도자는 자신이 청산가치 이하에 지분을 처분하고 있다는 사실도 몰랐을 것이다. 이것이 두 번째 가설, 즉 많은 주식이 청산가치 이하에 거래되는 이유를 설명한다.

주가와 청산가치 괴리의 이론적 의의

앞서 논의한 현상은 '보통주가 지속적으로 청산가치 이하로 거래된다면 이는 주가가 지나치게 낮은 것으로, 회사는 청산되어야 한다'는 기본 원칙으로 요약할 수 있다. 이 원칙에서 두 가지 필연적 결론을 도출할 수 있다.

1) **결론 I** | 주가가 청산가치보다 낮으면 주주는 사업을 계속하는 것이 주주에게 유리한지에 관해 의문을 가져야 한다.

2) **결론 II** | 주가가 청산가치보다 낮으면 경영진은 주식의 시장가격과 내재가치의 명백한 괴리를 바로잡기 위해 적절한 모든 조치를 취해야 한다. 이 조치에는 경영방침을 재검토하는 것, 그리고 사업을 유지하겠다는 경영진의 결정을 주주들에게 솔직하게 해명하는 것 등이 포함된다.

주가가 지속적으로 청산가치 이하에 거래되어야만 하는 타당한 이유 같은 것은 없다.

- **응용한 원칙** | 첫째, 주가가 낮다면 매력적인 매수 기회이다. 둘째, 경영진은 경영상의 오판 여부를 점검해야 한다.

청산가치 이하에 거래되는 종목의 매력

청산가치 이하에 거래되는 보통주 종목은 거의 언제나 이익 추이가 만족스럽지 못하다. 이익이 꾸준히 증가했다면 주식이 그처럼 낮은 가격에 거래되지는 않았을 것이다. 한편, 다음과 같은 다양한 상황에서는 주가가 상승할 가능성이 있다.

1) 회사의 자산 규모에 상응하는 이익 창출능력 생성(업황 전반의 개선, 회사 영업방침 변경 등)

2) 회사의 자원을 다른 회사가 더 유리하게 활용할 수 있고, 그를 통해 청산가치 이상을 지불할 능력이 있어서 이행한 매각이나 협상

3) 회사의 완전 혹은 부분 청산

유리한 상황 전개가 주가에 영향을 미친 사례

1) **업황 전반의 개선** | 섬유업 환경이 개선되자 페퍼렐Pepperell 주가는 2년 만에 주가가 여덟 배 이상 올랐다.

2) **영업방침 변경** | 신제품 개발, 새로운 판매 기법 도입, 생산단계 재편 등이 기업의 영업방침 변경에 해당한다.

3) **매각·합병** | 화이트모터컴퍼니는 막대한 손실을 기록하며 청산가치 이하에 거래되고 있었다. 그러나 회사가 보유한 대규모 현금자산은 인수를 희망하는 다른 회사의 관심을 끌었다. 매각가격은 유동자산가치를 기준으로 책정되었다.

4) **완전청산** | 모호크마이닝컴퍼니Mohawk Mining Company 투자자는 회사가 완전 청산을 결정한 덕분에 당시 주가의 2.5배를 지급받았다. 청산가치는 유동자산가치와 일치한 것으로 드러났는데, 재무상태표에서 직접 산정할 수 있었다.

5) **부분청산** | 기업의 일부를 청산하고 그 대가를 주주에게 배분함으로써 주가를 효과적으로 끌어올린 경우도 있다.

종목 선별 기준

청산가치보다 훨씬 낮은 가격에 거래되는 주식은 저평가된 종목이며, 따라서 이익을 거둘 수 있는 매수 기회라는 데는 의심의 여지가 없다. 그럼에도 불구하고 분석가는 종목들 사이에서 최대한 면밀히 검토해 유망한 종목을 가려내야 한다.

분석가는 위에서 열거한 다섯 가지 유리한 상황이 전개될 것으로 판단되는 경우 그것에 기대어 종목을 선정할 수 있다. 만족스러운 당기이익과 배당금, 높은 과거 이익 창출능력이 종목 선정의 근거가 될 수도 있다. 한편 유동자산이 빠르게 감소하고, 이러한 문제를 바로잡을 기미가 보이지 않는 종목은 멀리할 것이다.

1) **사례** | 대공황 시기 동안 허프모터스Hupp Motors는 유동자산가치의 60%를 잃었다. 남은 유동자산가치도 시장가격 이하로 하락할 위험이 컸다. 반면 맨해튼셔츠컴퍼니Manhatten Shirt Company의 유동자산가치는 같은 기간 단 10% 감소하는 데 그쳤다. 또한 매출채권과 재고자산을 유동화하여 현금자산을 개선했다. 두 회사는 투자 가능한 선택지로서 분명히 다른 범주에 놓아야 한다.

저가 종목

1) 청산가치 이하에 거래되고, 2) 자산이 소멸할 위험이 낮고, 3) 과거 시장가격이 높은 수익 창출능력을 반영해온 보통주는 '투자에 적합한 저가 종목'으로 구분해도 좋다. 이런 주식들의 가치는 현재 거래되는 가격을 넘어서며, 결국 주가에 반영될 가능성이 크다.

이런 종목들은 이미 낮은 가격에 거래되는 만큼 안전하다. 원금 손실 위험이 상대적으로 작다는 뜻이다. 하지만 주의해야 할 사항이 있다. 저가 종목에 투자할 때는 시장 전반의 상황을 고려해야 한다. 시장의 일반적인 주가 수준은 가급적 지나치게 높지도 않고 낮지도 않아야 한다. 시장의 주가가 지나치게 높으면 다음번에 시장이 하락할 때 다른 종목과 마찬가지로 저가주에도 심각한 영향이 미칠 것이다. 시장의 주가 수준이 지나치게 낮은 경우에는 저가주보다 다른 주식을 저렴한 가격에 매수하는 기회로 삼을 수 있다.

1) **회사 전체에 대한 권리를 가진 우선주가 일부에 대한 권리만 있는 채권보다 안정성이 낮을 수는 없다** | 채권이 주식보다 안전하다는 것이 일반 상식인 만큼 처음에는 이 주장이 모호하게 들릴 수 있다. 그러나 두 회사의 재무상태표를 좀 더 깊이 이해한다면 그 관계를 납득할 수 있다.

쇼멋어소시에이션Shawmut Association은 오로지 주식으로만 자본금을 조달했다. 자산가치는 현재 주가 기준으로 주가의 180%에 해당한다(혹은 주가순자산비율Price-to-Book value Ratio이 0.55(=100÷180)로 낮다고 표현할 수 있다). 이처럼 쇼멋어소시에이션 주식은 안정성이 높으며, 현재 주가 수준에 회사를 매수할 경우 회사 자산 전체를 보유하는 것과 마찬가지 효과를 얻을 수 있다.

쇼멋뱅크인베스트먼트트러스트Shawmut Bank Investment Trust의 자본은 채권과 주식으로 구성된다. 채권시장 가치의 122%에 해당하는 자산가치가 원금을 보호한다. 한편, 채권 보유자가 해당 기업에 대해 갖는 이해관계는 채권 원금으로 제한된다.

그레이엄은 아메리칸라운드리머시너리American Laundry Machinery의 사례를 들어 다양한 자본 구조하에서 증권 간의 관계를 설명한다. 회사 주가는 이익과 자본금에 비해 크게 낮은 가격에 거래되었다. 과거 실적도 양호했다. 월스트리트에서는 이 회사가 발행한 채권은 기꺼이 사들인 반면, 안정성이 낮다는 이유로 주식은 꺼려했다. 채권 보유자에게는 회사가 표면이자를 지급할 의무가 있지만, 배당금 지급은 보증된 것이 아니라고 주장하였다. 이는 일시적으로 지속될 뿐인 이자 소득을 안정성과 혼동한 사례이다. 배당금을 지급한다고 주식의 안정성이 높아지는 것도 아니다. 배당금은 어차피 주주의 자산이다. 합리적인 주주라면 회사에 대한 소유권을 완전히 포기하고, 제한적인 권리와 5~6% 수준의 투자수익률을 추구하지는 않을 것이다.

Chapter 44

청산가치의 의의 : 주주-경영진 관계

요약

특히 청산가치 이하에 거래되는 종목을 중심으로 주주와 경영진의 관계를 살펴본다. 이처럼 싼 종목을 매수할 때 차익을 실현할 가능성이 있는 것은 분명해 보인다. 주가가 청산가치보다 낮아서 경영진이 사업을 정리하는 것만으로도 주주에게는 이익이기 때문이다. 일반적으로 경영진을 불신할 이유는 없다. 그러나 경영진과 주주의 이해관계가 항상 일치하는 것은 아니라는 사실을 이해할 필요는 있다.

이사회는 경영에서 중추적 역할을 한다. 하지만 이사들도 급여를 받는 피고용인이며, 최고 임원들과 긴밀한 관계를 맺고 있다는 사실을 알아야 한다. 따라서 이사회의 결정과는 별개로 투자자는 경영진과 주주의 이해관계에 충돌이 있을 법한 분야를 직접 면밀히 검토해야 한다. 사업을 지속할지 여부는 경영진이 아니라 주주가 결정할 사안이다. 청산가치가 주가보다 높은 경우 이 문제가 필연적으로 대두된다. 이사회는 회사를 유지하는 것이 유리하다고 결정한 경우 그 근거를 제시해야 한다. 사업을 유지하고 위험을 제한하기 위한 기타 해결 방안으로는 최소한 청산가치와 동등한 수준의 배당, 초과 현금 전부를 주주에게 되돌려주는 것 등이 있다.

자사주 매입을 위해 현금을 활용하는 것은 일부 상황에서 재무 문제와 배당 중단으로 이어진다. 이 경우 주가가 급락해 주주에게 부당한 피해를 입힐 수 있다. 주주가 아닌 경영진의 이익을 위해 자사주 매입이 이루어질 경우 특히 그렇다.

개요

월스트리트에서 청산가치 이하에 거래되는 주식을 멀리하는 데는 두 가지 논리가 있다. 1) 기업의 이익이 만족스럽지 못하고, 2) 기업이 결국 청산되지 않을 것이라는 이유이다. 첫 번째 논리는 43장에서 살펴본 내용으로 반박할 수 있다. 다양한 방법으로 미래에 상당한 자본수익률을 달성할 수 있기 때문이다. 그렇더라도 시장가격에 대한 일부 회의적인 시각은 타당하다.

그레이엄은 두 번째 논리에 대해 "기업의 전망이 아무리 형편없어도 회사의 자원이 소진될 때까지 사업을 계속하도록 주주들이 내버려두는 이유는 무엇인가?"라는 질문을 던진다. 이 질문은 증권의 가치와 증권을 보유한 사람들이 가진 정보 그리고 그들이 취하는 경계 태세 사이의 상관관계에 관한 논의이다.

미국 주주의 특징 | 무관심, 순종적 태도

전형적인 미국 주주들은 이사회에 비판적인 태도를 취하지 않는 것으로 유명하다. 기업의 주인이자 경영진의 고용인으로서 개인의 권리를 행사할 생각을 거의 하지 않는다. 그 결과 미국 대기업 대다수는 주주가 아닌 소수, 즉 '경영진'이 지배한다. 그레이엄은 벌리Berle와 민즈Means의 저서(《현대기업과 사유재산The Modern Corporation and Private Property》)를 인용해 경영진이 주주의 이익을 위해 일한다는 보장은 없으며, 오히려 그 반대로 행동한다고 설명한다.

주주들의 전제는 타당하지만 일부 오류가 있다

기업이 오로지 주주의 이익을 위해 운영되도록 하는 권리를 스스로 포기했다는 주장에 대해 주주들은 동의하지 않을지 모른다. 그레이엄은 주주들의 이런 태도가 다음과 같은 잘못된 전제에 근거한 것일 수 있다고 지적한다.

1) 경영진은 주주보다 해당 사업에 관해 더 많이 안다. 따라서 경영방침과 관련한 경영진의 판단을 모두 수용해야 한다.

2) 경영진은 기업의 주가에 관심도 없고 책임도 없다.

3) 경영진의 주요 정책에 반대할 경우 주식을 파는 것이 주주로서 대응책이다.

경영진의 판단이 반드시 현명하고 효율적인 것은 아니다

완전히 틀린 전제는 아니다. 절반만 옳기 때문에 더욱 위험하다. 경영진은 대개 해당 사업을 매우 잘 알지만, 반드시 주주에게 유리한 경영방침을 찾아내고 채택하는 것은 아니다.

주주와 경영진의 이해충돌 지점이 있다

다음 부문에서 경영진과 주주의 이해관계가 충돌할 수 있다.

1) **경영진에 대한 보상** | 기본 급여, 보너스, 주식매수 선택권

2) **사업 확장** | 경영진의 급여 인상, 권한 확대, 지위 상승을 수반하는 사업 확장

3) **배당금 지급** | 기업이 벌어들인 이익은 경영진이 관리해야 하는가, 아니면 주주에게 분배해야 하는가?

4) **주주의 투자 지속** | 무수익 사업에도 투자를 지속해야 하는가, 아니면 자본의 일부를 회수하거나 사업을 완전히 접도록 해야 하는가?

5) **정보 공개** | 경영진은 일반 주주에게 공개되지 않은 정보를 통해 이익을 얻는가?

기업에 투자 여부를 결정할 때는 먼저 위 질문과 관련한 내용을 면밀히 조사해야 한다. 이는 경영진을 신뢰할 수 없다는 것이 아니라, 경영진에게 무제한의 자유를 허용해서는 안 된다는 뜻이다. 비상장기업에서 고용주가 자신이 믿을 수 있는 사람을 채용하면서도 직원 스스로 급여를 정하게 하지는 않는 것과 마찬가지다.

이사회도 사리 추구에서 반드시 자유롭지는 않다

상장기업에서 주주의 이익을 보호하는 것은 이사회의 의무이다. 그러나 이사회는 대개 유급 임원으로 구성되어 있기 때문에 최고 경영진과 밀접한 관계를 맺는다. 따라서 주주는 비판적인 시각을 유지하고, 독자적으로 판단을 내릴 수 있어야 한다.

- **남용되는 경영진 보상** | 경영진에게 주어지는 특권이 남용된 사례는 허다하다. 시가보다 낮은 가격에 자기 회사 주식을 살 수 있는 권리가 부여된 극단적인 사례도 있다. 공교롭게도 주

가가 하락하자 경영진은 매수 계약을 취소했고, 이미 지불한 매수 대금도 돌려받았다.

사업을 계속하는 것이 타당한지 여부도 고려해야 한다

경영진은 당연히 주주에게 자본금을 돌려주기를 꺼린다. 자본금이 주주에게 돌아가는 것이 더 유리한 경우에도 그렇다. 이유는 자원 부족이다. 예를 들어 훗날 기업의 재무상태에 문제가 발생했을 때 경영진이 지급의무를 이행할 유기적 자원을 갖지 못할 수도 있기 때문이다. 한편 회사의 완전청산은 일자리 자체가 사라지는 것을 뜻한다.

사업을 지속할지 여부는 경영진이 아닌 주주가 결정할 사항이다. 주식이 청산가치 이하로 거래되면 이는 사업의 지속 여부를 고려해야 할 타당한 사유가 된다. 주가가 청산가치보다 낮다는 것은 결국 시장이 틀렸거나, 기업을 존속시키려는 경영진이 틀렸다는 의미이다. 청산을 오로지 주주의 이익이라는 관점에서만 논의하는 것은 비정한 일이 될 수 있으므로, 직원들의 의견에도 귀를 기울여야만 한다. 단 사업을 지속하는 이유가 고용을 유지하기 위해서라면 직원들도 이것을 인식하도록 해야 한다. 이런 상황에서 자본금을 희생하는 것이 합리적인지 여부는 논의의 영역 밖에 있다.

경영진도 주가에 적절한 관심을 가져야 한다

경영진은 대개 회사의 주가에 관한 질문을 회피한다. 시장의 등락이 경영진의 책임은 아니다. 하지만 주식이 터무니없이 높거나 낮은 가격에 거래되지 않도록 하는 것도 경영진의 의무이다

1) **주가를 바로잡는 다양한 방법** | 이사회가 회사를 존속하는 것이 청산보다 유리하다고 확신할 경우 이러한 결론에 이른 근거를 제시해야 한다. 사업을 지속하고 투자자의 위험을 제한하는 한 가지 방법은 새로운 배당 정책을 수립하는 것이다. 사업 존속 결정으로 주주가 피해를 입지 않으려면 시가배당률이 적어도 청산가치와 같아야 한다. 초과 현금을 주주에게 돌려주는 방법도 있다. 그레이엄은 이러한 방법들을 적용한 실제 사례를 소개한다.

2) **자발적 청산 사례** | 자산 규모가 상당한 무수익 사업을 청산하면 주식의 시장가격을 웃도는 청산가치를 실현할 수 있는 것이 거의 확실하다. 주가는 실적에 좌우되는 반면, 청산 절차는 자산을 기준으로 진행되기 때문이다.

주주의 지분율에 비례한 자사주 매입

자본금이 필요하지 않은 경우, 자사주 매입을 통해 자본금을 주주에게 돌려주는 편이 유리할 수 있다.

공개시장에서의 자사주 매입 남용

1930~1933년 대공황 당시, 많은 기업이 초과 현금을 이용해 주주에게 통보 없이 자사주를 매입했다. 이것은 저가에 가능한 많은 주식을 매수하여 '기업의 이익'을 추구하려는 조치로 여겨졌다. 정상적인 상황에서는 기업이 가능한 저렴하게 자산을 매수하는 것이 합리적이다. 하지만 주식을 보유하고 있는 사람은 이득을 보는 반면, 주식을 헐값에 매도하는 사람은 손해를 입는다.

기업은 주식을 매도하는 주주에게도 공정할 의무가 있다. 기업이 자사주 매입을 생각할 때 이는 배당금 축소 결정으로 이어질 수 있다. 이것은 거의 모든 주주에게 피해를 입히고, 지분을 꾸준히 보유해온 주주에게만 유리한 일이다.

1) **화이트모터컴퍼니** | 회사가 배당금을 지급하지 않자 주가는 폭락했다. 배당을 중단한 이유 가운데 하나는 자사주를 과도하게 매입해 보유 현금이 고갈되었기 때문이다. 직원들을 위해 이례적인 규모로 자사주 매입이 이루어졌지만, 주주에게는 어떤 보상도 없었다.

2) **웨스트모어콜컴퍼니**Westmore Coal Company | 회사는 주가가 현금자산 단독 가치보다 낮게 형성되었을 때 자사주를 매입했다. 주가가 하락한 원인은 이익 부재와 불규칙한 배당이었다. 그러나 기업이 과도하게 보유한 현금은 먼저 주주에게 분배되어야 한다는 것이 그레이엄의 주장이다(애초에 현금을 과도하게 보유하게 된 이유도 경영진의 결정에 따라 자사주 매입에 활용 가능하기 때문이었을 것이다).

요약과 결론

회사의 주인은 주주이며, 경영진은 유급으로 고용한 사람이다. 선출직인 이사는 사실상 신탁관리자로서 오로지 주주의 이익만을 위해 행동할 법적 의무를 진다. 이러한 보편적 진실을 좀 더 효과적으로 현실에 적용하려면 주식을 보유한 대중에게 교육을 통해 진정으로 주주에게 이로운 것이 무엇인지를 분명히 이해해야 한다.

Chapter 45

재무상태표 분석 : 결론

요약

그레이엄은 서두에서 재무상태표 분석의 목적이 값이 싼 투자 대상을 찾는 것이 아니라, 재무상의 취약점을 찾아내는 데 있다고 설명한다. 재무상태표 분석은 새로운 종목을 매수하기에 앞서 투자자가 반드시 행해야 하는 절차이다. 최소 운전자본비율Working capital ratio(유동부채 대비 유동자산 비율—옮긴이) 2배, 최소 산성시험비율Acid test ratio(당좌비율Quick ratio이라고도 함. 유동부채 대비 당좌자산비율—옮긴이) 1배가 기본 원칙이다.

다음으로 다양한 유형의 부채에 관해 논의한다. 은행 차입금이 많다는 것은 일반적으로 재무상태가 취약하다는 신호이다. 증권분석 시 재무상태표에서 은행이나 채권 보유자에게 곧 상환해야 하는 부채를 발견하면 신중해야 한다. 투기적 성향의 일반투자자들이 이것을 알아차리지 못하면 제값보다 비싸게 주식을 살 수 있다. 따라서 투자자는 시장가격의 방향에만 의존해 기업 위험의 증가나 감소 여부를 판단해서는 안 된다.

일정 기간을 기준으로 재무상태표를 비교할 때는 다음 세 가지를 고려해야 한다. 1) 일정 기간의 손익계산서상 이익을 재무상태표와 교차해 확인한다. 기업분석에서 재무상태표는 손익계산서에 보고한 이익보다 더욱 진실에 가깝다. 2) 손익이 기업의 재무상태에 미치는 영향을 파악한다. 손익계산서의 손실이 실제로는 기업의 재무상태를 강화하는 경우도 있다. 손익계산서상 이익 증가가 반드시 재무상태 개선을 뜻하는 것도 아니다. 3) 장기간에 걸친 기업의 자원과 이익 창출능력의 상관관계를 추적한다. 이는 철저한 조사가 뒷받침되어야만 가능하다. 그레이엄은 두 개 기업을 상대로 철저한 조사를 실시했는데, 분석 대상 기간을 늘리자 몇 가지 질문이 제기되었다. 개별 기업뿐만 아니라 업종 전체의 수익성을 검토할 수 있다는 것이 이 분석 기법의 장점이다.

개요

앞서 재무상태표를 이용해 시장가격과는 다른 적정가격이 드러나는 상황을 살펴보았다. 재무상태표 분석은 재무적 취약성을 찾아내는 데 더욱 활용된다. 신중한 증권 매수자라면 재무상태표를 면밀히 검토해 보유현금은 적절한지, 유동부채 대비 유동자산 규모는 적절한지, 상환Refinancing에 문제는 없는지 등을 파악해야 한다.

운전자본 상태와 부채 만기

운전자본에 관한 기본 원칙

세조입체의 경우 과거에는 유동부채 1달러당 유동자산을 적어도 2달러 이상 보유해야 표준 운전자본비율이라고 여겼다. 유동자산 대비 유동부채비율이 2대1 혹은 평균 이하인 기업은 의심해볼 수 있다. 투자자는 당연히 더 높은 비율을 선호하지만 정확한 기준을 새로 정하는 것도, 비율이 2대1인 기업을 투자 대상에서 배제하기도 어렵다. 재무 건전성의 또 다른 지표인 '산성시험'은 (재고를 제외한) 유동자산 규모가 유동부채와 최소한 같아야 한다고 요구한다. 산성시험을 통과하지 못하는 증권은 투기적이고 위험이 크다고 판단할 수 있다.

• **예외 사례** | 아처-대니얼스-미들랜드컴퍼니Archer-Daniels-Midland Company는 예외이다. 이 회사는 산성시험을 통과하지 못했지만 우려할 문제는 아니었다. 미지급금이 증가했지만(재고가 확대되며 운전자본비율과 산성시험비율이 하락함), 이는 업계의 계절적 요인이 반영된 정상 상황이었다.

대규모 은행 차입금은 재무상태 약화 신호

단지 미지급금 때문에 재무상태가 약화되는 경우는 드물다. 재무상태가 취약할 때는 거의 언제나 은행 차입금이나 기타 단기 차입금이 문제가 되는 것이 특징이다.

1) **사례** | 투자자나 투기 거래자가 뉴욕센트럴New York Central의 재무상태표를 보고 어떤 판단을 내려야 했는지는 단정하기 어렵다. 그러나 막대한 은행 차입금과 지급어음Bills payable을 간과해서는 안 된다는 사실은 분명하다. 보수적인 투자자라면 이 주식을 사지 않았겠지만, 투기 거래자라면 주가가 매우 낮은 만큼 위험 수준도 매력적이라고 보았을 수 있다.

기업 간 채무 관계

모회사나 계열사로부터 조달한 유동부채의 경우 이론적으로는 다른 단기 부채만큼 중요하지만, 실제로 모회사는 부채 상환을 거의 요구하지 않는다.

- **사례** | 모회사로부터 대규모 유동부채를 조달한 자회사 사례를 제시한다. 운전자본 측면에서는 분명히 문제가 있었지만, 자회사가 우선주에 대한 배당금 지급을 중단하는 일은 없었다.

만기가 다가오는 장기채의 위험성

대규모로 발행한 채권의 만기가 다가오면 회사에 심각한 재정난을 야기할 수 있다. 영업 실적이 부진할 때는 더욱 그렇다. 장기채의 만기 도래는 지급불능의 흔한 원인으로서, 재무상태표에서 파악할 수 있다.

- **사례** | 그레이엄은 장기채의 만기가 도래하면서 재정난에 빠진 여러 회사의 사례를 제시하고, 그런 상황에서 투기 거래자들의 행동이 얼마나 비합리적인지에 주목한다. 상환 과정에서 커다란 비용이 필요하고, 어쩌면 법정관리로 이어질 수도 있다는 사실을 알면서도 투기 거래자는 해당 주식을 매수한다.

중간 만기 은행 차입금

초저금리 상황에서는 여러 해에 걸쳐 상환하는 조건으로 대출을 일으킬 수 있기 때문에, 자금을 차입해 기존 채권을 상환하기에 매우 유리한 환경이다. 증권분석 관점에서 보면 은행의 신용공여는 잘 알려진 기업금융 수단으로서 대중을 상대로 발행하는 단기 채권과 유사하다. 유동자산 규모가 은행 차입금을 상환하기에 충분한 기업이거나, 차환이 쉽게 이루어질 만큼 이익 창출능력이 크고 신뢰할 수 있는 기업이라면 은행 차입금은 문제가 되지 않는다. 이런 경우가 아니라면 중간 만기 은행 차입금을 배당금 지급능력, 더 나아가 기업의 지급능력 전체에 대한 잠재적 위험요인으로 파악해야 한다.

일정 기간의 재무상태표 비교분석

재무상태표 비교는 증권분석에서 중요한 요소로서 목적은 다음과 같다.

1) 회사가 손익계산서에 보고한 주당이익과 교차 확인한다.

2) 손익이 기업의 재무상태에 미치는 영향을 가늠한다.

3) 회사의 자원과 이익 창출능력 사이의 장기간에 걸친 상관관계를 추적한다.

재무상태표를 이용한 주당이익 확인

그레이엄은 U.S. 인더스트리얼알코올컴퍼니U.S. Industrial Alcohol Company의 10년 치 실적을 사례로 회사가 손익계산서에 보고한 이익이 실제로 재무상태표에 반영되었는지 점검한다. 검토 결과 둘 사이에는 상당한 괴리가 있었으며, 재무상태표에는 이익이 제대로 반영되지 않았다. 평가감과 상각 등 다양한 변화가 손익계산서 항목이 아닌 잉여금에 반영된 것이 이유였다.

| 주 | 이런 관행은 더 이상 가능하지 않다.

손익이 기업의 재무상태에 미치는 영향 점검

맨해튼셔츠컴퍼니와 허프모터스는 이미 43장에서 사례로 제시했다. 두 회사의 재무상태표를 비교해 손익이 기업의 재무상태에 미치는 영향을 가늠할 수 있다.

1) **재고손실이 재무상태를 개선할 수도 있다** | 단지 재고자산 가치가 감소해(재고자산을 장부가액의 50~75%만 반영) 손실이 발생한 경우도 있다. 재고자산 감소 금액이 손실 규모보다 크고 이것이 실제 현금 증가나 미지급금 감소로 이어질 경우, 손실이 발생했음에도 불구하고 회사의 재무구조는 오히려 개선되었다고 보아도 타당하다.

맨해튼셔츠컴퍼니 투자자는 청산가치 기준으로 경기침체기에 오히려 회사의 가치가 상승하는 것을 경험했을 것이다. 회사가 자산을 현금화한 결과이다. 반면, 손익계산서상으로 회사는 손실을 기록했다. 재무상태표는 진실을 좀 더 제대로 반영한다.

2) **재고자산 정상가치의 하락은 영업손실인가** | 그레이엄은 스스로 제기한 이 질문에 직접적인 답을 제시하지는 않지만, 이에 관한 이론적 함의를 논의한다. 예를 들면 재고자산가치는 판매단가가 하락하면 감소할 수도 있다. 이때 재고자산 가액을 평가감하고 영업손실로 처리한다면, 고정자산가치 하락도 마찬가지로 처리해야 한다고 주장할 수도 있다. 분석가는 원칙적으로 '정상 재고' 기준으로 분석해 이익 창출능력을 산출해야 한다. 그러나 실제로는 이와 같은 분석을 위해 활용할 수 있는 데이터가 없다. 따라서 재고자산 가액 변동으로 인한 왜곡 효과를 감안해 일반적이고 부정확한 평가를 할 수밖에 없다.

3) **재고자산가치 상승에 따른 이익** | 고 인플레이션 상황에서는 회계상 재고자산가치도 상승한다. 제조업체의 경우 투기로 인해 상품가격이 오르면 이러한 상황이 발생할 수 있다.

4) **사례** | U.S. 러버U.S. Rubber의 이익이 증가한 원인 가운데에는 생산설비에 대한 투자, 1919~1920년의 고 인플레이션 시기에 감행한 재고자산 확대가 있었다. 이런 사실은 손익계산서에 보고된 이익 확대에만 집중해서는 알아낼 수 없다.

이익 창출능력과 자원을 장기 기준으로 분석

재무상태표 비교분석의 목적 가운데 세 번째 항목은 흥미가 다소 떨어진다. 기업의 과거 실적과 재무상태표를 철저히 검토해야만 분석이 가능하기 때문이다.

1) U.S. 스틸U.S. Steel | **10년 단위 영업 실적과 재무구조 변화 분석**(1903~1932년) 재무상태표와 손익계산서는 10년간 배당금을 보여준다.

① 의의 : 10년 단위로 구분한 데이터는 각 연도별 실적 검토와는 다른 무언가를 보여준다. 이 회사의 경우 제1차 세계대전은 영업에 뚜렷한 영향을 미쳤고, 이익이 크게 증가했다. 그러나 투자자본의 이익률은 과거 10년간 하락했다. 여기서 전쟁이 종료되며 과거에 상대적으로 번창했던 철강업의 수익성이 악화된 것은 아닌가 하는 질문이 가능하다. 또한 과도한 재투자가 설비 과잉으로 이어져 이익률이 하락한 것은 아닌가 하는 의문도 제기된다.

② 후기 : 첫 번째 질문에 대한 답은 '그렇다'가 될 것이다. 철

강업 전반에 걸쳐 이익이 감소했기 때문이다.

2) **콘프로덕츠리파이닝컴퍼니**Corn Products Refining Company **분석**(1906년 2월 28일~1935년 12월 31일)

- **실적 논평** : 그레이엄은 회사의 재무제표를 철저히 검토한 뒤 이 회사 역시 전쟁으로 이익이 크게 증가했지만, 투하자본 수익률은 대공황 시기에도 영향이 없었음을 파악한다. 이익 차감, 평가감, 감가상각비에 의한 왜곡도 없었다. 그레이엄은 이 같은 재무제표 분석을 근거로 콘프로덕츠에 대해서는 U.S. 스틸과 동일한 우려를 제기할 필요가 없다고 설명한다.

증권분석의 기타 측면 : 가격과 가치의 괴리

SECURITY

A Summary of Benjamin Graham and David Dodd's original work

ANALYSIS

Chapter 46

주식매수 선택권 워런트

요약

이 장에서는 그레이엄은 세 가지 영역에서 워런트의 개요를 살펴보았다. 1) 워런트의 개념을 설명한다. 워런트는 보통주를 살 수 있는 특권으로서 행사가격은 대개 현재 시장가격보다 높게 책정되고, 행사기간은 1년 이상임을 이해한다. 2) 워런트의 투기적 성격을 설명한다. 투기는 계량적 요소와 관련이 있다. 계량적 요소의 가치는 쉽게 측정할 수 있다. 그러나 궁극적으로 워런트의 가치는 미래 이익 증가에 좌우된다. 3) 워런트는 재무구조에 커다란 영향을 미칠 수 있다. 그레이엄은 워런트를 자금조달의 원천으로 활용한다는 개념에 동의하지 않는다. 워런트에는 보통주 이상의 권리가 없고, 보통주 가치를 희석하기 때문이다. 무관심한 대중이 워런트의 존재에 소홀한 동안 워런트의 가치는 시장에서 인위적으로 높게 평가된다.

개요

주식매수 선택권 워런트는 채권이나 우선주에 첨부된 특권으로 개발되었다. 즉 독립적인 상품이나 자본구조의 중요한 일부로 간주하지는 않았다. 오늘날 주식매수 선택권 워런트는 투기 거래 수단으로서 인기를 얻고 있다. 이 장에서는 주식매수 선택권 워런트를 별도의 금융 상품으로 보고, 다음 세 가지 측면에서 논의한다.

1) 개념

2) 투기 수단으로서 워런트의 기술적 특징

3) 재무구조의 한 부분으로서의 의의

기술적 개요

(분리형) 매수 선택권 워런트는 양도 가능한 주식매수 청구권이다. 이 권리는 다음 정보로 자세히 설명할 수 있다. 1) 주식의 종류, 2) 매수 규모, 3) 매수가격, 4) 매수 대금 지불 방법, 5) 특권의 존속 기간, 6) 희석 방지 조항

특권으로 매수 가능한 주식의 종류

거의 모든 매수 선택권 워런트는 발행기업의 보통주로 전환 가능하다. 우선주를 매수할 수 있는 경우는 극소수이다. 워런트에는 이자, 배당금, 원금 지급을 청구할 권리가 없으며 의결권도 없다.

신주인수 '권리'와 유사성

워런트는 여러 측면에서 기업이 증자와 관련해 주주에게 부여하는 신주인수권과 유사하다. 다만 행사가격과 유효기간에 차이

가 있다. 신주인수권은 주가가 크게 하락하지만 않으면 거의 언제나 행사되며, 대개 유효기간인 60일 이내에 행사된다. 반면 워런트는 이처럼 단기간에 행사되는 경우가 거의 없다. 일반적으로 발행 시점의 주가보다 더 높은 가격에 주식매수 가격이 형성되기 때문이다. 유효기간은 대부분 1년 이상이다.

매수 대금 납입 방법

매수 선택권 워런트 대부분은 주식 인수 대금을 현금으로 납입하도록 요구한다.

워런트 거래 단위

매수 선택권 워런트는 시장에서 보통주와 같은 방식으로 거래된다. 표준 원칙에 따르면 워런트 1개는 주식 1주를 매수할 수 있는 권리이다.

다양한 목적으로 발행된 워런트 사례

1) 선순위 증권에 첨부

2) 인수기관에 대한 보상

3) 발기인과 경영진에 대한 보상

4) 합병 또는 구조조정 계획의 일환으로 다른 증권과 교환 수단으로 발행

5) 보통주 발행 시 첨부

6) 현금을 대가로 별도 판매

투기 수단으로서의 워런트

매수 선택권 워런트의 일반적인 특징은 저가 보통주와 동일하다. 매수 선택권 워런트는 본질적으로 해당 기업에 대한 장기 콜옵션이다. 워런트와 보통주의 관계는 보통주와 투기적 선순위 증권의 관계에 비유할 수 있다.

정성적 요인

워런트의 매력은 어느 정도 투기적 성격을 띤 정성적 요인, 즉 사업의 성격에 의해 결정된다. 워런트의 유효기간과 가격 등 정성적 요소에 관해서는 설명이 가능하지만, 분석가가 이를 통해 미래 실적을 정확히 예측할 수는 없다. 여기에 투기적 요소가 있다. 워런트는 오로지 기업의 이익이 증가할 때만 가치가 실현될 수 있으므로, 안정성에 대한 기대보다 이익 증가 전망이 워런트를 더욱 매력적으로 보이게 할 것이다.

계량적 요인 | 저가의 중요성

계량적 관점에서 워런트의 매력을 찾기는 좀 더 수월하다. 바람직한 계량적 특성에는 낮은 가격, 긴 유효기간, 시장가격에 근접한 옵션가격 등이 있다. 이 가운데 낮은 가격이 가장 중요하다. 그레이엄은 이 세 가지 요건을 모두 갖춘 매수 선택권 워런트에 투기적 매력이 있다고 설명한다.

상대적 저가의 중요성

단순히 가격이 낮기만 해서는 안 된다. 워런트는 보통주 대비 상대적으로 가격이 낮아야 한다.

사례

그레이엄은 상대적 저가의 중요성을 입증하는 한 회사의 사례를 제시한다. 워런트 보유자는 이 회사 주식을 주당 25달러에 매수할 수 있다. 주가는 31달러, 워런트 가격은 6달러이다. 즉 워런트는 패리티 가격 수준에 거래되었음을 알 수 있다. 주가가 오르면 워런트 가격도 비례하여 더 높은 상승률을 기록할 것이다.

- **기술적 우월성이 없는 경우도 흔하다.** | 주가가 높으면 일반적으로 워런트 시세 역시 절대적으로나 상대적으로 모두 높게 형성된다. 주가가 낮으면 워런트 가격도 낮다. 즉 앞서 언급한 보통주 대비 기술적 우월성이 없는 경우도 흔하다.

자본구조의 일부를 이루는 워런트

매수선택권 워런트는 기본적으로 보통주에서 분리한 권리로 워런트로 이익을 얻을 기회는 보통주보다 제한적이다. 이 개념을 공식으로 표시하면 다음과 같다.

- **보통주 비용 + 워런트 비용 = 보통주 단독 가치**(워런트가 없는 경우)

워런트는 주식으로부터의 차감

워런트는 정해진 가격에 주식을 매수할 권리이므로, 해당 행사가격에 도달하면 보통주 주주의 이익은 희석된다. 워런트 취득 비용을 감안해야 하기 때문이다.

| 주 | 그레이엄은 전반적인 지분희석Equity dilution에 관해 언급한다. 개인

투자자의 경우 보유한 워런트를 보통주와의 패리티 가격 이상에 매도한다면 틀림없이 가치를 창출할 수 있다.

주식가치를 희석하는 위험한 수단

매수 선택권 워런트는 보통주 가치를 희석하는 위험한 수단이다. 주주들은 워런트 발행에 무관심한 나머지, 자신들의 미래 지분 일부가 줄어든다는 사실을 인식하지 못한다. 워런트에 무관심한 보통주 주주는 워런트 여부에 관계없이 주식의 가치를 유사하게 평가한다.

- **귀류법**Reductio ad Absurdum | 추가로 신주를 인수할 수 있는 종류의 워런트를 첨부하여 발행된 보통주는 워런트가 첨부되지 않은 주식 이상의 가치를 주주에게 제공하지 못한다. 이것은 건전한 기업 금융의 원칙에도 위배된다. 정도 경영이 이루어지는 기업은 오직 신규 자본이 필요한 경우에 한해 주식을 추가로 발행한다.

Chapter 47

조달비용과 경영비용

요약

투자은행이 기업의 증권을 발행하는 과정은 복잡하고 비용이 많이 든다. 이 장에서는 보통주를 할증된 가격에 매수할 때 투자자가 실제로 지불하는 것은 무엇인지 자세히 논의한다. 그레이엄은 이를 설명하기 위해 일반투자자가 인수 및 워런트 발행비용, 임원의 임금으로 25~30% 할증된 금액을 지불하는 사례를 소개한다. 적절한 할증 수준이 얼마인지 직접 제시하지는 않지만, 그레이엄이 보기에 많은 투자은행이 받아가는 대가는 분명히 과도하다.

발행 관련 정보가 완전히 공개되어도 경험이 풍부한 분석가가 아니라면 정보를 제대로 활용하지 못할 것이다. 이에 그레이엄은 대중을 보호하려면 더욱 엄격한 기준이 필요하다고 주장한다. 경영진에 지급한 보상 수준은 제대로 공개되지 않으며, 주식매수 선택권 워런트는 경영진을 대신하여 회사의 이익을 희석하는 부적절한 수단으로 이용되어왔음을 확인할 수 있다.

개요

그레이엄은 실제 회사의 사례를 들어 증권 발행에 관해 자세히 설명한다. 이 회사의 주식은 주당 34달러에 팔렸는데, 회사가 손에 쥔 것은 주당 31달러였다. 발행 주식의 절반은 수령인이 밝혀지지 않았다. 수령인은 발기인, 투자운용사, 경영진으로 추정된다.

경영비용 | 세 가지 항목

주당 34달러를 지불하고 이 회사 주식을 매수한 사람은 다음 세 가지 방식으로 경영진에게 비용을 치르도록 요구받은 셈이다.

1) 투자자가 지불한 금액과 회사가 받은 금액은 주당 3달러 차이가 난다. 이 차액은 투자은행에 인수·주선 수수료로 지불된 것이다. 매수자가 이 차액을 지불한 것은 사실상 경영진이 그만큼 가치가 있다고 믿었기 때문이다.

2) 기업가치 상승의 3분의 1을 차지할 권리를 부여한 워런트 발행은 사실상 보통주 주주의 가치를 훼손하는 것이었다.

3) 경영진에게 지급할 보수와 추가 법인세 | 세 가지 항목이 공모 납입액의 25~30%를 흡수했다고 말할 수 있다.

- **비용을 지불한 대가는 무엇인가** | 그레이엄은 주주가 할증된 가격을 지불한 대가로 얻는 것은 무엇인지 논의한다. 회사의 이사들은 가치 있는 전문 지식을 갖춘 사람들이지만 그들의 투자 판단에는 두 가지 한계가 있었다. 첫째, 이사들에게 해당 회사만을 위해 헌신할 의무는 없었다. 둘째, 사업계획에 한계가 드러났다. 회사는 오로지 석유 관련 사업만 운영했기 때문에 최초 기업 인수에 자금을 할당한 이후에는 경영능력이 크

게 요구되지 않았다.

투자은행의 역할

1920년대 이전, 유수한 발행기관들은 다음 세 가지 중요한 원칙에 따라 일반에 주식을 공모했다.

1) 반드시 기반이 확실한 기업이어야 하며, 실적과 재무상태가 발행가격에 합당할 만큼 만족스러워야 한다.

2) 투자은행은 기본적으로 주식 매수자를 대변하여 행동해야 하고, 기업의 경영진과는 적절히 거리를 두어야 한다.

3)투자은행이 받는 보상은 합리적인 수준이어야 한다. 이 보상은 자금조달 서비스를 제공한 대가로 기업이 지급하는 수수료이다.

이 행동규범은 주식 발행을 통한 기업의 자금조달을 책임 있고 공정하게 진행하기 위해 마련되었다.

• **1929년 이후 전개 상황** | 대공황 이후 몇 년 동안은 주식 발행을 이용한 자금조달 행위에서 윤리적 문제가 발생했다(이 장 서두에 제시한 사례와 유사함). 최근에는 상황이 개선되었고, 대부분 앞에서 기술한 원칙을 준수한다.

투자은행의 새로운 역할

증권 발행과 관련해 투자은행의 두 가지 임무는 서로 이해관계가 충돌할 여지가 있다. 투자은행은 발행 주체와 거래를 하는 동시에, 발행 주체에게 약속한 자금을 조달하기 위해 일반투자자와도 별도의 거래 관계를 맺는다. 투자은행은 수고의 대가로 보상을 받는데, 보상 범위에 따라 일반투자자와의 관계가 달라질 수 있다.

투자은행은 일반투자자의 대리인인가, 아니면 발기인 역할을 하는가? 후자라면 일반투자자는 피해를 입을 것이 분명하다. 발행 관련 정보가 완전히 공개되더라도 최고로 숙련된 분석가만이 그것을 활용할 수 있다. 정보를 이해하는 데 필요한 능력을 갖추지 못한 일반투자자에게는 정보의 완전 공개도 그다지 도움이 되지 못할 것이다.

• **사례** | 그레이엄은 이 주장을 입증하기 위해 두 기업의 1936년, 1939년 공모를 통한 자금조달 사례를 소개한다. 투자자는 투자은행과 회사 경영진에게 높은 비용을 치르고 주식을 매수했다. 이들에게 얼마를 지불했고, 무엇을 대가로 지불했는지 정확히 파악하는 과정은 매우 세밀하고 지난하다는 것을 보여주는 사례이다.

일반투자자로부터
신생 벤처기업의 자금을 조달하는 것은 적절한가

신생 벤처기업이 공모를 통해 자금을 조달할 때 일반투자자가 부담하는 비용이 그만한 가치가 있는지를 묻는 것은 타당하다. 그레이엄은 이것이 미국의 발전에 필수이지만, 좀 더 강력한 법적 규제가 필요하다고 주장한다.

'푸른 하늘'을 판다

'좋았던 시절'에 발기인들은 닥치는 대로 팔았다. 이런 분위기에서 고객들은 뚝 떼어낸 '푸른 하늘Blue sky' 한 조각, 즉 실체도 없는 주식을 사들였다. 이제는 엄격한 규제가 적용되어 이러한 거래가 불가능하다. 대신 증권인수업자들은 적정가치보다 훨씬 비싸게 팔 수 있는 '실제 기업'에 눈을 돌린다. 그럴 듯한 요소가 갖추어지기만 하면 증권인수업자는 가치가 1달러인 주식을 5달러에 팔고, 법을 준수하면서도 일반투자자를 이용할 수 있다. 이는 특히 대중의 눈을 사로잡는 신생 업종에 활용되는 판매 기법이다.

불건전한 투자은행의 파급 효과

투자은행은 주식과 기타 증권을 발행하는 과정에서 기업 경영진에 영향을 미쳤다. 경영진의 막대한 보수가 정당한지 여부는 여전히 논란거리이다. 그 답은 경영진이 지닌 특유의 능력이 기업의 성공에 얼마나 기여했는지에 따라 달라질 것이다. 하지만 기업 이익의 상당 부분이 경영진에게 분배되고, 이에 관한 정보 공개가 완전하지 않다는 것은 주지의 사실이다. 주식매수 선택권 워런트 발행은 이런 용도를 위한 탁월한 수단으로 입증되었다.

Chapter 48

피라미드형 자본구조의 특징

요약

지주회사가 피라미드형 자본구조를 활용하는 방식을 설명한다. 이 기법을 활용하는 목적은 자본을 거의 혹은 전혀 들이지 않고 여러 회사를 지배해 많은 이익을 내는 데 있다. 레버리지를 크게 일으키는 것이 핵심이다.

그레이엄은 증권을 매수하려는 일반투자자에게 피라미드형 자본구조가 부정적인 이유를 네 가지로 정리한다. 주요한 우려 사항은 이러한 자본구조가 투기로 이어진다는 점이다. 피라미드형 자본구조에서는 이익, 장부가치, 배당수익을 왜곡하는 다양한 회계 기법을 적용할 수 있어 재무제표 분석이 매우 어렵다는 것도 우려 요인이다. 이 경우 지주회사의 가치를 인위적으로 끌어올려 새로운 증권의 발행가격 역시 부풀릴 수 있기 때문이다.

개요

기업 재무에서 피라미드형 자본구조란 단일 혹은 일련의 지주회사를 통해 형성된 투기적 자본구조를 가리킨다. 설립자는 자본을 거의 혹은 전혀 들이지 않고 여러 기업을 지배할 수 있다. 이 기법의 목적은 투기 이익을 누리는 동시에, 기업에 대한 지배력도 유지하는 것이다.

피라미드형 자본구조의 폐해

피라미드형 자본구조는 여러 가지 면에서 증권을 매수하려는 일반투자자에게 부정적이다.

1) 불건전한 선순위 증권을 대량으로 발행하여 일반투자자에게 판매한다.

2) 호황기에 이익 창출능력이 빠르게 증가하는 것처럼 투자자를 기만한다. 이러한 지주회사의 보통주는 대중을 파국으로 이끄는 투기 수단이 될 수 있다.

3) 자본을 거의 혹은 전혀 들이지 않고 기업을 지배하는 행위는 반드시 무책임하고 불건전한 경영으로 이어진다.

4) 회계기법상 실적, 배당수익, 장부가치 조작이 가능한 자본구조로서 투기를 조장할 수 있다.

이 중에서 네 번째 항목을 자세히 살펴보자.

① 이익 과대계상 : 지주회사는 자회사로부터 받은 주식배당의 가치를 비정상적으로 높게 평가하거나, 자회사 주식 매각이익을 이용하는 방법으로 이익 창출능력을 부풀릴 수 있다.

② 배당수익 왜곡 : 시가 기준으로 당기이익을 넘어서는 주식 배당이 가능하다. 그레이엄은 사람들이 신주인수권(신주 발행 시 기존 주주가 신주를 인수해 회사에 대한 지분율을 유지하도록 하는 권리)의 가치를 보통주에서 발생하는 배당소득과 동등하게 여긴다고 지적한다. 지주회사의 사업 모델은 지배적 지위를 이용하는 것이어서 신주인수권 발행이 흔히 활용된다. 분석가는 이 신주인수권과 관련한 배당수익 기대가 착각에 불과하다는 사실을 알고 있다.

③ 장부가치 과장 : 자회사 주식의 대부분을 지주회사가 보유하고, 시장에서 유통되는 주식은 소량에 그쳐 주식 시세 조작이 가능한 경우 장부가치가 과장된다. 자회사가 발행하는 신주는 지주회사의 장부가치(분할가치Break-up value)를 근거로 하여 더욱 높은 호가에 거래될 수 있다.

④ 주식매수 워런트 악용 사례 : 아메리칸 앤드포린파워American and Foreign Power 보통주의 경우, 장부가치 과장이 극에 달한 1929년에 터무니없는 상황을 맞았다. 이익이 651만 달러에 불과한 회사의 시가총액이 15억 6,000만 달러라는 믿기 어려운 수준에 도달한 것이다. 당시 유틸리티 기업은 주당이익의 50배에 거래되고 있었지만, 보통주 가치가 시가총액에서 차지하는 비중은 5분의 1에 불과했다. 나머지 비중은 워런트가 차지했다. 높은 워런트 가격은 나중에 더 높은 가격의 신주 발행을 정당화하는 수단으로 악용되었다.

과도한 피라미드형 자본구조에서 자유로운 지주회사들

피라미드형 자본구조는 대개 지주회사를 매개로 형성되지만, 모든 지주회사가 피라미드형 자본구조를 목적으로 설립되는 것은 아니다. 지주회사 설립의 합법적 목적에는 개별 사업의 통합 및 경제적 운영, 투자 대상과 위험 분산, 유연성과 편의성 등 기술적 이점 향유 등이 있다. 어떤 지주회사든, 언제나 그 자체의 장점이 고려 대상이 되어야 한다.

투기적 자본구조를 형성하는 또 다른 방법

투기적 자본구조는 지주회사 형태로만 형성되지 않는다. 그레이엄은 우선주를 대규모로 발행해 상당한 투기적 자본구조를 구축한 기업의 사례를 제시한다.

투기적 자본구조에 대한 법적 제약

1920년대에 공공 유틸리티 기업의 투기적 자본구조가 심각한 영향을 미치자 의회는 과감한 조치를 단행했다. 1935년 제정된 공공 유틸리티 지주회사법Public Utility Holding Company Act은 자본구조를 단순화하고, 무관한 분야의 자회사를 처분할 것을 지주회사에 요구했다.

Chapter 49

동종기업 비교분석

요약

업종 내 비교분석 방법에 관한 개요를 제공한다. 비교분석을 통해 어떤 종목을 같은 업종의 다른 종목으로 교체해야 하는지 여부를 판단할 수 있다. 종목 교체 이유는 실적이 될 수도 있고, 주가 수준이 될 수도 있다.

그레이엄은 철도회사, 공공 유틸리티 회사, 제조회사를 매우 개괄적으로 검토한다. 각 사업 분야마다 일련의 계량적 데이터를 도출할 수 있는데, 주로 재무제표에서 얻을 수 있다. 그레이엄은 이러한 접근법을 장려하며 그 효용을 인정하는 한편, 정성적 분석을 통해 통계에서 드러나지 않는 종목 간 격차의 원인을 파악할 수 있다고 주장한다. 부진한 사업 전망, 의심스러운 경영진도 하나의 원인이 될 수 있다.

분석가는 비교분석을 수행할 때 해당 업종의 동질성 수준을 파악해야만 한다. 동질성이 높은 업종에 속한 기업들은 업황 변화에 유사하게 반응한다. 이 경우 동일 업종 내 비교분석의 신뢰도는 좀 더 높아진다.

개요

같은 업종에 속한 기업의 데이터를 통계적으로 비교해 분석하는 일은 분석가의 일상이자, 해야 하는 일의 일부이다. 이 과정에서 각 기업의 실적을 해당 산업 전체와 비교해 검토한다. 이를 통해 특정 종목의 저평가 혹은 고평가 여부를 알 수 있고, 포트폴리오를 구성하는 주식을 동일 업종의 다른 주식으로 교체해야 하는지 여부도 드러난다. 그레이엄은 분석가가 재무제표에서 찾아내거나 산출해야 하는 32개 항목을 제시한다. 시가총액, 배당률, 7년 평균 이익 등이 이에 포함된다.

양식 I. 철도회사 비교분석

개인의 선택에 따라 평균 분석 기간은 7년이 될 수도 있고, 그보다 짧거나 길수도 있다. 이론적으로는 모든 경기 순환주기에 따른 변동을 반영할 만큼 충분히 길어야 한다. 하지만 너무 오래되어 쓸모가 없어진 데이터를 포함할 정도로 긴 기간이어서는 안 된다.

우선주 관련 항목은 목적이 고정가치 투자인지 투기인지에 따라 두 가지 범주로 구분된다. 우선주의 시장가격을 통해 어느 범주에 속할지 알 수 있다. 투기적 우선주는 일반적으로 보통주와 유사한 방식으로 분석해야 한다. 그러나 우선주는 주당순이익이 같은 보통주보다 언제나 불리하다는 점을 명심해야 한다.

투기적 vs. 보수적 자본구조의 동종 업체 비교 한계

분석가는 자본구조가 투기적인 철도회사와 보수적인 철도회사가 발행한 우선주의 상대적 매력도를 의식적으로 저울질해 결론을 내리려고 노력해야 한다. 두 기업은 변화에 다르게 반응하며, 어느 한 기업이 가진 장점은 상황이 달라지면 사라질 수도 있다.

- **〈부록〉에 제시한 설명** | 그레이엄은 철도회사 채권 및 주식의 비교분석과 관련한 현실적인 접근법은 무엇보다 자신이 직접 수행했던 분석을 통해 더할 나위 없이 잘 설명할 수 있다고 보았다.

| 주 | 1940년 판의 〈부록〉에서 그레이엄의 철저한 분석 내용을 확인할 수 있다.

양식 II. 공공 유틸리티 회사 비교분석

공공 유틸리티 회사를 비교분석하는 방법은 몇 가지 항목만 대체하면 철도회사와 같다. 철도회사 유지 보수비 비율 변동만큼이나 중요한 것이 감가상각률 변동이다. 비교 결과 두 회사의 차이가 크더라도 한 회사는 보수적이고, 다른 회사는 그렇지 않다고 단정해서는 안 된다. 또한 한 회사가 통계상 다른 회사보다 매력적으로 보이더라도 분석을 통해 현재 상황을 평가하고 향후 전개 방향이 유리한지, 불리할지 여부를 판단해야 한다.

양식 III. 제조회사 비교분석(동일 분야)

제조회사의 비교분석 양식에는 철도회사나 유틸리티 회사와는 다른 요소가 많다. 그레이엄은 총 38개 검토 항목을 제시하고 이를

7개 범주로 구분한다. 철도 및 유틸리티 회사와의 공통점은 손익계산서와 재무상태표뿐만 아니라 시가총액, 배당금, 이익 등을 면밀히 검토해야 한다는 것이다.

제조회사 비교분석 결과

제대로 된 비교분석을 위해서는 이미 알려진 왜곡이나 누락 사항이 있다면 이를 반영해 순이익을 조정해야 한다. 자회사의 미분배 이익과 손실 등이 이에 해당한다. 감가상각률은 커다란 차이가 있을 때에만 유용하며, 정밀한 비교분석에 활용해서는 안 된다

자기자본수익률이 업종 평균을 상회하더라도 투자수익률이 업종 평균보다 높지 않다면 쉽게 결론을 내릴 수 없다. 이익이 상대적으로 작더라도 자기자본 대비 매출액 비율이 높은 회사라면 업황 전반이 개선될 경우 투기 기회가 될 수 있다.

재무상태표의 주요 비율도 계산해야 한다. 그러나 특별히 재무상태가 취약하거나, 순유동자산가치가 시장가치 대비 크게 높은 경우가 아니라면 크게 관심을 두지 않아도 된다.

표준 양식 활용 예시

표준 양식을 활용해 동일 분야의 제조업체를 비교분석하는 실제 절차를 소개한다. 계량적 분석으로 두 기업의 차이가 간단히 드러나지만 그레이엄은 다음 두 가지 일반 사항을 언급한다. 첫째, 가장 최근 실적을 가장 집중적으로 검토해야 한다. 둘째, 분석을 통해 실적에 차이가 발생한 근본 원인을 가능한 많이 알아내는 것을 목표로 해야 한다.

정성적 요인 분석도 필요하다

그레이엄은 오로지 숫자에만 의존하는 비교분석을 다시 한 번 경고한다. 예를 들어 어떤 종목이 같은 업종의 다른 종목에 비해 지나치게 낮은 가격에 거래된다면, 숫자로는 드러나지 않는 그럴 만한 이유가 있을 것이다. 어두운 전망, 의심스러운 경영진 등도 타당한 이유가 될 수 있다.

완전히 정성적인 요인은 아니지만 배당수익도 논의한다. 그레이엄에 따르면 보통주의 낮은 배당수익은 상대적 저평가의 결정적 요인으로 볼 수 없다. 배당은 적절한 기간 안에 이익 창출능력을 반영해 조정되기 때문이다. 지나치게 보수적인 배당 정책이 상당 기간 지속되는 경우도 있다. 그렇더라도 주가는 조만간 이익 창출능력을 반영하는 경향이 뚜렷하다.

동질성 수준이 비교분석의 가치에 영향을 미친다

비교분석을 어떻게 활용할지는 업종에 따라 다르다. 업황 변화에 대한 기업의 반응이 유사하다면 '동질성'이 높은 업종이라고 할 수 있다. 기업의 과거 실적을 분석하고, 그 결과를 지표로 미래 반응을 예측해 업종의 동질성 여부를 검토할 수 있다. 일반적으로 철도회사, 유틸리티 회사, 대형 석유회사는 동질성이 높은 업종에 속한다고 보아야 한다. 동질성이 낮은 업종일수록 기업을 비교분석할 때 정성적 요인에 더 많은 주의를 기울여야 한다.

비교분석의 좀 더 일반적인 한계

그레이엄은 분석가에게 정확한 수학적 해답을 찾으려고 하지 말라고 거듭 경고한다. 분석가는 정성적 요인을 반드시 고려해야 하고, 어쩌면 동일 업종 내에서 동질성 부족도 참작해야 한다. 비교분석 기법이 분석가의 작업을 용이하게 할 수도 있지만, 이따금 틀릴 수도 있다는 사실에 유의해야 한다. 그럼에도 불구하고 분석가는 정보와 분별력을 동원해 일반 주식 매수자의 추측보다는 더 나은 분석 결과를 내놓아야 한다.

Chapter 50

가격과 가치의 괴리 1

요약

앞서 제시한 결론 가운데 상당 부분을 다시 논의하는 가운데 분석가를 위한 좀 더 실질적인 접근법을 제시한다. 그레이엄은 좋은 투자 대상을 발굴하는 두 가지 방법을 제시한다. 첫째, 각 산업별로 업종 내 실적이 가장 좋은 종목을 찾아 면밀히 검토한다. 둘째, 다수의 기업 보고서를 훑어보고 가장 흥미로운 기업을 철저히 분석한다. 강세장에서는 주식이 지나치게 비싼 가격에 거래되고, 약세장에서는 지나치게 싸게 거래되는 시장의 관행을 유리하게 활용할 수 있는지 여부를 살펴본다. 그레이엄은 시장을 판단하기 위한 객관적인 기준을 세우지만, 시간이 지난 후 이러한 전략은 실용성이 거의 없음을 확인한다. 채권의 경우도 마찬가지이다.

그레이엄의 주장에 따르면 단순히 계량적 데이터를 이용해 흥미로운 투자 대상을 찾는 것은 언제나 가능하다. 정말로 어려운 것은 계량적 요인이 가리키는 내용이 정성적 요인으로 뒷받침되는지 여부를 판단하는 것이다. 분석가는 기업의 정성적 요인에서 진정한 기회가 만들어진다고 보아야 한다.

시장이 과도하게 반응하는 사건이 어떤 종류인지 이해하면 분석을 통해 이익을 얻을 수 있다. 예를 들면 배당 성향의 변화, 인수합병, 소송 등이 있다. 한편 근본적인 이유 없이 시장이 출렁이는 경우도 상당히 흔하다. 그레이엄에 따르면 법정관리에 들어선 기업의 경우 주식은 지나치게 비싸게 거래되는 반면, 채권가격은 서서히 하락해 일반적으로 기업구조 개편 계획 도입 직전에 저점을 형성한다.

개요

지금까지 증권의 고평가 및 저평가 여부를 판단하는 다양한 증권분석 기법을 제시했다. 사실상 증권시장을 평가하는 과정은 비합리적이고, 잘못된 경우가 흔하다. 대부분 원인은 과장, 지나친 단순화, 핵심 사항에 대한 외면 가운데 하나이거나 복합적인 문제일 수도 있다. 50장과 51장에서는 좀 더 현실적인 관점에서 증권시장을 검토한다. 앞서 언급한 증권분석의 한계를 다시 다루겠지만, 지금까지 논의 과정에서 추가된 지식을 활용할 것이다.

일반적인 분석 절차

분석가는 크게 두 가지 방법을 활용하여 좋은 투자 대상을 찾아낸다. 이는 다음과 같은 어렵고 체계적인 작업이 필요한 과정이다. 첫째, 앞 장에서 설명했듯이 산업별로 일련의 비교분석을 수행한다. 이를 통해 업종의 표준 혹은 일반 속성을 상당 부분 파악할 수 있다. 예를 들어 업종 대비 2배의 이익을 내는 기업이 있다면 분석가는 이를 단서로 해당 기업을 좀 더 자세히 검토할 수 있다. 채권과 우선주에도 이와 같은 체계적인 검토 방법을 적용할 수 있다. 둘째, 기업 보고서를 철저히 검토한다. 수백 건의 보고서를 훑어보고 실적이나 유동자산 측면에서 흥미로운 종목 5~10개를 추려내어 철저히 분석하는 것이다.

경기 순환주기에 따른 주가 등락의 활용 가능성

가격과 가치의 차이는 간단하게 불황과 호황을 거치며 주식시장이 큰 폭으로 등락을 거듭하는 과정에서 나타나는 차이라고 이해할 수 있다. 강세장에서는 주식이 지나치게 비싼 가격에 거래되고, 약세장에서는 주가가 지나치게 낮게 형성된다는 것은 잘 알려진 사실이다. 이처럼 예측 가능한 현상의 활용 가능성을 고려하는 것은 합리적으로 보인다.

주식시장의 가격 수준에 관한 객관적인 기준을 세우고 시장의 흐름에 따라 매매할 수도 있다. 그레이엄은 이 기법의 실용성이 크지 않은 데다, 대공황 시기에는 실행하는 데 엄청난 담력이 요구되었을 것이다. 하지만 그래도 흥미로운 발상이라고 보았다. 이러한 절차를 거치며 매력적인 내재가치 수준에서 주식을 살 수 있는 가능성이 커지기 때문이다.

신용거래로 주가 등락을 따라잡기는 불가능하다

투자할 때는 설령 사고파는 시점이 너무 빨랐다고 하더라도 감당할 수 있다. 실제로 투자자는 이런 상황을 예상해야만 한다. 투자 시점을 정확히 예측하는 것은 현실적으로 불가능하기 때문이다. 반면 신용으로 거래할 때는 당장의 결과가 중요하다. 신용 거래자는 성공을 거두기가 어렵고, 일시적으로 성공을 맛보더라도 대부분 처절한 재앙으로 마감한다. 신용 거래자가 주식을 매수하는 이유는 가격이 싸서가 아니라 가치가 상승할 것이라는 기대 때문이다.

채권도 주식과 마찬가지로 경기 순환주기에 따라 가격이 등락하는 경향이 있다. 채권투자자에게도 순환주기의 정점에서 채권을 팔고, 저점 근처에서 다시 매수하는 전략이 흔히 거론된다. 그러나 고등 채권의 저평가 혹은 고평가 여부를 판단할 명확한 기준이 없으며, 시점을 예측하는 것 자체가 가능한지는 의문이다.

비주도주 혹은 덜 알려진 증권의 기회

시장 주도주가 싸게 거래될 때는 덜 알려진 보통주도 더욱 싸질 가능성이 크다.

1) **주도주의 비영속성** | 시장 주도주 집단을 구성하는 종목은 해마다 크게 달라진다. 특히 최근 과거 실적에서 미래 전망으로 초점이 옮겨지면서 이런 경향은 더욱 두드러진다. 이와 관련해 그레이엄은 '그레이트애틀랜틱앤드퍼시픽티Great Atlantic and Pacific Tea'의 사례를 소개한다. 미국 최대 유통업체로서 계속해서 이익을 냈음에도 불구하고 회사 주가는 1938년에 청산가치 이하로 하락했다. 연쇄점이 직면한 세금 위협, 최근 이익 감소, 주식시장의 전반적인 침체가 원인이었다.

주식시장의 실제 속성은 기업을 평가하는 것이 아니라 시장의 호불호, 기대와 공포로 매일같이 달라지는 호가를 통해 드러내는 것이다. 미래 전망처럼 모호하고 측정하기 어려운 대상을 다를 때 일반적으로 사람들은 분석가가 이끌어낸 결론보다 시장의 판단을 더 나은 것으로 받아들인다.

2) **정상 시장에서의 기회** | 시장이 지나치게 싸거나 비싸다고 볼 수 있는 분명한 징후가 보이지 않는 시기에는 통계분석을 이용해 저평가된 종목을 찾을 수 있다. 대개 다음 두 가지 범주에 해당하는 종목이다.

① 주가에 비해 당기 및 평균 이익이 큰 종목

② 이익 수준이 상당히 만족스러우며 순유동자산가치 대비 낮은 가격에 거래되는 종목. 대개 규모가 크지 않고 잘 알려지지 않은 기업이다.

통계분석으로 흥미로운 주식을 찾기는 어렵지 않다. 정말로 어려운 것은 계량적 요인이 가리키는 내용을 정성적 요인이 뒷받침하는지 여부를 판단하는 것이다. 주가가 정말로 싸다고 판단하려면 투자자에게 회사의 미래에 대한 충분한 확신이 있어야 한다.

투자신탁회사가 이런 종목을 사들이지 않은 데는 이유가 있다. 첫째, 대량 매수 및 매도가 불가능하다. 둘째, 정성적 요인이 주는 확신의 정도가 다르다. 작은 기업의 문제는 이익 창출능력이 쉽게 훼손된다는 점이다. 대형 기업은 이런 문제에 덜 취약하다. 한편 이미 성공적인 중소기업이 거대해진 대기업에 비해 규모 면에서 더욱 인상적인 성장세를 기록할 수 있다는 주장도 있다.

표준 증권과 비표준 증권의 시장가격 행태

1) 표준 증권이나 주도주는 거의 언제나 보고 이익의 변화에 빠르게 반응한다. 전년 대비 실적 변동의 의미를 과장해 반영하는

경향이 있다.

2) 덜 알려진 종목의 주가는 일반적으로 전문 시장운영자Market operator의 태도에 큰 영향을 받는다. 적법한 방식으로든 투기적 방식으로든 전문 시장운영자들의 관심이 쏠리면 주가는 극단적으로 반응할 것이다.

- 분석가의 대응 : 분석가로서 시장 전반의 고평가 정도가 위험한 수준이라고 판단하면, 지명도가 낮은 보통주의 위험성을 경고해야 한다. 지나치게 싼 주식도 마찬가지이다. 시장이 전반적으로 크게 하락하면 전체 주가에 부정적인 영향이 미칠 것이고, 지명도가 낮은 주식은 더욱 취약할 수밖에 없다.

이익 변동 외 기타 요인에 대한 시장의 과잉 방응

1) **배당금 변화** | 배당금 증가는 당연히 호재이지만, 단지 그 이유만으로 주가가 급등하는 것은 지나치다.

2) **합병 및 분할** | 인수합병이 이익 창출능력에 도움이 되는지 여부를 검토했지만 그 효과는 관찰되지 않았다. 반면 기업 경영진이라는 인적 요소가 유리한 합병에 걸림돌이 된다고 믿을 만한 이유는 존재한다. 이 사실을 감안하면 주식시장이 인수합병에 그처럼 단기간에 긍정적으로 반응하는 것은 놀라운 일이다.

3) **소송** | 주식시장은 사건의 경중을 떠나 소송 자체를 몹시 싫어해서 사건이 미치는 영향 이상으로 주가가 하락할 정도이다. 분석가에게는 이런 상황이 진정한 기회가 될 수 있다.

저평가된 투자 증권

철저한 조사·분석을 통해 투자 적격 등급이면서 저평가된 채권과 우선주를 언제든 찾을 수 있다. 채권과 우선주가 저평가되는 이유는 대부분 시장의 상황이 취약하기 때문이다. 그리고 시장 상황에 이처럼 영향을 받는 이유는 발행 규모가 작기 때문이다. 하지만 발행 규모가 작아서 내재 안정성을 높이는 데는 오히려 도움이 될 수 있다. 선순위 증권에 비해 보통주 규모가 상대적으로 커졌는데도 우선주 가격은 여전히 액면가 이하로 저평가될 수 있다.

법정관리 시 가치와 가격의 괴리

앞에서 그레이엄은 재정 문제가 발생할 수 있는 종목은 매수해서는 안 된다고 지적했다. 반면 여기서는 재정 문제가 발생한 회사를 분석해 투자 기회를 발견할 수 있다고 주장한다. 법정관리 대상이 되면 선순위 증권이 지나치게 저평가될 수 있기 때문이다. 회생, 청산, 제3자 매각 등은 결국 현금분배로 이어진다는 점을 고려할 때 이런 상황은 분석을 통해 매력적인 투자 대상을 찾는 기회가 될 수 있다.

지급불능 시 가격패턴

법정관리가 길어질 경우 특정한 가격 패턴이 나타나는 경향이 있다. 첫째, 주식이 채권은 물론 실제 가치에 비해 비싸게 거래되는 경향이 있다. 둘째, 채권가격은 대개 시간이 흐를수록 하락해 기업구조 개편 계획 발표 직전에 최저 수준을 형성한다. 이런 상황을 면밀히 주시하면서 내재가치보다 크게 저평가되어 거래되는 증권을 찾으면 수익을 낼 수 있다. 여느 분석과 마찬가지로 최적의 매수 시점을 결정하는 데 너무 많은 시간을 들일 필요는 없다.

철도회사 신탁관리의 기회

1932~1933년 이후 미국 철도 노선의 상당 부분이 신탁관리 대상이 되었다. 이것이 증권가격에 압력으로 작용하면서 기민한 투자자들에게 흥미로운 투자 기회를 제공했다.

Chapter 51

가격과 가치의 괴리 2

요약

50장에서 이어지는 내용이지만 초점은 보통주가 아닌 선순위 증권으로 옮겨간다. 그레이엄은 증권을 두 가지 범주로 구분한다. 일반투자자에게 익숙하며 오랫동안 긍정적인 평가를 받아온 기업이 발행한 견실 증권Seasoned issue, 그 반대인 불견실 증권Unseasoned issue이다. 일반적으로 불견실 증권은 악재에 민감하게 반응한다.

증권은 비교분석을 통해 평가할 수 있다. 시장가격과 내재가치의 괴리를 파악하려고 할 때에도 흔히 비교분석을 이용한다. 그럼에도 불구하고 그레이엄이 권고하는 것은 매수하려는 증권은 그 자체로 매력이 있어야 한다는 것이다.

개요

50장에서 보통주를 실질적으로 주도주와 비주도주로 구분한 것처럼 선순위 증권도 같은 방식으로 구분할 수 있다. 견실 증권은 일반투자자가 오랫동안 선호한 기업이 발행한 증권으로 정의할 수 있다. 견실 증권과 불견실 증권은 시장에서 다음과 같이 서로 다른 흐름을 보이는 경향이 있다.

1) 견실 증권은 투자 대상으로서의 지위가 크게 흔들리는 경우에도 대개 가격을 유지한다.

2) 불견실 증권은 모든 종류의 악재에 매우 민감하게 반응한다. 따라서 실적이 악화되면 흔히 수치가 정당화하는 수준보다 훨씬 큰 폭으로 가격이 하락한다.

견실 증권의 가격 관성Price inertia

투자자들은 일반적으로 분석이 아닌 평판에 따라 매수하고, 일단 매수하면 고집스럽게 보유한다. 따라서 견실 증권은 가격이 조금만 하락해도 매수자가 몰린다.

불견실 증권의 취약성

불견실 증권 대부분은 제조업체가 발행한 것이다. 불견실 증권의 가격은 인기에 영향을 받지 않으며, 숫자를 상당히 치밀하게 반영한다. 이익 창출능력이 유지되면 불견실 증권의 가격도 유지되지만, 실적이 조금만 불만족스러워도 가격이 급락한다.

악재에 대한 가격 민감도가 커서 매우 낮은 수준까지 가격이 하락할 수 있는데, 이때 매력적인 매수 기회가 발생한다. 그렇더라도 주의할 필요가 있다. 단순히 이들 기업이 잘 알려지지 않았다는 이유만으로 가격이 하락하는 것은 아니기 때문이다.

• 제조회사의 불견실 증권은 투자등급을 받는 경우가 드물다 |

제조업체가 발행한 불견실 증권에 대한 매수는 오로지 투기적 인 관점에서만 이루어져야 한다. 이에 따라 매수가격은 상당한 시세 차익을 기대할 수 있을 만큼 충분히 낮아야 한다. 일반적으로 액면가의 70% 미만이 될 것이다.

상대가격의 괴리

A 증권이 그 자체로 좋은 투자 대상인지를 판단하는 것보다는 A 증권이 B 증권보다 나은지 여부를 판단하는 편이 수월하다. 과거 이자보상비율을 산출하고 분석해야 하지만, 증권은 미래 실적을 사는 것임을 명심해야 한다.

그레이엄은 비교분석을 통한 매수 종목 선정과 관련해 다음과 같이 권고한다. 첫째, 매수할 종목 자체로 매력이 있어야 한다. 둘째, 비교 대상 종목 간에 명확한 계약관계가 있어야 한다는 것이다. 첫 번째 항목과 관련해 미래 이익 창출능력을 평가하는 정성적 분석이 반드시 실행되어야 한다. 두 번째 항목을 검토하는 것은 그다음이다.

연관성이 분명한 증권 비교

검토 대상 증권 간에 분명한 연관성이 있는 경우는 이야기가 다르다. 이 경우에는 주어진 상황에서 개별 증권 각자가 보유한 매력만으로도 교체 여부를 판단할 수 있다. 새로운 포지션에 진입하거나, 기존 포지션을 유지할 것을 결정하는 데 비교분석이 필요하지 않다는 뜻이다.

- **덜 분명한 가격 괴리** | 투기가 형성된 경우 동일 기업이 발행한 보통주가 비전환 우선주 대비 지나치게 높은 가격에 거래

되는 경향이 있다. 그러나 이런 비교는 누적적 우선주인 경우 에만 안전하다.

특수한 수급 요인에 따른 괴리

지금까지는 전통적인 수급 요인에 의한 가격 괴리를 살펴보았다. 하지만 가격 괴리는 특수하고, 일시적인 수급 요인에 의해 발생하기도 한다. 그레이엄이 사례로 제시한 고등급 철도회사 채권의 경우 다른 연속물Series의 매도 물량이 대규모로 나오면서 상대적으로 가치와 가격의 괴리가 발생했다.

미국저축채권의 유사한 기회

미국 정부발행 채권과 회사채 사이의 가격 차이가 최근 다시 나타나고 있다. 미국저축채권은 안정성 외에도 세제 혜택, 스프레드를 활용해 중도 환매에 따른 손실 없이 언제든 시장에서 현금화할 수 있다는 점에서 유리하다.

Chapter 52

시장분석과 증권분석

요약

시장분석이 증권분석을 대체·보완하는 수단이 될 수 있는지 여부를 검토하는 것으로 『증권분석』의 마지막 장을 시작한다. 시장분석은 오늘날 '기술적 분석Technical analysis'으로 알려졌으며, 두 가지 형태가 가능하다고 주장한다. 먼저 과거 가격 움직임만을 이용해 미래를 예측할 수 있다는 것이다. 그레이엄은 논리적인 추론을 거쳐 네 가지 결론을 제시하고, 이러한 분석은 불가능하다고 마무리한다.

또 다른 주장은 시장 외적인 요인들로 미래 시장가격을 예측할 수 있다는 것이다. 제련업체의 고로Blast furnace와 같이 주식시장과는 관련이 없는 요소가 언급된다. 이 요소들에는 인과관계가 없으며, 무작위의 연관성이 발견될 뿐이다. 금리를 비롯한 기타 요인도 간접적인 영향을 미치겠지만 문제는 시간, 즉 시점Timing이라는 요소이다. 결국 시장분석은 쓸모가 없다는 것이 그레이엄의 결론이다.

증권분석과 비교해 시장분석의 또 다른 단점은 안전마진의 여지가 없다는 점이다. 증권분석에서는 안전마진 개념 덕분에 설령 분석이 틀리더라도 투자 결과는 여전히 만족스러울 수 있다. 시장분석에서는 분석이 틀릴 경우 곧바로 돈을 잃는다. 또한 시장분석으로 수익을 낸다는 것은 누군가의 손실을 전제로 한다. 결국 이것은 운에 기대 반복하는 게임이며, 누구에게든 성공은 일시적일 뿐이다. 그레이엄은 월스트리트를 비롯해서 어디에서든 쉽고 빠르게 돈을 버는 확실한 방법 같은 것은 존재하지 않는다고 결론을 내린다.

마지막으로 투자자에 따라 적절한 투자방침을 간단히 설명한다. 증권분석은 정성적·계량적 분석을 모두 포함해야 한다. 그리고 개인투자자의 경우 다른 사람에게 조언을 할 만한 자질을 갖추지 못했다면 자신의 판단에만 의존해 투자해서는 안 된다고 강조하며 건전한 투자 원칙을 다시 한 번 제시한다.

개요

증권의 시장가격을 예측하는 것은 사실 증권분석의 영역이 아니지만 흔히 같은 사람, 같은 기관이 증권분석과 시장분석을 동시에 수행한다. 일부 전문가 집단은 시장을 장기적으로 예측하는 데 목표를 국한한다. 일부는 개별 종목의 가격 움직임에 크게 집중한다.

증권분석의 대체·보완 수단으로서의 시장분석

주식의 가치를 감안하지 않고서도 주가 움직임을 예측할 수 있다면(이 책에서는 이를 '시장분석'이라고 일컫는다), 그 기법을 터득하는 편이 내재가치를 검토하는 것보다 더욱 이로울 것이다. 또한 내재가치 분석 없이도 주가를 예측할 수 있다면 고정가치 투자 대상을 선정할 때만 증권분석을 적용해야 한다는 주장도 가능할 것이다. 한편, 증권의 내재가치 분석과 병행하여 시장분석을 수행함으로써 최선의 결과를 얻을 수 있다는 주장도 있다.

시장분석 유형 두 가지

시장분석의 첫 번째 유형은 오로지 주식시장의 과거 움직임을 근거로 미래를 예측하는 것이다. 두 번째는 업황, 보편적 요인, 특수 요인, 금리, 정치 전망 등 다양한 경제 요인을 고려하는 것이다.

첫 번째 접근법은 "시장은 시장이 가장 잘 예측한다"는 주장을 바탕으로 한다. 실제로 시장분석의 대부분을 차지하는 것은 차트 분석이다. 하지만 오늘날 시장분석은 대부분 두 가지 유형을 결합한다. 시장의 움직임 하나만으로는 우월하기는 해도 유일한 검토 수단은 될 수 없다는 관점에 기인한 것이다. 따라서 일반 경제지표의 역할은 보완적이기는 하지만 여전히 중요하다.

1) **첫 번째 유형의 의의** | '기술적 분석'이라고도 일컫는 시장분석의 인기가 높아졌다. 확실히 밝히지는 않지만, 그레이엄은 이런 상황에 대해 회의적이다. 기술적 분석을 점성술과 비교한 것을 비롯해 그가 소개한 일부 사례를 보면 분명히 알 수 있다. 이 장에서 그레이엄은 과거 주가 움직임을 이용해 미래 주가를 예측할 수 있다는 주장의 타당성을 검토하고 다음과 같은 결론에 도달한다.

① 차트 읽기는 과학이 될 수 없다.

② 지금까지 성과를 검토한 결과 차트 읽기가 주식시장에서 돈을 버는 확실한 방법임을 입증할 수 없다.

③ 차트 읽기의 이론적 근거는 불완전한 논리나 단순한 주장에 불과하다.

④ 차트 읽기가 유행하는 것은 마구잡이식 투기와 비교해 어떤 식으로든 장점이 있기 때문이다. 하지만 이러한 장점도 차트를 활용하는 사람이 늘며 약화되는 경향이 있다.

- **차트 읽기는 과학이 아니다** : 차트 읽기가 과학이라면 누구나 가격 변화를 예측하고 누구나 꾸준히 돈을 벌 수 있을 것이다. 이것은 분명 불가능하다. 예측에 따른 인간의 행위는 결국 예측 자체를 무력화할 것이다.
- **현실적으로 계속해서 성공할 수는 없다** : 그 결과 오랜 기간에 걸쳐 계속해서 성공을 거둔 보편적으로 알려진 차트 읽기 기법은 없다는 것이 그레이엄의 주장이다. 그런 기법이 있었다면 수없이 많은 트레이더가 재빨리 그 기법을 채택했을 것이다. 그리고 이러한 쏠림 때문에 그 기법은 효용을 잃었을 것이다.
- **이론적 배경에 의문의 여지가 있다.** : 차트 읽기의 이론적 근거는 다음과 같다.

첫째, 시장(혹은 특정 주식)의 움직임은 시장에 관심을 가진 사람들의 행동과 태도를 반영한다.

둘째, 따라서 시장의 과거 움직임을 연구하면 미래에 시장에 일어날 일을 예측할 수 있다.

전제는 옳을 수 있지만, 결론이 반드시 옳은 것은 아니다. 차트에서 주식의 기술적 측면을 읽을 수는 있지만 그것이 곧 확실한 수익을 보장하는 충분한 정보가 될 수는 없다.

과거 주가 움직임을 이용해 미래 주가를 예측하는 것은 기업의 과거 실적을 지표로 미래 실적을 예측하는 것과 비교할 수 있다. 공통점은 둘 다 결정적인 단서가 될 수 없는 자료로 미래를 예측한다는 것이다. 한편 증권 분석가는 시장 분석에는 없는 안전마진으로 자신을 보호한다는 차이점이 있다.

• **기타 이론적·현실적 단점** : 그레이엄에 따르면 차트 읽기가 그럴 듯해 보이는 것은 손실은 잘라내고, 이익은 키우는 도박의 전형적인 접근법에 충실하기 때문이다. 이 원칙을 따르면 큰 손실을 방지하고, 때로는 큰 이익을 실현할 수도 있다. 그러나 실제로 도박에서는 시간이 경과함에 따라 작은 손실이 모여 큰 이익을 넘어선다. 순전히 확률이 불리하기 때문이다. 또한 모든 사람이 손절을 택하고 매도를 결정하면 시장가격은 빠르게 하락할 것이고, 따라서 평균 손절가격도 더욱 내려갈 것이다.

2) 두 번째 유형–기계적 예측 | 시장 외적인 요소를 활용한 기계적 예측 기법도 있다. 그 가운데에는 고로 가동률을 이용해 시장가격을 예측하는 등 타당성이 매우 떨어지는 방법도 있다. 과거에는 효력이 있었던 방법이지만, 예측이 거듭 적중할 것이라고 기대할 만한 인과관계가 존재하지 않는다. 인과관계가 있을 때도 문제는 발생한다. 고금리가 주식시장의 하락으로 이어진다는 예측은 타당하다. 문제는 하락하는 '시점'이다. 이 질문에 과학적으로 답할 수는 없다.

따라서 기계적 지표를 참고로 증권가격 변동을 예측하려는 시도는 차트 읽기 기법과 같은 비판에 직면할 수 있다. 기계적 예측은 진정한 의미에서 과학이 아니다. 예측을 뒷받침할 확실한 근거가 전혀 없으며, 경제 분야에서 예측은 이론상 불가능하기 때문이다.

증권분석 대비 시장분석의 단점

증권분석에서는 안전마진을 확보하거나 지불한 가격을 크게 초과하는 가치를 추구해 투자를 보호한다. 처음 판단만큼은 아니더라도 투자한 증권의 매력은 여전히 유효할 수 있다는 뜻이다. 시장분석에서는 안전마진이 없다. 맞든 틀리든 둘 중 하나이고, 틀리면 돈을 잃는 것이다. 시장에서 매매를 통해 얻은 이익 대부분은 같은 목적을 가진 누군가의 비용으로 실현된다. 따라서 자신이 경쟁자보다 더 똑똑하거나 운이 좋다고 가정할 때만 성공적인 시장분석을 기대할 수 있다.

반면 증권분석은 시장분석보다 훨씬 많은 종목을 검토한다는 점에서 유리하다. 수많은 종목 가운데 시장에서 주목받지 못하거나, 일시적인 악재가 과도하게 강조되어 내재가치를 크게 밑도는 가격에 거래되는 특별한 종목을 가려낼 수 있다. 시장분석이 증권분석보다 더 간단하며 보상도 더욱 빠른 것처럼 보인다는 사실이 흥미롭다. 바로 이런 이유 때문에 장기적으로 볼 때 시장분석의 결과가 더욱 실망스러울 가능성이 크다. 그러나 월스트리트에서든 다른 어디서든 쉽고 빠르게 돈을 버는 확실한 방법은 존재하지 않는다.

단기 전망에 근거한 예측

분석과 조언의 상당 부분은 단기 전망에 초점을 맞춘다. 이익이 증가할 것으로 전망되면 실제로 이익이 발표될 때 주가가 오를 것이므로 증권을 매수한다는 주장이 있다. 그러나 이 주장에는 허점이 있다. 현재 시장가격은 시장의 미래 전망(컨센서스)을 이미 반영한다. 이 전망은 대부분 정당한 수준 이상으로 가격을 끌어올린다.

그레이엄은 개별 종목의 단기 주가 움직임을 예측하는 분석가의 능력에 대하여 회의적이다. 시장의 기술적 요소, 업황 전반에 대한 전망, 개별 기업에 대한 특수한 전망을 비롯해 무엇을 활용하든 마찬가지이다. 그레이엄에 따르면 증권분석은 다음 분야에 한정해 이용할 때 긍정적인 결론을 얻을 수 있다.

1) 까다로운 안정성 시험 기준을 충족하는 선순위 증권 선별

2) 투자등급 요건을 갖추었으며, 동시에 가치 상승 기회가 있는 선순위 증권 발굴

3) 내재가치 대비 훨씬 낮은 가격에 거래되는 보통주나 투기등급 선순위 증권 발굴

4) 관련 있는 종목 간에 교체 매매, 헤지 거래, 혹은 차익 거래를 정당화할 만큼 분명한 가격 괴리가 존재하는지 여부를 판단

투자 방침에 관한 우리의 견해–요약

소액투자자

1) **이자 소득을 위한 투자** | 현재 상황(1940년)에서는 미국 저축채권이 안정성과 누적 이익 측면에서 유일하게 합리적인 투자 수단이다. 다른 투자 수단은 더 많은 수익을 내지도 못하고, 최

종 손실과 중간 손실 모두 미국 저축 채권과 같은 수준으로 방어하지 못한다.

2) **시세차익을 위한 투자** | 다음은 소액투자자와 거액투자자 모두에게 활용 가능한 접근법이다.

① 객관적·장기적 기준에 따라 판단할 때 시장의 주가가 명백히 낮은 수준이라면 보통주 가운데 대표주를 매수한다. 인내와 용기가 필요하며, 중대한 판단 착오의 가능성도 배제할 수 없는 접근법이다.

② 실제 실적에 비해 합리적인 가격에 취득할 수 있다면 성장 가능성이 뛰어난 개별 종목을 매수한다. 투자자가 반드시 기억해야 할 사실은 대다수가 성장을 기대할 때는 합리적인 가격 수준이 형성되기 어렵다는 것이다.

③ 우선 특권이 담보하는 선순위 증권을 매수한다. 적절한 안정성과 가치가 유망한 전환권 혹은 기타 유사한 권리가 결합된 경우는 흔하지는 않아도 없지는 않다. 투자 기회를 발굴하는 데 필요한 인내와 끈기를 갖춘 투자자라면 이런 증권을 신중하게 선택함으로써 좋은 결과를 낳을 수 있다.

④ 내재가치보다 훨씬 낮은 가격에 거래되는 증권을 매수한다. 내재가치는 과거 실적과 유동자산가치뿐만 아니라 보수적으로 추정한 미래 이익 창출능력까지 반영한다. 즉 계량적 요인은 물론 정성적 요인도 반영하는 것이다.

이 네 가지 유형의 증권을 평가하고 그 가치를 인식하는 것은 비전문가적 재량으로 증권분석을 실행하려는 소액투자자도 충분히 가능하다. 그러나 이런 소액투자자 역시 평균 이상의 정보와 훈련을 필요로 한다. 다른 사람에게 전문적으로 조언할 정도가 되지 않는다면 자기 자신에게도 처방을 내려서는 안 된다는 말이 있다. 타당한 논리이다.

3) **투기** | 소액투자자는 원한다면 투기자가 될 수도 있다(그리고 그 선택을 후회할 수도 있다). 투기의 종류는 다양하고 성공 가능성도 제각각이다.

① **신생 혹은 신생이나 다름없는 벤처기업의 주식을 매수한다** | 그레이엄은 이를 강력히 비난하는 데 주저함이 없다. 승산이 거의 없는 거래이므로, 차라리 가진 자금의 4분의 3은 창문 밖으로 내던지고 나머지는 은행에 넣어두는 편이 낫다고 주장한다.

② **시장을 트레이딩한다** | 극소수의 사람들만이 성공적으로 트레이딩을 한다. 월스트리트로서는 운이 좋은 일이다. 성공할 수 있다고 믿는 사람들이 많다는 사실도 월스트리트에는 행운이다. 그레이엄에 따르면 트레이딩에서 성공하는 것은 준비나 방법과는 관계가 없으며, 우연에 기인한 일시적인 현상에 불과하다. 혹은 비범한 재능 덕분에 성공할 수도 있다. 주식 트레이더 대다수는 결국 실패할 운명이라는 의미이다. 그레이엄은 이런 결론마저도 일반 대중의 행태에 큰 영향을 미치지는 않을 것이라고 언급한다.

③ **비싼 가격에 '성장주'를 매수한다** | 다른 투기적 접근법보다는 성공 확률이 높다. 그렇지만 투기로 간주되는 만큼 본질적으로 위험한 방법이다.

개인 거액투자자

소액투자자 대비 기술적 우위에 있는 것은 분명하지만 다음과 같이 불리한 점도 있다.

1) 미국저축채권뿐만 아니라 폭넓은 분야에서 고정가치 투자 대상을 찾아야 한다. 계량적 기준을 엄격히 적용하고 합리적인 정성적 판단을 더한다면 결과는 만족스러울 것이다.

2) 소액투자자보다 개인 거액투자자가 인플레이션에 더욱 중대한 영향을 받는다. 주식은 어느 정도 인플레이션을 방어하는 역할을 하는 만큼 방어적 수단으로 주식을 보유할 수도 있다.

3) 투자 단위의 규모가 큰 만큼 거액투자자의 투자는 인기가 많고 거래가 활발한 증권에 집중될 가능성이 크다.

기업의 투자

그레이엄은 법인 소득세가 면제되는 미국 정부 채권이 합리적인 투자 수단으로서 거의 유일하다고 주장한다. 주식이든 채권이든 다른 유형의 증권에 투자할 경우, 눈에 띄게 높은 수익을 기대하려면 그만큼의 손실과 위험을 감수해야만 한다.

기관투자자

그레이엄은 본업의 특성상 투자 이론과 실제에 정통한 금융기관에 대해서는 투자 방침을 제안하지 않는다. 그러나 어려운 문제임에도 불구하고 다음과 같은 의견을 제시한다.

고등급 고정가치 증권에서 얻는 적은 이자 소득만으로도 그럭저럭 잘 운영되는 기관은 그런 증권에 한정해 보유해야 한다. 과거에 보통주 주가지수가 더 높은 수익률을 올리기는 했지만, 그것이 보통주 투자에 본질적으로 따르는 무거운 책임과 반복되는 불확실성을 정당화할 수 있는지는 의문이다.

그레이엄과 도드(처음에는 그레이엄의 '필경사' 역할을 했다)는 투자와 투기의 차이를 강조하며 소액투자자는 적은 손실도 감당할 수 없음을 지적한다. 확실히 두 사람도 다른 모든 사람들처럼 월스트리트의 폭락에 영향을 받지만, 그들의 경고는 모든 금융 환경에서도 유효하다.

- '분석'이라는 용어는 사실을 과학적이고 체계적으로 연구해 논리적 결론에 도달하는 것을 가리킨다. 투자는 정밀과학이 아니고, 개인의 능력과 운도 성공의 일부 요소이다.
- 분석적 판단은 사실에 기준 원칙을 적용해 내린 판단이다.
- 분석가는 균형감각을 유지하여 중요한 것을 분석하고 사소한 것은 무시해야 한다.
- 투자를 투기와 구분하는 것은 당연히 쉽지 않다. 둘을 구분하지 못하면 비극으로 이어진다.
- 투자는 채권, 단순 매수, 장기 보유, 소득 추구, 안전한 증권이 특징이다.
- 투기는 주식, 신용 매수, 단기 거래, 차익실현 추구가 특징이다.
- '안전'이라는 용어에 의미를 부여하기 위해서는 구체적 기준이 적용되어야 한다.
- 투자활동은 원금의 안정성과 만족스러운 수익을 약속한다. 이러한 요건을 충족하지 않는 활동은 투기적이다.
- 투자활동은 정성적 근거와 계량적 근거가 동시에 정당화하는 활동이다.
- 투자는 과거와 현재를 기초로 한다. 투기는 미래 개선 전망에 의존

한다.

•투자자에게 있어 미래는 이익을 얻는 대상이 아니라 경계해야 할 대상이다.

•투기적 거래자는 미래가 과거보다 나을 것으로 기대한다.

•뉴욕증권거래소는 도박을 불필요한 위험을 감수하는 행위(경마에 돈을 거는 행위)이고, 투기는 어떤 행동에 착수하며 내재된 위험을 부담하는 행위라고 정의한다.

• '현명한 투기'는 분석 결과가 정당화하는 측정된 위험을 감수하는 것이다.

•'현명하지 않은 투기'는 상황에 대한 적절한 검토 없이 위험을 감수하는 것이다.

•안정성은 증권 발행 주체의 지급의무 이행능력 측면에서 평가한다.

•지급의무 이행능력은 호황이 아닌 불황을 기준으로 평가해야 한다.

•낮은 안정성은 많은 배당금으로도 보상되지 않는다.

•문제를 미리 피하는 것이 문제 발생 후 보호장치를 찾는 것보다 낫다.

•건전한 투자는 역경을 견뎌낼 수 있어야 한다. 투자자들은 역경을 이겨낸 기업을 선호할 것이다.

•시세차익을 위한 투자는 대부분의 사람이 성장을 기대할 때 합리적인 가격이 형성되기는 어렵다.

•소액투자자는 자신의 역할에서 벗어나 투기적 거래자가 되기를 선택할 수 있다. 그 행위를 후회하는 것도 선택이다.

많은 사람이 증권분석에 대해 갖는 오해 가운데 하나는 내재가치를 구하는 공식이 있다고 생각하는 것이다. 그러나 내재가치라는 중요한 요소를 파악하는 데 정해진 계산법이나 상세한 논의는 이 책에서 제공하지 않는다. 책에서는 내재가치 산출법을 구체적으로 다루지 않았지만, 우리의 웹사이트인 www.BuffettsBooks.com에서는 주식과 채권의 내재가치 산출법을 투자자들에게 교육하는 도구를 제공하고 있다. 이용은 전적으로 무료이며, 로그인 절차도 필요하지 않으니 마음껏 사용하기를 바란다.

• 보통주 내재가치

1. 다음 링크에서 현금흐름 할인모형을 활용한다.
   http://www.buffettsbooks.com/security-analysis/intrinsic-value-calculator-dcf.html
2. 자기자본으로 조정한 고정수익 계산법
   http://www.buffettsbooks.com/intelligent-investor/stocks/intrinsic-value-calculator.html

• 채권의 내재가치

http://www.buffettsbooks.com/intelligent-investor/bonds/bond-calculator.html

• 상환우선주 내재가치

http://www.buffettsbooks.com/intelligent-investor/preferred-shares/value-preferred-stock.html

벤저민 그레이엄 Benjamin Graham

본명은 벤저민 그로스바움으로 1894년 5월 9일 영국 런던의 유대인 가정에서 태어났다. 아버지가 뉴욕에서 도자기 그릇과 작은 조각상을 취급하는 일을 하게 되면서 두 살이 채 되기 전에 가족 모두 뉴욕으로 이주했다. 아버지의 사업이 번창한 덕분에 5번가에 거주하며 도우미와 프랑스인 가정교사까지 두었다. 하지만 1903년에 아버지가 35세의 나이로 세상을 떠나고 사업이 파산하자, 어머니 도로시는 가족이 거주하던 집을 하숙집으로 운영하기 시작한다. 그러나 어머니가 돈을 빌려 주식을 거래하면서 재정적으로 파탄에 이르렀고, 이 사건은 어린 벤저민에게 시장의 위험성에 대한 깊은 인상을 남겼다.

아버지가 사망한 뒤 가난에 시달렸던 벤저민은 17세가 되던 해인 1911년 컬럼비아대학교에 장학생으로 입학해 학업과 시간제 일을 병행하며 돈을 벌었다. 20세 때는 학과 차석 졸업생으로서 졸업식 환영사를 맡았고, 졸업과 함께 컬럼비아대학교에서 수학 및 다른 과목의 강사직을 제의받았다. 1914년 뉴욕증권거래소 회원사인 뉴버거, 핸더슨앤드로브Newburger, Henderson and Loeb에 입사해 시세판을 관리하고 심부름을 하는 일로 월스트리트와 금융업계에 발을 들였다. 첫 한 해 동안 쇼트 포지션과 롱 포지션을 오가며 시장을 공략했고, 결과는 성공적이었다. 제1차 세계대전 중 독일식 이름인 그로스바움에서 스코틀랜드식 그레이엄으로 개명하였다.

월스트리트의 채권 트레이딩 회사에 사무원으로 입사해 애널리스트 파트너로 승진했고, 마침내 그레이엄뉴먼투자조합Graham-Newman Partnership을 설립했다. 그레이엄뉴먼투자조합은 개방형 뮤추얼 펀드로 출발했으며, 나중에는 신규 투자자를 받지 않을 정도로 성공하였다. 뉴먼과 함께 500

만 달러 규모의 자본과 헤지 포지션을 관리하며 15년간 많은 돈을 벌었다.

이처럼 투자로 큰 성공을 거두었지만, 1929~1932년 주가 대폭락 당시에는 다른 사람들과 마찬가지로 고전을 면히 못하며 70% 손실을 기록했다. 그레이엄뉴먼투자조합은 역사상 가장 오래 유지된 투자조합 가운데 하나로 연평균 수익률 14.7%를 기록했다. 같은 기간 시장은 12.2% 상승했다.

1928년부터 1957년까지 컬럼비아대학 경영대학원에서 강의를 맡아 주가수익비율, 부채비율, 배당실적, 장부가치 및 이익 증가율 검토의 필요성을 역설하였다. 그레이엄은 가치투자의 창시자로 유명하다. 가치투자 개념은 그가 1928년 컬럼비아대학 경영대학원에서 가르치면서 시작해 데이비드 도드가 다듬은 투자 접근법이다. 데이비드 도드와 공저한 『증권분석Security Analysis』과 1949년 출판한 『현명한 투자자Intelligent Investor』가 널리 호평을 받았다.

그레이엄은 '미스터 마켓Mr. Market' 비유를 즐겨 사용했다. 미스터 마켓은 매일같이 집으로 찾아와 가격을 제시하며 주식을 사겠다거나 자기 주식을 팔겠다고 제안한다. 가격은 대체로 타당해 보이지만 가끔 터무니없을 때도 있다. 그의 호가에 동의해 거래가 성사될 수도 있지만, 제의를 무시해도 미스터 마켓은 개의치 않는다. 그는 다음 날 다시 찾아와 또 다른 호가를 제시한다. 이 비유의 요점은 자신이 보유한 주식의 가치를 미스터 마켓의 변덕과는 상관없이 판단해야 한다는 것이다. 투자자는 시장의 어리석음에 동참하는 대신 그것을 이용해 이익을 얻어야 한다. 즉 미스터 마켓의 비이성적인 행동에 지나치게 신경을 쓰기보다는 자신이 투자한 회사의 실제 사업 성과에 집중하고 배당금을 받는 편이 최선이다.

그레이엄의 '미스터 마켓' 접근법은 금융시장이 효율적이라는 가설에 바탕을 둔 현대 포트폴리오 이론Modern portfolio theory으로부터 최근 도전을 받고 있다. 미국과 영국의 경영대학원에서 널리 가르치고 있는 이 이론은 개인이 지속적으로 시장을 이기는 것은 불가능하다고 가정한다. 따라서 주식의 '시장가격'과 '가치'를 구분하는 것은 가능하지 않다고 주장한다.

워런 버핏은 자신이 건전한 지적 투자 판단 체계를 갖출 수 있었던 것이 그레이엄의 덕분이라고 공을 돌린다. 또한 아버지 다음으로 자신의 인생에 가장 큰 영향력을 미친 인물로 그레이엄을 지목하며 다음과 같이 말했다. "그레이엄은 자신의 전문 분야에서 지배적 위치에 올랐다. 정신적 노력을 한 가지 목표에 편협하게 치우치지 않고서도 그러한 지위를 달성했다는 데 주목해야 한다. 그가 이룬 것들은 오히려 그 폭이 무한대에 가까운 뛰어난 지적 능력을 가진 사람이 우연히 이룬 성과라고 해야 할 것이다. 물론 그와 비슷한 사고의 폭을 가진 사람은 만나본 적이 없다. 거의 모든 것을 정확히 기억하는 능력, 새로운 지식에 대한 끝없는 탐구 그리고 그 지식을 거의 연관성이 없을 법한 문제에도 적용할 수 있도록 재구성하는 능력 덕분에 그는 어느 분야로든 즐겁게 사고를 확장해나갔다."

워런 버핏에 따르면 그레이엄은 매일같이 무언가 바보스럽고, 창조적이고, 관대한 일을 하기를 원했다. 그리고 마지막 부문에서 가장 뛰어났다. 그레이엄은 1976년 9월 21일 프랑스 엑상프로방스에서 세상을 떠났다.

저서

『증권분석Security Analysis』 1934, 1940, 1951, 1962, 1988, 2008

『현명한 투자자The Intelligent Investor』 1949, 2005년 reprinted, 1959, 1965, 1973

『저장성과 안정성: 현대의 상평창Storage and Stability: A Modern Ever-Normal Granary』, 뉴욕: 맥그로-힐McGraw-Hill, 1937

『현명한 투자자의 재무제표 읽는 법The Interpretation of Financial Statements』

『세계의 상품과 세계의 통화World Commodities and World Currency』, 1944

『벤저민 그레이엄, '월스트리트의 학장'의 회고록Benjamin Graham, the Memoirs of the Dean of Wall Street』

데이비드 르페브르 도드 David Lefevre Dodd

『증권분석』의 공동 저자로서 그레이엄보다는 비교적 덜 알려진 데이비드 도드는 1895년 미국 웨스트버지니아 버클리 카운티에서 태어났다. 아버지가 교장으로 재임한 마틴스버그 고등학교에 다녔고, 1916년 졸업했다. 제1차 세계대전 당시에는 1917년부터 1919년까지 미 해군에 수병으로 복무한 뒤 장교로 임관했다.

1920년 펜실베니아대학에서 이학사 학위를 받았고, 1921년에서 1922년까지 뉴욕에 있던 전미상업은행National Bank of Commerce에서 이코노미스트의 연구보조로 일했다. 1922년 컬럼비아대학에서 이학석사 학위를 받은 후 연구와 강의를 계속했다.

19922~1925 | 경제학 강사, 주니어 패컬티

1925~1930 | 재무학 강사

1926~1945 | 경영 경제 과목 담당

1930 | 박사학위 취득, 벤저민 그레이엄이 당시 지도교수

1930~1938 | 재무학 조교수

1938~1947 | 조교수

1947~1961 | 교수

1948~1952 | 컬럼비아경영대학원 부학장

1961 | 재무학 명예교수로 은퇴

1984 | 명예문학박사

데이비드 도드는 1928년부터 개인 고객 자문을 맡는 등 개인 재무 업무에도 활발했고, 1950~1959년에는 공동 저자인 벤저민 그레이엄과 동업 관계였다. 데이비드 도드는 1988년 9월, 93세를 일기로 메인 주 포틀랜드에서 세상을 떠났다.

1929년 월스트리트 대폭락(검은 목요일)으로 그레이엄은 거의 파산할 지경에 이르렀다. 그레이엄은 이 사건을 계기로 그동안 금융 관련 저널에 기고한 글을 통해 옹호했던 좀 더 보수적이고 안전한 투자 방법을 찾아 나섰다. 그보다 한 해 앞서, 그레이엄은 컬럼비아대학교에서 강의를 시작했다. 누군가 그의 강의 내용을 받아 적을 것을 조건으로 수락한 제안이었다. 당시 컬럼비아대학교에서 일했던 젊은 강사인 도드가 그 일을 자원했는데, 도드는 훗날 그레이엄의 지도 아래 박사 과정을 마쳤다. 그때 작성한 강의 원고는 가치투자 개념을 전파한 『증권분석』의 토대가 되었다. 『증권분석』은 75년이라는 세월에도 불구하고 여전히 출판되고 있으며, 현재까지도 수업 지도서로 활용되고 있다. 『증권분석』은 현존하는 출판물 가운데 가장 오랫동안 통용되는 투자 교본이다.

『증권분석』

1934 | 초판(검은색 표지(제1쇄), 미국 내 소량으로 유통 / 갈색 표지(제2쇄), 해외 판매용 / 재판 1996 & 1997)

1940 | 제2판, 2002년 재판

1951 | 제3판, 1976 & 2004년 재판

1962 | 제4판(공동저자 찰스 시드니 카틀Charles Sydney Cottle)

1988 | 제5판(카틀Cottle, 머레이Murray, 블락Block)

2008 | 제6판(전문가 10명의 해설)

〈제6판〉에서 제임스 그랜트가 밝힌 바에 따르면 『증권분석』이 처음 출간된 지 5개월이 지나서야 비로소 〈뉴욕타임스〉에 서평이 실렸다. 책 자체에 대해서는 열광했지만, 주가 대폭락 이후 금융시장의 제반 상황에 대해서는 '유감'이라고 평했다고 한다.

프레스턴 피시 Preston Pysh는 금융투자전문 기고자이며, 더인베스터즈팟캐스트닷컴TheInvestorsPodcast.com의 공동 진행자이다. 세계적인 베스트셀러를 다수 저술하였으며, 파일런홀딩컴퍼니Pylon Holding Company의 설립자이다. 버핏북스닷컴BuffettsBooks.com이라는 무료 웹사이트를 운영하며 억만장자인 워런 버핏처럼 주식과 채권에 투자하는 방법을 가르친다.

저서

『워런 버핏의 3대 저서Warrant Buffett's Three Favorite Books』

『워런 버핏 회계서Warren Buffet Accounting Book』

『현명한 투자자 핵심 요약판A Summary of the Intelligent Investor』

『증권분석 요약A summary of Security Analysis』

『미육군사관생도의 일기The Diary of a West Point Cadet』

스티그 브로더슨 Stig Brodersen은 재무학 석사학위를 보유하고 있으며 하버드대학교에서 경영분석을 공부하고 있다. 스티그는 더인베스터즈팟캐스트닷컴TheInvestorsPodcast.com의 공동 진행자이며, 대학에서 재무회계, 투자, 경제학을 강의하는 교수이다. 스티그브로더슨홀딩컴퍼니Stig Brodersen Holding Company와 버핏북스닷컴BuffettsBooks.com을 설립하였다.

저서

『워런 버핏 회계서Warren Buffet Accounting Book』

『현명한 투자자 핵심 요약판A Summary of the Intelligent Investor』

『증권분석 요약A summary of Security Analysis』

| 참고 도서

『간단하고 명료한 주식시장 투자 지침서The Neatest Little Guide to Stock Market Investing』, 제이슨 켈리Jason Kelly

『전설로 떠나는 월가의 영웅One up on Wall Street』, 피터 린치Peter Lynch

『현명한 투자The Intelligent Investor』, 벤저민 그레이엄Benjamin Graham

『위대한 기업에 투자하라Common Stock and Uncommon Profits』, 필립 피셔Philip Arthur Fisher

『버핏-21세기 위대한 투자 신화의 탄생Buffett-The Making of an American Capitalist』, 로저 로웬스타인Roger Lowenstein

『스노볼Snowball』, 앨리스 슈뢰더Alice Schroeder

『버크셔 해서웨이 주주서한Berkshire Hathaway Letters to Shareholders Warren Buffett』, 워런 버핏Warren Buffett

| 용어 |

ㄱ

가격 관성price inertia
각주사항footnote memorandum
감가상각률depreciation rate
감모상각depletion
감정평가가치appraised value
감채기금법sinking-fund method
견실증권seasoned issue
계류자산tethered asset
계속사업가치going concern value
고로blast furnace
고정가치투자fixed value investment
고정금융비용fixed charge
고정배당률fixed dividend rate
고정수익fixed income
고정수익증권fixed income securities
과대계상overstate
과소계상understate
국부national wealth
귀류법A Reductio ad Absurdum
근원채권underlying bond
기술적 분석technical analysis

ㄴ

납입자본금paid-in capital
내재가치intrinsic value
누락omission
누적차감법cumulative-deduction metho

ㄷ

단기거래quick turn
단순매수outright purchase
담보권lien
당좌비율quick ratio
당좌자산quick asset
대체원가replacement cost
동질성homogeneity
등가at parity

ㄹ

리스부채lease liabilities

ㅁ

만기수익률yield to maturity
매도자금융owner financing
매출원가cost of goods sold
무담보채권debenture, unsecured bond
무보증사채non-guaranteed bond
무액면주no-par stock
무형자산감가상각amortization
미국 상무부US Department ofCommerce
미국저축채권US savings bond
미분배 이익undistributed earnings
미실현평가손unrealized depreciation
미실현평가익unrealized appreciation
미지급 배당금accrued dividend
미지급금accounts payable

ㅂ

발기인promoter
발행자본금capital stock issue
법정관리court receivership
법정관리인receiver
보고이익reported earnings
보증사채guaranteed bond
보험통계법actuarial method
보험통계법actuarial method
보호위원회protective committee
부동산저당권real estate mortgage
부동산저당대출mortgage loan

부동산채권real estate bond
부실표시misrepresent
분리불가형 워런트undetachable warrant
분리형 워런트detachable warrant
분할가치break-up value
불견실증권unseasoned issue
비경상손익non-recurrent profit and loss
비교 분석analytical comparison
비교분석analytical comparison
비누적적 우선주non-cumulative preferred stock
비상장기업private company
비전환 우선주nonconvertible preferred stocks
비주도주secondary stock

ㅅ

사업가의 투자businessman's investment
사업경비business expense
사업설명서prospectus
사채할인발행차금 상각amortization on bond discount
산성시험비율acid test ratio
산출율output rate
상각write-offs
상장기업public company
상장신청서listing application
상표권trade names
상품commodities
상환우선주callable preferred stock
새 시대new era
선순위 증권senior securities
선순위 채권senior bond
선차감법prior-deduction method
설비과잉overcapacity
설비신탁증서equipment trust certificate
설비채권equipment obligations
성장주growth stock
소수주주 지분이익minority interest
손익계정income account
손익항목income account
수시배당금non-standard dividend
수익사채income bond, adjustment bond
수확체감의 법칙law of diminishing returns
순유동자산net current asset
순자산net worth
시설자산property, plant and equipment, PP&E
시장성 있는 유가증권marketable securities
시장운영자market operator
시점timing
신용거래자marginal trader
신주인수권subscription right
신주인수권부 사채subscription bond
신주인수워런트subscription warrant
신탁관리자trustee
신탁담보부 채권collateral-trust bond
신탁증서deed of trust
신탁증서법Trust Indenture Act

ㅇ

약정서indenture
양도성 예금증서certificate of deposit
연결보고서consolidated report
연결재무제표consolidated statements
연속상환채권serial bond
영구부채permanent liability
영구재고permanent stock
영업권goodwill
예비이익 창출능력indicated earning power
왜곡표시misstatement
우량등급채권prime investment bond
우발손실충당금contingency reserve
우선담보권prior lien

운영비operating costs

운전자본working capital

운전자본비율working capital ratio

운전자산working asset

워런트warrant

워런트부 증권warrant-bearing issues

원가cost price

유가증권신고서registration statements

유동자산current asset, liquid asset

유보이익retained earnings, earned surplus

유통주식outstanding shares

유형자산 감가상각depreciation

유휴설비idle plant

은행 차입금bank debt

이례현상anomaly

이연비용deferred charge

이익유보plowback

이익참가부 사채participating bond

이익참가지분participating interest

이익 창출능력earnings power

이익추세earnings trend

이자보상비율earnings coverage ratio, interest coverage ratio

인수·주선 수수료underwriter's fee

인수underwriting

일반채권straight bond

임대차계약lease agreement

임의 조기상환recall

임의 조기상환권call option

임차권 평가이익appreciation of leaseholds

임차권leasehold

임차자산개량권leasehold improvements

잉여금surplus

잉여현금흐름free cash flow

ㅈ

자기자본stock equity

자기자본이익률return on equity, ROE

자본구조capital structure, capitalizaiton structure

자본금capital stock

자본자산capital asset

자본적 지출capital expenditure

자본화 이율capitalization rate

자본화capitalization

자본환원율capitalization rate

잡자산miscellaneous asset

장기채funded debt

장부가액carrying value

장부가치book value

재고자산감모inventory shrinkage

저당권mortgage

저당권부채권mortgage bond

저당차입금mortgage debt

전환권conversion privilege

전환사채convertible bond

정관charter, Articles of Incorporation

정기 주식배당periodic stock dividend

정상가치normal value

정상이익normal earnings

정상재고normal stock

정상재고법normal stock method, basic stock inventory method

정액법straight-line method

조작cooking

조정사채adjustment bond

종합법over-all method

주가수익비율price-to-earnings ratio, PER

주가순자산비율price-to-book value ratio, PER

주간통상위원회Interstate Commerce Commission

주관회사underwriter
주도주leading stock
주식가치비율stock-value ratio
주식매수 선택권stock option
주식발행초과금premiums on stock issues
주식배당stock dividend
주식분할stock split
준비금reserve
증권거래위원회Securities and Exchange Commission, SEC
지급불능insolvency
지급어음bills payable
지분희석equity dilution

ㅊ

차임(임차료) 지급의무leasehold obligation
차환refinancing
참가적 전환 우선주participatin convertiblepreferred share, PCP
채권 차입금bonded debt
채무불이행default
초과 지출overrun
초저가주penny stock
총차감법total deduction
최우선순위 저당권first mortgage
충당금provision

ㅌ

투기 거래자speculator
투자수익률return on investment
투자자investor
특권부 증권privileged stock
특별비용extraordinary charge
특별 주식배당extraordinary stock dividend
특허권patent

ㅍ

파산bankruptcy
평가감write-down, mark-down
평가증write-up
폐기retirement
폐기충당금법retirement reserve method
포괄주의negative

ㅎ

할인discount
할증premium
현금배당금cash dividend
현금배당률cash dividend rate
현금배분cash distribution
혼성증권hybrid securities
회생reorganization
후순위 자본junoir capital
후순위 채권junior bond
후입선출법last-in, first-out

옮긴이 | 김인정

전북대학교 영어영문학과를 졸업하고 성균관대학교 번역대학원에서 문학(번역학) 석사학위를 받았다. 증권투자권유자문인력, 펀드투자권유자문인력 자격을 보유하고 있으며, 씨티은행, 삼성증권, 대우증권을 거쳐 현재 국내 증권사 리서치센터에서 전문 번역가로 일하고 있다. 옮긴 책으로는 『현명한 옵션매도 투자자』, 『현명한 채권투자자 개정증보판』, 『주식시장의 마법사들』이 있다.

벤저민 그레이엄의

증권분석

초판 1쇄 발행 2017년 11월 10일
초판 9쇄 발행 2025년 1월 27일

지은이 스티그 브로더슨 · 프레스턴 피시
옮긴이 김인정

펴낸곳 (주)이레미디어
전 화 031-908-8516(편집부), 031-919-8511(주문 및 관리)
팩 스 0303-0515-8907
주 소 경기도 파주시 문예로 21, 2층
홈페이지 www.iremedia.co.kr
이메일 mango@mangou.co.kr
등 록 제396-2004-35호

책임편집 정은아, 최연정
디자인 에코북디자인
마케팅 김하경

979-11-88279-02-9 03320

가격은 뒤표지에 있습니다.
잘못된 책은 구입하신 서점에서 교환해드립니다.

이 도서의 국립중앙도서관 출판시도서목록(CIP)은 서지정보유통지원시스템 홈페이지(http://seoji.nl.go.kr)와 국가자료공동목록시스템(http://www.nl.go.kr/kolisnet)에서 이용하실 수 있습니다.(CIP제어번호: CIP2017015594)